Angela Grigelat

Auf einmal zwei

Angela Grigelat

Auf einmal zwei

Leben mit Zwillingen

Deutsche Verlags-Anstalt

FSC
Mix
Produktgruppe aus vorbildlich bewirtschafteten Wäldern und anderen kontrollierten Herkünften
Zert.-Nr. GFA-COC-1262
www.fsc.org
© 1996 Forest Stewardship Council

Verlagsgruppe Random House FSC-DEU-0100
Das für dieses Buch verwendete FSC-zertifizierte Papier *EOS*
liefert Salzer, St. Pölten.

1. Auflage

Typografie und Satz: DVA / Brigitte Müller
Gesetzt aus der Minion
Druck und Bindung: Friedrich Pustet, Regensburg
Printed in Germany
ISBN 978-3-421-04253-8

www.dva.de

Dieses Buch ist von Herzen gewidmet

Giuanna und Ladina
Franz Maria und Silvester

Inhalt

Vorwort

Es begann mit einem verheißungsvollen Traum. In diesem Traum streckte mein Mann mir seine Hand entgegen, auf der zwei Marienkäfer krabbelten. Der Traum nahm Gestalt an, als wir ein paar Wochen später gemeinsam mit der Frauenärztin zwei Kinder in meinem Bauch entdeckten. Und während die Babys wuchsen, sammelten sich bei mir sieben Monate lang Vorfreude, Zuversicht und Stolz – genug, um ein ganzes Stadtviertel damit zu versorgen. Kleine Warnsignale, wie die Frage einer Hebamme, ob wir nach der Geburt Hilfe hätten (auf die ich allen Ernstes antwortete: »Hilfe wobei?«), sowie die ein oder andere Bemerkung eines Elternpaares über unser zukünftiges Leben als Mehrlingsfamilie überhörten wir konsequent. Ich stellte mir vor, wie ich mich nach ein paar arbeitsreichen Jahren im Job nun zu Hause mit den Kindern »erholen« und wie wir im zweifachen Elternglück schwelgen würden.

Die euphorischen und beschwerdefreien Schwangerschaftsmonate endeten mit einer unsanften Landung: Auf schwierige Umstände rund um eine verfrühte Geburt und lange Wochen in der Welt der Intensivmedizin folgte eine Rückkehr nach Hause mit dem Gefühl: »Jetzt bräuchten wir erst einmal Urlaub.«

Urlaub kam lange nicht, sondern zwei so arbeitsreiche und anstrengende Jahre, dass ich mich nach Zeiten zurücksehnte, in denen ich die Vorbereitung auf ein Examen für anstrengend gehalten hatte. Das Leben mit unseren beiden kleinen Söhnen setzte neue persönliche Maßstäbe in den Disziplinen Durchhaltevermögen, Verzicht und Sorge. Natürlich spürten wir, wie die meisten Eltern, auch viel Wunderbares in dieser Zeit. Wir waren dankbar für das neue Leben, ergriffen beim Anblick der zwei kleinen Menschchen und oft in sie verliebt bis zum Umfallen. Aber wenn ich ehrlich bin und den einen Begriff wählen sollte, der die erste Zeit mit unseren Zwillingen am treffendsten beschreibt, dann wüsste ich nicht sicher, ob »Anstrengung« ausreichend wäre oder ob es nicht vielleicht doch »Strapaze« heißen müsste.

Sehen wir heute, sechs Jahre nach der Ankunft der beiden, Familienfilme aus den ersten zwei Jahren, dann lachen wir viel – und wir trauern der vergangenen Babyzeit hinterher. Aber es läuft uns oft auch der ein oder andere Schauer den Rücken hinunter: Wer sind diese beiden vorgealterten, nachlässig gekleideten Menschen in unserer leicht verwahrlosten Wohnung? Haben diese gereizten Mama- und Papa-Karikaturen es geschafft, ihre Kinder halbwegs gesund an Leib und Seele ins Schulalter zu bringen?

Ja, es scheint, als hätten sie es geschafft. Alle haben sich erholt, und auch das Elternpaar als Paar konnte sich regenerieren. Aber ich habe die Gefühle der Hilflosigkeit, der Erschöpfung und der Isolation, die wir bisweilen durchlebt haben, nicht vergessen, und ich bin mir heute sicher, dass sie in dieser Intensität nicht hätten sein müssen. Abgesehen von persönlichen Bedingungen, an denen nichts zu ändern ist (zum Beispiel, dass wir fern unserer Familien, insbesondere der Großeltern leben), hat uns damals etwas Wichtiges gefehlt, das auch manch anderen Mehrlingsfamilien zunächst abgehen mag: ein grundlegendes Verständnis dafür, was die Besonderheiten des Lebens mit gleichzeitig geborenen Kindern sind, und damit die Möglichkeit, Alltagserlebnisse mit den Kindern besser einordnen zu können. Es hätte einfach gutgetan, sich etwas weniger oft fragen zu müssen: »Ist das alles noch normal? Bin ich noch normal? Sind unsere Kinder ganz normal?« Und es wäre besser gewesen, nicht ganz so kalt erwischt worden zu sein von der neuen Familiensituation, es wäre besser gewesen, wenn wir eine etwas realistischere Vorstellung davon gehabt hätten, was nach der Geburt auf uns wartete. Auch ein paar ganz praktische Ratschläge zum

Mehrlingsalltag, beispielsweise, was das Stillen von Zwillingen angeht, hätten manche Stresssituation sicher entschärft.

Einer der Anreize, dieses Buch zu schreiben, war es also, Informationen und Anregungen über das Leben mit Zwillingen zu sammeln, wie wir sie selbst gerne gehabt hätten und von denen ich glaube, dass sie (werdende) Zwillingseltern dem Abenteuer ihrer speziellen Elternschaft besser gewappnet entgegengehen lassen.

Wenn wir in der ersten Zeit unterschätzt hatten, was es für uns bedeutete, zwei Babys und später zwei Kleinkinder versorgen zu müssen, so entdeckte ich in den Jahren darauf unsere Neigung, zu unterschätzen, was es für die Kinder heißt, als Zwillinge aufzuwachsen. Weil wir keinen Zwillingszirkus wollten, hatten wir unsere Kinder weder in Gedanken noch explizit jemals »Zwillinge« genannt. Wir hielten uns bis ins Kindergartenalter einfach für eine Familie mit zwei kleinen Söhnen. Je leichter das Leben mit den Kindern für uns selbst wurde, desto häufiger dachten wir nun über dieses kleine Geschwisterpaar und ihre sich entfaltende Beziehung nach. Und wir wurden und werden von den Kindern mit der Nase darauf gestoßen, dass sie eben doch nicht ganz wie andere Geschwister sind, sondern dass ihnen das Aufwachsen mit dem gleich alten Zwilling ein paar besondere Aufgaben stellt.

Mir scheint, als könnten Zwillingskinder dabei etwas mehr brauchen als zwei Erwachsene, die entweder nur zusehen und denken »Ach, wie niedlich!« oder aber ständig »Hört auf zu streiten!« schreien. Eine Mutter und ein Vater, die ein paar Fakten und Ideen über das Leben als Zwilling im Hinterkopf haben, können ihre Aufgaben als Coach und Mediator ihres Zweierteams leichter erfüllen und sich flexibler zwischen dem Beobachten und dem Eingreifen entscheiden. Sie sind gelassener bei Entwicklungskrisen und sicherer in der Begegnung mit der Welt außerhalb der Familie. Und so widmet sich der zweite Teil dieses Buches dem, was man bisher über die besonderen Entwicklungsbedingungen von ein- und zweieiigen Zwillingskindern und über deren Geschwisterbeziehung herausgefunden hat.

Bei beiden Themen, dem Leben mit und dem Leben als Zwilling, geht es beileibe nicht ständig ums Problematische und wie man dem womöglich mit Patentrezepten begegnet. Dieses Buch soll vor allem der elterlichen Neugier Nahrung geben, der Vorfreude auf spannende Jahre mit den Zwillingen dienen oder vielleicht dem nachdenklichen Rückblick auf die schon verstrichene Familienzeit.

Noch ein paar Anmerkungen zur Benutzung dieses Buchs: Als ich das Wort »Einling« zum ersten Mal las, erinnerte mich das an eine Bezeichnung für Außerirdische, beziehungsweise es gab mir das Gefühl, dass Zwillinge sich bestimmt heimlich kaputtlachen, wenn sie uns andere Menschen so nennen. Ich war also nicht sicher, ob ich ein Einling sein wollte. Es gibt aber keinen anderen Begriff, mit dem man ein ganzes Buch über Zwillinge bestreiten kann, in dem auch von Leuten die Rede sein muss, die keine Zwillinge sind. Außer man möchte ein Nicht-Zwilling sein. Das hat mir noch weniger gefallen.

In der Benutzung der weiblichen und männlichen Bezeichnungen für Berufsgruppen habe ich entweder den einfachsten oder den konventionellsten Weg gewählt. Es gibt zum Beispiel keine ÄrztInnen, sondern meistens Ärztinnen, denn die meisten Frauenärzte sind Frauenärztinnen. Mütter, die sich um ihre Kinder sorgen und sie versorgen, kommen in diesem Buch zuhauf vor. Väter kommen etwas weniger häufig vor. Das habe ich so auch in der Alltagswelt der Zwillingsfamilien angetroffen – ohne dass ich Väter samt ihrer Liebe und ihren vielfachen Bemühungen um ihre Kinder und Frauen deshalb durch den vorherrschenden Gebrauch des Wortes »Mutter« entwerten will.

Vieles von dem, was in diesem Buch zu lesen ist, trifft auch auf die Situation von Eltern sogenannter höhergradiger Mehrlinge, also von drei und mehr gleichzeitig geborenen Kindern zu – nur eben in leichter Abwandlung. In vielen

Passagen konnte der Begriff »Mehrling« deshalb synonym für »Zwillinge« verwendet werden. Gerade, was medizinische Themen angeht, ließen sich jedoch die spezifischen Details, die diese seltenen Konstellationen ausmachen, nicht berücksichtigen; hier sei auf das Internet verwiesen, das aktuelle Informationen nicht nur für Zwillingsfamilien, sondern auch für Eltern von Drillingen oder Vierlingen bietet. Eine Auswahl von Links findet sich im Anhang.

Und schließlich: Viele von Ihnen werden dieses Buch lesen, wenn sie schwanger mit Zwillingen sind. Ich kann mich an mein Schwangerschaftsgefühl noch gut erinnern, und ich glaube, ich persönlich wollte von nichts anderem als einem Happyend hören. In den Abschnitten über die Zwillingsschwangerschaft und die Geburt ist an manchen Stellen aber auch von ernsten und traurigen Themen die Rede. Wählen Sie die Abschnitte aus, die Sie mit Freude und Interesse lesen, und überblättern Sie, was Ihnen im Moment nicht wichtig ist.

Icking, im Juni 2007 *Angela Grigelat*

1 Zwillingsglück und Zwillingsfluch

Das Thema Zwillinge liegt neuerdings in der Luft. Es begegnet uns im echten Leben genauso wie im Fernsehen, im Kino und im Internet. Zwillinge geben Interviews, schreiben Bücher, stehen auf der Bühne. Sie werden getrennt, wiedervereint, beforscht, gefilmt und fotografiert. Sie werden vermarktet, und sie vermarkten sich selbst. Vor allem aber werden sie geboren: Zwillingseltern bevölkern mit ihren Kindern Spielplätze und Stillgruppen, sie treffen sich an Zwillingsstammtischen, auf Zwillingsbasaren und in Zwillingsforen. Und immer öfter präsentieren sich Exemplare einer neuen Spezies prominenter Mütter, die deutlich nach dem vierzigsten Geburtstag rasch noch ein Zwillingspärchen auf die Welt bringen.

Dabei gab es Zwillinge schon immer, sie sind weder ein neues, noch ein besonders seltenes Phänomen, und zudem eines, über das bereits seit der Antike geschrieben und geforscht wird. Die Literatur über Zwillinge sei wahrhaftig »keine spärliche zu nennen«, das musste schon 1874 Friedrich Funcke, ein junger Wissenschaftler, der sich mit der Kunst der Zwillingsentbindung beschäftigte, feststellen. Heute würde er staunend durch ganze Bibliotheken zum Thema wandern, müsste sich durch Jahrgänge wissenschaftlicher Zeitschriften, die nur dem Thema Zwillinge gewidmet sind, wühlen und hätte keinen Mangel an Kollegen aus Medizin und Sozialwissenschaft, mit denen er sich über jeden denkbaren Aspekt der Zwillingsexistenz austauschen könnte.

Wie erklärt sich das alles: die starke Präsenz von Zwillingen in unserer persönlichen und in der medialen Wahrnehmung sowie die anhaltende und die möglicherweise neuentflammte Faszination für Zwillingskinder und Zwillingsmenschen?

Neue Kinder, neue Mütter

Wen das Gefühl beschleicht, in letzter Zeit ziemlich oft die Straßenseite gewechselt zu haben für einen dieser überbreiten Zwillingskinderwagen, und daraus schließt, es gäbe so etwas wie einen Zwillingsboom, der hat einerseits ein ganz gutes Sensorium – und unterliegt andererseits doch einer Täuschung. Tatsächlich, der Anteil der Zwillingsgeburten an allen Geburten ist in den industrialisierten Ländern in den letzten zwanzig Jahren sehr deutlich gestiegen. Die um 1890 von dem polnischen Pathologen Dyonizy Hellin formulierte und nach ihm benannte Regel, wonach über fast alle Kulturen und Zeitläufte hinweg auf etwa 85 Geburten eine Zwillingsentbindung kommt, wurde von Frauen in Zusammenarbeit mit Reproduktionsmedizinern ausgehebelt. Zum einen haben viele Paare das Kinderkriegen auf einen Zeitpunkt im Leben der Frau verschoben, an dem die Wahrscheinlichkeit, mit Zwillingen schwanger zu werden, aus biologischen Gründen höher ist als bei jungen Müttern. Zum anderen haben Fortpflanzungsmediziner Wege gefunden, durch Hormonbehandlungen oder Befruchtungen außerhalb des Körpers ungewollt kinderlosen Frauen, insbesondere älteren Frauen mit nachlassender Fruchtbarkeit, doch noch zu Schwangerschaften zu verhelfen, bei denen dann häufig mehr als ein Embryo in der Gebärmutter heranwächst. Von den in den letzten Jahren geborenen Zwillingspaaren ist fast jedes zweite im Labor und nicht im Bett entstanden.

All das führt dazu, dass derzeit in Deutschland anstatt nach der 85. schon nach der 62. normalen Entbindung statistisch betrachtet wieder eine Doppelgeburt fällig ist. Das ergibt eine Menge neugeborener Zwillingskinder in Zwillingswagen, nämlich etwa 21.000 in Deutschland pro Jahr. Aber: so viele und noch mehr gab es auch schon in den 1960er Jahren: Über 30.000 als Zwillinge geborene Kinder zählte das Statistische Bundesamt damals bei mehreren Jahrgängen dieser Dekade.

Dass die Hellin-Regel nicht mehr funktioniert und die »gefühlte« Zwillingshäufigkeit höher liegt als die tatsächliche, das hat zu tun mit den seit vierzig Jahren zunächst im Sturzflug, dann langsam auf ein niedriges Plateau sinkenden Geburtenzahlen für alle Kinder. Es gibt in Deutschland weniger Kinder als früher, aber prozentual mehr Zwillinge – auf diesen Nenner lässt sich das Zwillingsphänomen quantitativ bringen.

Das subjektive Empfinden einer Zwillingsepidemie hat darüber hinaus noch mit ganz anderen Faktoren zu tun. Kinder erscheinen in Deutschland nicht mehr so häufig im öffentlichen Raum als noch in vorherigen Generationen, sie wuseln nur noch auf wenigen Straßen und Plätzen. Von besonders glücklichen oder unglücklichen Ausnahmen abgesehen, werden jüngere Kinder in vielen Milieus lückenlos überwacht, von einer Betreuungssituation in die nächste befördert, befinden sich in geschützten, kaum einsehbaren Spielzonen. Das Gefühl eines Kindermangels macht sich breit, es ist die Rede von Vergreisung und Gebärstreik. Und so fallen einem kleine Kinder, noch dazu, wenn sie in doppelter Ausführung daherkommen, neuerdings richtig ins Auge: Sieht aus, als würde doch noch wer Kinder bekommen – und zwar nicht zu knapp!

Im Vergleich zur Mutter der 1960er Jahre, die geschlagen mit Stoffwindeln und sperrigem Wagen nur schwer vors Haus kam, sind heutige Zwillingseltern außerdem deutlich mobiler und damit sichtbarer geworden. Unterstützt durch neuzeitliches Equipment vom Wagen bis zur Wegwerfwindel können sie bereits kurz nach der Geburt unterwegs sein wie andere Familien auch. Hinzu kommt, dass diese mobilen Mamas oft nicht dem Bild der Mutter entsprechen, wie wir es bisher kannten. Mehr als die Hälfte der aktuellen Neuankömmlinge unter den Mehrlingen wird von Frauen auf die Welt gebracht, denen man das nicht oder nicht mehr zugetraut hätte, die eigentlich am Ende ihrer fruchtbaren Jahre angelangt waren, oder die schon lange vergeblich versucht hatten, schwanger zu werden. Frauen, die bereits ein ganzes

Stück Biografie, vor allem Berufsbiografie, hinter sich haben, und deshalb mit ihrem späten Kindersegen auf vielen Ebenen anders umgehen als in jüngeren Jahren Gebärende. Es sind auch die Besonderheiten rund um diese späte und paradoxe Fruchtbarkeit – erst lange gar keins und dann gleich zwei –, die Zwillingsfamilien im Vergleich zu solchen mit jüngerer Mama und jeweils einem Kind auffallen lassen.

Gene und Geschwister

Nun schaut man nicht nur neugierig und amüsiert auf Zwillinge, sondern spätestens seit Beginn des letzten Jahrhunderts auch mit dem kühlen Blick der Wissenschaftler. Obwohl die daraus entstandene Disziplin »Zwillingsforschung« heißt, hat sie sich traditionell wenig um Leben und Erleben von Zwillingen gekümmert. Die Existenz dieser besonderen Geschwister wurde und wird vor allem als ein kostbarer Zufall verstanden, den es geschickt zu nutzen gilt, um etwas über die Natur aller, nicht nur die von Zwillingsmenschen zu erfahren. Menschliche Eigenschaften, so stellt man es sich im Moment vor, entwickeln sich aus einem jeweils einmaligen und nach wie vor recht geheimnisvollen Zusammenspiel zweier Kräfte: der genetischen Anlage einer Person und den Einflüssen der Umwelt, die ab dem Zeitpunkt der Zeugung auf den werdenden Menschen einwirken. Zum Leidwesen von Forschern, die zum Beispiel wissen wollen, woher Intelligenzunterschiede rühren oder ob es eine Veranlagung für Alkoholismus gibt, bilden die beiden Einflussfaktoren Umwelt und Anlage ein im Nachhinein schwer entwirrbares Ganzes. Selbst wenn der Alkoholiker aus einer anerkannt schrecklichen Familie stammt, weiß man rückblickend nicht, ob unvorteilhafte Gene ihn nicht auch bei einer liebevolleren Herkunft zum Süchtigen hätten werden lassen. Nur im Fall der seltenen Konstellation genetisch identischer Menschen, also eineiiger

Zwillinge, die zudem bei ihrer Geburt getrennt wurden und in verschiedenen Familien aufwuchsen, kann man die beiden Faktoren Genetik und Umwelteinfluss scheinbar mühelos auseinanderhalten: Umwelt verschieden, Gene identisch – wenn diese zwei Menschen sich in allen möglichen Eigenschaften stark ähneln, so spricht das für die Macht der Vererbung. Auch der Vergleich der Ähnlichkeit von eineiigen mit der von zweieiigen Zwillingspaaren, die sich beide nur im Grad ihrer genetischen Verwandtschaft (100 Prozent bzw. ungefähr 50 Prozent gemeinsame Gene) unterscheiden, lässt Schlüsse auf die Erblichkeit von Merkmalen zu. Das ist die Grundidee der sogenannten »Zwillingsmethode«, die natürlich in der Forschungsrealität ein wenig komplizierter ist als beschrieben. Nach historischen Tiefschlägen und Irrwegen erlebt die Forschung an Zwillingen in vielen Ländern, darunter auch in Deutschland, gerade eine Renaissance. Das hängt, wen wundert es, eng zusammen mit dem hohen Stellenwert, den die Genforschung hat, mit der als Meilenstein erlebten Entschlüsselung des menschlichen Genoms und den Möglichkeiten der sich rasant entwickelnden Biotechnologie, die von der Zwillingsforschung genutzt werden.

Aber es sind nicht nur die Weiterentwicklungen der klassischen Zwillingsmethode, die Zwillinge neuerdings wieder zur heißen Ware auf dem Wissenschaftsmarkt werden lassen. Auch die Geschwisterforschung bläst gerade den Staub aus ihren Regalen und hat unter anderem Zwillinge als Forschungsthema und Forschungsobjekt entdeckt. Das Bild, das in diesem Wissenschaftszweig bisher von Geschwistern im Allgemeinen gezeichnet wurde, war wenig differenziert und dabei negativ getönt: Wer über Bruder und Schwester forschte, der interessierte sich vorwiegend für Menschen im Kindes- und Jugendalter sowie die zwischen ihnen herrschende Rivalität. Für besonders bedeutungsvoll innerhalb der menschlichen Biografie hielt man die Geschwisterbeziehung nicht. Ging es um die Frage, wer unser Wesen und unsere Fähigkeiten am meisten prägt, war in der wissenschaftlichen Literatur, insbesondere wenn sie in der Tradition der Psychoanalyse stand, immer nur vom Einfluss der Eltern auf ihre Kinder die Rede. Heute ist man in der psychologischen Forschung davon überzeugt, dass die Kinder einer Familie sich oft stark und lebenslang aneinander orientieren, und man ist fasziniert davon, wie dynamisch Geschwisterbande sind, das heißt, wie sehr sich die oft am längsten dauernde Beziehung im Leben eines Menschen über die ganze Lebensspanne hinweg verändern kann. Auch sieht man Geschwister beileibe nicht mehr nur als Konkurrenten, sondern einander verbunden in einem schillernden Bündel von positiven, negativen und zwiespältigen Gefühlen. Zwillinge kommen hier ins Spiel, weil sich bestimmte Themen bei ihnen gewissermaßen zuspitzen und wie unter einem Vergrößerungsglas betrachtet werden können, beispielsweise die Frage, was enge Bindungen zwischen Menschen entstehen lässt oder es ermöglicht, sie wieder zu lösen.

Aber Zwillinge interessieren seit neuestem auch um ihrer selbst willen; Geschwisterforscher untersuchen erstmals ohne Hintergedanken die psychologischen Besonderheiten der Lebenssituation gleichzeitig geborener Kinder und stellen auch einmal solche Fragen, wie sie den Zwillingen und ihren Familien selbst auf den Nägeln brennen: Wie fühlt es sich eigentlich an, gemeinsam mit einem genetischen Doppelgänger oder exakt gleich alten Geschwister heranzuwachsen? Ist das wirklich so harmonisch oder doch nur ein ewiges Kreuz? Sind Zwillinge wirklich anders als der Rest der Welt? Sind sie die besseren Menschen oder vielleicht nur die seltsameren? Können sie überhaupt jemand anderen ähnlich stark wie ihren Zwilling lieben? Und wenn Eltern zwei Kinder auf einmal bekommen: Wie meistern sie die Herausforderungen der ersten Zeit, wie helfen sie ihrem Nachwuchs auf dem Weg ins Leben, und wie werden sie dabei auch den anderen Geschwistern gerecht?

Zwillingssehnsucht

Es gibt einen wunderbaren Spruch über das Leben in der Gebärmutter, den Hebammen gerne benutzen, um Müttern eine Idee vom Erleben ihres Ungeborenen zu geben: »Immer warm, immer satt, nie allein.« So könnte es sich vielleicht anfühlen, das vorgeburtliche Dasein. Und so könnte auch die Sehnsucht nach einem Zustand der völligen Befriedigung beschrieben werden, eine menschliche Ursehnsucht, die vielleicht erklärt, warum sich Menschen zu allen Zeiten vorgestellt haben, wie schön und harmonisch es sein müsste, als Zwilling zu leben. Phantasien über das Zwillingsdasein kreisen um eine Art vollkommene Existenz, in der man lebenslang ein intimes Gegenüber hat, jemanden, der einen immer versteht, immer mag und nie allein lässt. Die archaische Sehnsucht nach einem identischen Gegenüber kennen sogar schon kleine Kinder, die sich sehr oft ein imaginäres zwillingshaftes Wesen als Spielgefährten erfinden. Wenn man echte Zwillinge, vor allem identische, erzählen lässt, wie es sich mit dem Geschwister lebt, dann scheinen sie eine lebende Antwort auf die Frage zu sein, ob es so etwas geben kann, wie ein perfektes Pendant: »Wir sind immer eins mit dem anderen«, oder: »Wir fühlen uns völlig aufgehoben« – so schildern viele von ihnen das besondere Glück mit dem geschwisterlichen Gefährten.

Entsprechend groß ist die emotionale Anteilnahme für Lebensgeschichten von getrennt aufgewachsenen Zwillingen, die ohne voneinander gewusst zu haben, ein frappierend ähnliches Leben führten und irgendwann glücklich wiedervereinigt wurden. Das hat man eindrucksvoll am kolossalen Erfolg von Erich Kästners Kinderbuch »Das doppelte Lottchen« und dessen Verfilmung von 1950 beobachten können. Auch wenn man daran zweifeln mag, ob Erich Kästner an sein eigenes Happyend samt dem Triumph der Kleinfamilie geglaubt hat – dem unauflösbar scheinenden Band einer

Zwillingsbeziehung hat er ein literarisches Denkmal gesetzt. Vermutlich können sich auch Nicht-Zwillinge sehr gut mit Biografien getrennter Zwillinge identifizieren, denn wer hat nicht schon einmal mit dem Gedanken gespielt, dass er plötzlich auf sich selbst treffen könnte. »Der Traum vom identischen Zwilling ist der vom anderen Leben, das wir führen könnten, vom Ergreifen anderer Möglichkeiten, von einer anderen Berufswahl, anderen Lebenspartnern« (Wright 2000). Besonders begierig wurden und werden Schilderungen getrennter Zwillinge aufgenommen, die geradezu übersinnlich miteinander verbunden zu sein scheinen – sonst würden zwei, die sich gar nicht kennen, doch nicht zur gleichen Zeit Kopfweh kriegen oder zwei Frauen namens Betty heiraten.

Telepathisch anmutende Beziehungen zwischen Menschen könnten auf deren Besonderheit hinweisen, auf etwas womöglich Transzendentes, vielleicht auf einen göttlichen Funken in uns allen. Und das scheint eine deutlich angenehmere Vorstellung als die, womöglich genetisch in vielem vorbestimmt zu sein. Die sehr positiven Assoziationen, die mit der Vorstellung vom Leben als Zwilling verbunden sind, schwappen sogar auf das aktuelle Klon-Thema über, obwohl sie da nicht viel zu suchen haben. Eineiige Zwillinge sind keine Klone, bei denen die genetische Kopie eines bereits lebenden Individuums hergestellt würde – trotzdem taucht der Begriff von den eineiigen Zwillingen als »natürlichen Klonen« verdächtig häufig auf. Schon gibt es Untersuchungen, bei denen aus der Art, wie eineiige Zwillinge die Tatsache sehen, ein genetisch identisches Geschwister zu haben (nämlich auf Nachfrage ziemlich positiv), zuversichtliche Prognosen über das (bestimmt auch sehr positive) Identitätsgefühl von geklonten Menschen abgeleitet werden, so es sie denn einmal gibt.

Dabei ist die Wunschvorstellung, als Zwilling leben zu können, letztlich meilenweit von der Realität des tatsächlichen

Zwillingsdaseins entfernt – wie im achten Kapitel noch ausführlich zu lesen sein wird. Aber dennoch wird nicht nur die Existenz als Zwilling, sondern auch Zwillinge zu bekommen derzeit von vielen Zeitgenossen geradezu verklärt und heiß ersehnt: »Hallo, Ihr Zwillingsmoms! Wie habt Ihr das gemacht? Ich will Zwillinge kriegen, gibt's da irgendwelche Tricks?«, fragt frohgelaunt eine junge Frau in ein Internet-Forum für Zwillingseltern hinein – und erhält ziemlich gereizte Antworten zurück: »Was findest du an Zwillis so toll? Hast Du schon Kinder? Mach' bitte mal folgenden Selbstversuch: Stelle Dir einen Wecker, der Tag und Nacht alle zwei Stunden klingelt. Mache sofort zehn Kniebeugen, zehn Liegestütze und lese dabei zehn Seiten in einem Buch. Wasche die Wäsche Deiner Nachbarn mit. Trage beim Kochen einen Vier-Kilo-Sack Kartoffeln auf einem Arm. Mache Dir Buttermilch- und Möhrenflecken auf das T-Shirt. Wenn Du Dir nach einer Woche immer noch Zwillis wünscht, ist Dir nicht zu helfen. Gruß Marion.« Oder noch drastischer: »Es ist schon schwierig für jemanden wie mich zu hören, dass Leute sich Zwillinge herbeisehnen. Ich habe selbst welche: Mein fünfzehnjähriger Sohn trägt Windeln und kann nicht selber sitzen, meine Tochter ist lernbehindert. Beide wurden als Zwillinge viel zu früh geboren. Bestimmt sind Zwillinge niedlich – wenn sie die Schwangerschaft gut überstehen.«

Dass der Wunsch, Zwillinge zu bekommen, in den letzten Jahren von vielen jungen und gesunden Frauen explizit und ohne Arg geäußert wird, spiegelt sich in dem spezifischen Eigenleben, das reproduktionsmedizinische und mehrlingsbezogene Themen im Internet führen. Auf vielen Homepages rund um Geburt und Schwangerschaft wird im Hinblick auf Mehrlinge eine geradezu launige Atmosphäre erzeugt und die problematischen Aspekte dieses Themas geflissentlich ignoriert. Zum Beispiel, dass die Bedingungen im Mutterleib für Zwillinge ungünstiger als für nur ein Kind und manche dieser Kinder jahrelang mit dem Aufholen von dadurch bedingten

Entwicklungsdefiziten beschäftigt sind. Oder dass eine Zwillingsgeburt ungeahnte seelische und materielle Belastungen für eine Familie mit sich bringen kann.

Aber nicht nur Naivität, auch Defizite im Ego der Eltern in spe stehen mit dem Wunsch nach einer Zwillingsschwangerschaft in Zusammenhang. Psychoanalytiker vermuten, dass die Kinder stellvertretend für die Mutter die beschriebene Symbiose-Sehnsucht erfüllen sollen. »Da wird eher etwas in die noch nicht existierenden Kinder hineininterpretiert und hineingewünscht, das bei der Mutter in einer versteckten Ecke der Seele auf Erfüllung wartet«, so formuliert es die in der Geburtshilfe tätige Analytikerin Lieselotte Winkler. Gesellschaftskritische Psychotherapeuten halten es nicht für Zufall, dass der Wunsch nach einer Zwillingsschwangerschaft so verbreitet und geradezu salonfähig geworden ist, sondern für den Ausdruck einer narzisstischen und konsumorientierten Haltung dem Leben gegenüber. Eine Zwillingsgeburt mag Eltern, die für sich selbst nur ungern Begrenzungen akzeptieren, geradezu ideal erscheinen. Die zweifache Geburt erfüllt den Wunsch nach einer Familie auf einen Schlag, erspart das geduldige Erwarten und das Nacheinander-Gebären. Wenn sie dann auf der Welt sind, erlaubt der Auftritt mit den Zwillingskindern den Eltern, sich von anderen abzuheben und nach außen zu signalisieren, dass man – wieder einmal und verdientermaßen – mehr bekommen hat als die anderen.

Damit sind ein paar Eckpfeiler des zeitgenössischen Zwillingserlebens beschrieben. Dass wir alles, was mit Zwillingen zu tun hat, so positiv wahrnehmen können, wie wir es gegenwärtig tun, ist nur möglich, weil Zwillinge seit neuestem gute Chancen haben, lebend geboren zu werden und gesund heranzuwachsen. Noch weit bis ins neunzehnte Jahrhundert hinein starben so viele Zwillingskinder, dass im Durchschnitt aus den Zwillingsschwangerschaften nicht mehr überlebende Kinder als aus den Einlingsschwangerschaften hervorgingen. Auch die Mütter, die damals Zwillinge auf die Welt brachten, waren bei oder nach der Geburt noch häufiger von tödlichen Komplikationen bedroht, als dies für eine Gebärende ohnehin der Fall war. In afrikanischen Ländern mit hoher Hausgeburtenrate, wie zum Beispiel in Nigeria, haben Zwillingsbabys heute noch deutlich schlechtere Karten als Einlinge. Unsere muntere Haltung gegenüber »Zwillis« ist also historisch sehr jung und keinesfalls ein globales Phänomen. Wie haben Menschen in anderen Zeiten, unter anderen Lebensbedingungen und mit anderen Weltbildern als unseren Zwillingsmenschen wahrgenommen?

Der Zwillingsmythos

Alle Kulturen, deren Geschichte uns überliefert ist, haben Zwillingen und Zwillingsgeburten einen besonderen Platz in ihren kollektiven Phantasien, ihrem Volksglauben, den Traditionen und in der jeweiligen Götterwelt eingeräumt. Man zerbrach sich den Kopf darüber, wodurch Zwillinge zustande kamen und rang mit der Frage, ob eine doppelte Geburt für die Gemeinschaft und die Sippe ein Segen oder ein Fluch war, auf den in angemessener Weise reagiert werden musste. Zwillingsbeziehungen wurden oft als eine besondere Verbindung betrachtet, von der eine magische Kraft ausgehen konnte.

In den antiken griechischen und römischen Mythen beispielsweise wimmelt es von Zwillingsgöttern und Zwillingskindern. Götterbote Hermes und Meeresgott Poseidon sind Väter gleich mehrerer Zwillingspaare, Oedipus zeugte eines mit seiner Mutter Iocaste, Leda wurde von den Vätern Zeus (in Gestalt eines Schwanes) und vom sterblichen Spartanerkönig Tyndareus mit Vierlingen schwanger, darunter Kastor und Pollux, die beiden »göttlichen Zwillinge«. Auch Alkmene schlief mit dem Gott Zeus und einem sterblichen Mann, Amphitryon, und gebar später Zwillinge, von denen einer, Herakles, ein Götterkind, der andere, namens Iphikles, sterblich war.

Die zur Zwillingsentstehung gehörigen mythologischen Zeugungsakte erzählen aber nicht nur von Liebe und Göttlichkeit, sondern auch von destruktiven Kräften wie Frevel, Rache, Vergewaltigung, Inzest und Täuschung. Dass die Frage, wer der eigentliche Vater der Kinder ist – ein Gott, zwei Götter, Mensch und Gott oder zwei Menschen – in den Mythen benutzt wurde, um konfliktträchtige Szenarien zu malen, verwundert nicht, war doch eine mögliche Doppelvaterschaft eine der antiken Vermutungen zur Zwillingsentstehung.

In den religiösen Überlieferungen anderer Kulturen und Völker steht das Zwillingshafte auch für eine uneingeschränkt positive Dualität. Viele nord- und südamerikanische Kulturen kannten göttliche Zwillingspaare. Als harmonisch und unzertrennbar gesehene Schöpfergestalten, die oft Planeten verkörperten oder von ihnen gezeugt waren, brachten sie den Menschen Regen, Feuer oder Fruchtbarkeit. Die Hopi-Indianer kannten Zwillingsgötter, von denen einer die Tiere, der andere die Menschen geschaffen hatte. Die Indianer der Mojave glaubten, dass menschliche Zwillinge aus himmlischen Regionen kommen, wo sie leben und sich ab und zu entscheiden, auf der Erde zu erscheinen. In dieser Überlieferung sind sie unsterbliche Wesen, die man so lange wie möglich auf der Erde halten will, die aber irgendwann in ihre metaphysische Welt zurückkehren. Die Nuer des Sudan betrachteten Zwillinge nicht nur als göttliche Kinder, sondern auch als eine soziale Person mit zwei Körpern. Der Tod eines Zwillings musste nicht betrauert werden, weil er nur als eine oberflächliche Veränderung der Erscheinung einer einzigen Person gesehen wurde.

Die beiden letzteren Vorstellungen sind etwas Besonderes, weil über Zwillingskinder eine – in diesem Fall positive – Verbindung zwischen dem Göttlichen und dem Erdendasein der Sterblichen zu entstehen scheint. Man kann sagen, dass in zahllosen Kulturen die Frage, welches Schicksal auf die Zwillingskinder und ihre Eltern, insbesondere die Mutter, wartete, zentral davon abhing, ob man ein göttliches Element oder ein übernatürliches Wesen an der Zeugung und Existenz der Kinder beteiligt sah. Je nachdem, welche Qualitäten diese Macht gegebenenfalls hatte, wurden der Zwillingsgeburt unterschiedliche Bedeutungen zugeschrieben, von denen abhing, wie willkommen die Zwillinge und ihre Familien waren. Bei der afrikanischen Volksgruppe der Niloten wurden die Eltern von Zwillingen in die Kategorie der fruchtbaren Tiere einsortiert und galten damit als von den Göttern speziell geehrte Vermittler zwischen ihnen und den Menschen. Römische Geschichtsschreiber der Antike berichten dagegen, dass die Geburt von Zwillingen als ein ungewöhnlicher und eher unheildrohender Eingriff des Göttlichen in die Welt der Menschen empfunden wurde.

Die Zwillingsgeburt als atmosphärische Störung – diese Auffassung gab es in diversen Kulturen. Die vermeintlich göttliche Herkunft der Kinder hatte also nicht immer positive Konsequenzen für Mutter und Babys. Sie konnte auch in deren Tötung oder Verbannung aus der menschlichen Gemeinschaft resultieren oder – wie bei manchen afrikanischen Stämmen üblich – in der Notwendigkeit besonderer Reinigungsriten und Isolationszeiten für die Zwillingsfamilie und ihre Verwandten. Dem lag die Vorstellung zugrunde, dass alles, was mit einer heiligen Macht zu tun hat, dem profanen Lebensbereich entzogen ist. Mit der heiligen, aber ambivalenten Kraft und den von ihr berührten Personen galt es vorsichtig umzugehen. Eine Aussetzung der Kinder war ein Weg der Gemeinschaft, die Zwillinge ihrem eigentlichen Verursacher zurückzugeben.

Zwillingsgeburten wurden aber bisweilen auch als etwas ganz und gar Widernatürliches empfunden, das nur durch dämonische Kräfte zu erklären war. Man vermutete böse Geister, Berg- und Waldgötter sowie Tiere als Väter der Zwillinge, was meist ungünstige Folgen für die Zwillingsfamilie hatte. In ethnologischen Berichten über Afrika aus den dreißiger Jahren ist beschrieben, dass Zwillingsmütter für einige Zeit in separaten Zwillingshütten, speziellen Dörfern oder Flussinseln isoliert und dann verstoßen oder gar getötet wurden und dass man Zwillingskinder verkaufte, im Dschungel aussetzte oder zu einer anderen Familie gab.

Die antike Medizin hatte bereits erstaunlich naturwissenschaftlich anmutende Erklärungen für die Zwillingsentstehung gefunden: Die Qualität und Menge des Samens, die Beschaffenheit der Gebärmutter und die Fruchtbarkeit sowie die Sexualität der Eltern wurden als mögliche Ursachen einer Zwillingsschwangerschaft ins Auge gefasst. Was aber im Volksglauben späterer Jahrhunderte immer wieder auftauchte und das Schicksal von Zwillingsfamilien bestimmte, war das ebenfalls aus der Antike stammende, bereits erwähnte Konzept einer Doppelbefruchtung der Mutter. Nahm man an, dass die Zwillinge zwei menschliche Väter hatten, war dies gleichbedeutend mit dem an die Mutter gerichteten Vorwurf der Untreue. Ächtung der Mutter, Kindsaussetzung und zeremonielle Tötungen – zum Teil grausamster Art – sind quer durch die Jahrhunderte und über die Kontinente hinweg aus monogamen Gesellschaften bekannt, die die vermeintliche Promiskuität nicht tolerieren wollten. Im Japan des 19. Jahrhunderts beispielsweise war die Zwillingsgeburt eine Schande für die Familie, die man möglichst geheim hielt und von der man sich durch das Weggeben eines oder beider Kinder befreite. Am japanischen Kaiserhof vertuschte man die Existenz eines der Zwillinge und zog ihn heimlich als potentiellen Ersatz für einen verstorbenen Thronfolger auf.

Gezielte Tötungen von Neugeborenen gehören zur Geschichte der Menschheit. Mögliche Gründe gab es viele, sie konnten mit unerwünschten Eigenschaften des Kindes wie einer Behinderung, seiner Illegitimität oder dem falschen

Geschlecht zu tun haben. Auch Ereignisse wie der Tod der Mutter bei der Geburt, Hass auf den Vater, dynastische Gründe sowie der Kampf um knappe Ressourcen in Hungerzeiten oder in Gesellschaften, in denen die Mütter eine extreme Arbeitsbürde zu tragen hatten, konnten das Todesurteil für ein Kind bedeuten. Zwillinge haben unter diesen Aspekten immer zu den besonders gefährdeten Kindern gehört. Wenn die Überlebensmöglichkeiten einer Volksgruppe oder eines Stammes sehr begrenzt waren, lag die Tötung des schwächeren Zwillings nahe, um die Chancen für den zweiten – meist für das kräftigere, männliche oder erstgeborene Kind – zu erhöhen. Bei den Buschmännern der Kalahari, einem nomadischen Stamm, war die Versorgung von zwei Säuglingen durch eine Mutter so gut wie unmöglich. Dort wurde das zweite oder sogar das männliche Kind getötet. Die Kakwa aus Uganda setzten den Zweitgeborenen oder das Mädchen aus, die südafrikanischen Pojulu ließen beide Kinder über Nacht allein im Freien und erlaubten dem Kind, das dies überstand, weiterzuleben.

Besonderen Gefahren waren von jeher zweigeschlechtliche Zwillingspaare ausgesetzt. Das Nebeneinander von Mädchen und Junge in der Gebärmutter ließ in der Sicht vieler Naturvölker wie auch antiker Kulturen die Befürchtung aufkommen, die Kinder könnten sich bereits im Mutterleib, spätestens aber als Heranwachsende inzestuös verbinden. Um dies zu verhindern, wurde oft ein Kind getötet, so zum Beispiel bei den Azteken oder den Indianern Nicaraguas. Oder aber man entschied gezielt eine spätere Heirat der Kinder.

Absonderung, Ächtung, Tötung – all dies waren Versuche der Menschen, mit den durch die Zwillingsgeburt ausgelösten Gefühlen wie Scheu, Angst, Entsetzen oder Tabuverletzung umzugehen. Aus anthropologischer Sicht bot eine Zwillingsgeburt der Gemeinschaft die Gelegenheit, sich durch ihre Reaktion auf dieses Naturereignis ihrer gemeinsamen Werte zu versichern und sie zu demonstrieren.

Aus dieser archaischen Welt führt ein großer Sprung in die Moderne, in deren Auseinandersetzung mit sich selbst es nicht mehr um das Verhältnis der Gesellschaft zum Übernatürlichen geht, sondern um das des Einzelnen zur Gesellschaft. Zwillingsfiguren bieten in diesem Zusammenhang einzigartige erzählerische Möglichkeiten. Wie in einer Versuchsanordnung können durch sie unterschiedliche Lebensentwürfe illustriert und die Macht gesellschaftlicher Prägungen auf das Einzelschicksal thematisiert werden – so etwa in Tessa de Loos Roman »Die Zwillinge« und seiner Verfilmung von 2003: Dort wird von zwei in den 1920er Jahren getrennten Zwillingsmädchen erzählt, die in Deutschland bei unterschiedlichen Familien aufwachsen. Ihre Wiederbegegnung als Erwachsene verläuft dramatisch, da eine der beiden zur Nationalsozialistin geworden ist, die andere ein Opfer des Regimes. In Spike Jonzes Film »Adaption« von 2002 verkörpert Nicolas Cage die Kaufmann-Zwillinge: den sorglosen Frauenheld Donald sowie den neurotischen, impotenten Drehbuchschreiber Charlie, die beide auf sehr unterschiedlichen Wegen ihr Glück in der Filmwelt suchen. Selbstverständlich liebt Hollywood Zwillinge – mit ihnen lässt sich spielend Sentimentalität erzeugen, wie etwa im Remake des doppelten Lottchens, »The Parent Trap« (1999), oder Komik, wie in dem Film »Twins« (1988), in dem Arnold Schwarzenegger und Danny DeVito als extrem gegensätzliches Paar von Zwillingsbrüdern gängige Zwillingsklischees zerdeppern.

In der filmischen oder literarischen Auseinandersetzung mit psychoanalytischen oder individualpsychologischen Motiven verkörpern Zwillinge oftmals Zustände der Gespaltenheit oder widersprüchliche Anteile einer Persönlichkeit. In David Cronenbergs »Die Unzertrennlichen« von 1988 beispielsweise spielt Jeremy Irons in einer Doppelrolle sowohl den zynischen wie den sensiblen Zwilling; die eineiigen Brüder zerbrechen am Ende an ihrer ungelösten Identitätsfrage und der Verdoppelung ihrer Körper. Die moderne Kinderliteratur erzählt mithilfe von Zwillingsfiguren häufig Coming-of-Age-Geschichten, in denen junge Menschen unterschiedliche Wege der Selbstfindung erproben, wie etwa in den bekannten Hanni-und-Nanni-Geschichten der Engländerin Enid Blyton.

Hauptsächlich ist unser heutiges Verhältnis zum Phänomen Zwillinge also ein fröhliches und ein durch und durch rationales. Wir wissen, wie Zwillingskinder entstehen; sie sind für uns eben zwei gleichzeitig gezeugte und geborene Kinder. Und auf die werfen wir unseren ökonomisch geschulten Blick: Zwei auf einmal – ist doch praktisch. Und dankenswerterweise machen sich auch die erwachsenen Zwillinge in der genetischen Forschung nützlich. So hat wohl jede Epoche die Zwillinge, die zu ihr passen.

Zwillingseltern und die Welt von heute

Zwillingskinder werden in keine andere Welt hineingeboren als Einlinge. Zwillingseltern bekommen es mit all dem zu tun, womit auch Eltern von Einzelkindern oder von mehreren nacheinander geborenen Kindern in ihrem Alltag zu tun haben. Vor allem im Kleinkindalter kann aber das Vorhandensein zweier gleich alter Kinder dazu führen, dass sich manche Elternthemen etwas dramatischer präsentieren, sich manche Fragen dringlicher stellen als nach der Geburt nur eines Kindes – und dass Zwillingseltern mit etwas mehr Vehemenz auf Hindernisse prallen und rascher in familiäre Fallen stolpern als Einlingseltern. Wie ist das mit der Welt um uns Zwillingseltern herum? Sind wir mit unserem Zwillingswagen und dessen Inhalt irgendwie sperrig, lästig, nicht wirklich gerngesehen? Wie fühlen wir uns mit den Kindern in einem Land, das »familienpolitisch da [ist], wo Albanien geopolitisch in den Siebzigern war, im totalen Abseits, hoffnungslos hintendran, ideologisch verbohrt« (so Alex Rühle in der *Süddeutschen Zeitung* vom 27. April 2006)? Geraten wir von einer kinderfeindlichen Situation in die nächste – oder kommt uns das nur so vor? Wie geht es uns eigentlich als Paar, wie teilen wir uns in der Familie die immense Aufgabe, zwei Kleinkinder zu versorgen? Wer von uns beiden kann und will unter diesen Umständen noch wie viel arbeiten? Und wo positionieren wir uns in der großen ideologischen Schlacht ums Elternsein? Wo finde ich mich als Frau und Mutter wieder? Bin ich ein Cappuccino-Luder, das es sich im »Land der Muttis« – subventioniert durch das Ehegatten-Splitting – gutgehen lässt? Oder die Mutter aus Lust und Leidenschaft, die ihre Kinder nicht nur bekommen, sondern sie auch versorgen will – und zwar täglich, höchstpersönlich und mit der allergrößten Freude? Soll es womöglich das Modell »Superweib« à la Ursula von der Leyen sein (»sieben Kinder, topfrisiert, und nebenher noch unser Land umkrempeln, toll«) oder die Variante »Zwillingsmutter am Rande des Nervenzusammenbruchs« aus der amerikanischen Serie »Desperate Housewives«? Dort spannt Lynette ihre hyperaktiven und aufmerksamkeitsgestörten Eineiigen vor den Rasenmäher, um sie in einen Zustand der Erschöpfung zu bringen, damit sie Chancen haben, an einer guten Schule genommen zu werden. Für ein Kindermädchen und einen Platz im Kindergarten geht sie über Leichen, und um ihr Pensum als berufstätige Zwillingsmutter zu schaffen, greift sie notfalls zum Ritalin ihrer Kinder.

Es sieht so aus, als würden Zwillingsmütter und -väter bei allem besonderen Zwillingsglück, das ihnen widerfährt, nicht darum herumkommen, sich zusammen mit allen anderen Eltern irgendwie in der besten aller möglichen Familienwelten einzurichten.

2 Zufall, High-Tech und Hormone

Wie Zwillinge entstehen und welche Zwillinge es gibt

»Zwillinge aber entstehen fürwahr bei einem Koitus«, notierte im fünften Jahrhundert vor Christus der Arzt Hippokrates – und tat damit der ein oder anderen Zwillingsmutter der Antike vermutlich einen großen Gefallen: Er entlastete sie von einem Vorwurf, der die Frau nach der Geburt ihrer Zwillinge Kopf und Kragen kosten konnte, nämlich dem der Untreue und Promiskuität. Hippokrates' Zeitgenossen, die noch nichts von Millionen von Spermien in einem Ejakulat und von sich teilenden Eizellen ahnen konnten, hatten nämlich für Zwillingsschwangerschaften, wie gesagt, oft nur eine plausible Erklärung: Die Mutter musste mit zwei verschiedenen Männern – oder gar mit einem sterblichen Mann wie auch mit einem göttlichen Wesen – geschlafen haben. Zweieinhalb Jahrtausende später trifft Hippokrates' Theorie nur noch für ungefähr die Hälfte aller Zwillingsmenschen zu: Die meisten anderen sind nicht durch Sex entstanden, und einige Zwillingspaare verdanken – wie man neuerdings weiß – ihre Existenz tatsächlich mehr als einem einzelnen Liebesakt.

Aber wenden wir uns erst einmal den Zwillingskindern zu, die so gezeugt werden, wie es sich Hippokrates vorgestellt hat und wie es für die Mehrzahl der einzeln geborenen Kinder auch zutrifft. Es beginnt vielleicht mit Liebe – oder mit Lust und Neugier, Pflicht und Hoffnung, und was es sonst noch für Gefühle und Gefühlsmischungen gibt, die einen Mann und eine Frau dazu bringen, miteinander zu schlafen. Unbemerkt von den zukünftigen Zwillingseltern ereignen sich im Körper der Mutter kurz vor beziehungsweise nach der Zeugung Besonderheiten, die zu einer Schwangerschaft mit zwei Kindern führen. Und je nachdem, ob an diesen unsichtbaren Vorgängen eine oder zwei mütterliche Eizellen beteiligt sind, haben wir es mit den zwei grundlegenden Arten der Zwillingsentstehung zu tun. Am Ende einer solchen Schwangerschaft werden entweder eineiige Kinder geboren, die nicht nur gleich aussehen, sondern auch identisches Erbgut besitzen, oder aber zweieiige Kinder, die sich optisch und genetisch nicht ähnlicher sind als andere Geschwister auch.

Solange Menschen die Entstehungsmechanismen für eine Einlingsschwangerschaft nicht kannten, hatten sie natürlich erst recht keine Chance, sich einen Reim auf die Zwillingsbildung zu machen. Sie haben trotzdem versucht, plausible Theorien zu entwickeln, um sich zum Beispiel den unterschiedlichen Grad der Ähnlichkeit von Zwillingspaaren zu erklären. Da man erst im 19. Jahrhundert die beiden Typen der ein- und der zweieiigen Zwillinge erkannte, siedelte man bis dahin die Kinder- und Erwachsenenpaare wohl eher auf einem Kontinuum von »nicht ähnlich« bis zu »ununterscheidbar« an. Die Tatsache der körperlichen Ähnlichkeit wurde zum Beispiel von Hippokrates dadurch erklärt, dass manche Zwillinge an den gleichen Plätzen in der Gebärmutter heranreifen, zeitgleich »abgesondert« würden und im Mutterleib dieselbe Nahrung erhielten, um schließlich miteinander das Licht der Welt zu erblicken. Wenn Kinder dann noch gemeinsam aufwüchsen und die gleiche Nahrung erhielten, mache das die beiden Körper ähnlicher.

Dass die Umwelt Zwillinge körperlich ähnlicher oder unähnlicher machen kann, hat Hippokrates richtig geahnt. Auch eine Annahme aus dem zweiten nachchristlichen Jahrhundert, nämlich dass man bei Zwillingen Form und Substanz unterscheiden müsse, wirkt wie eine intuitive Vorwegnahme moderner Denkweisen. Dass sich Zwillingskinder zwar ähnlich in der Form sind, aber unterschiedliche Substanz haben, würde man allerdings heute vor allem im Falle der eineiigen Kinder wohl genau umgekehrt sehen.

Eineiige Zwillinge

Die gleichaussehenden, eineiig genannten Kinder sind zwar seltener, prägen aber im Allgemeinen dennoch unser Bild von Zwillingen. Bevor es möglich war, Kinder künstlich zu zeugen, wurden bei einem Drittel aller spontan entstandenen Zwillingsschwangerschaften eineiige Kinder geboren. Heute hat sich ihr Anteil an allen Zwillingspaaren auf zehn bis höchstens zwanzig Prozent verschoben. Eineiige Menschen entstehen nach einem ganz normalen Zeugungsvorgang, wenn sich eine bereits befruchtete Eizelle (genannt Zygote) im Verlauf der ersten dreizehn Tage danach in zwei Embryonalanlagen aufteilt. Die Eizelle spaltet sich erst dann auf, nachdem sich die Erbanlagen der Mutter bereits mit der des Vaters zu einer einzigartigen Mischung verbunden haben. Und dieser spezielle Mix verdoppelt sich, so dass die daraus entstandenen beiden Individuen identische Erbanlagen und das gleiche Geschlecht besitzen – und sich zum Verwechseln ähnlich sehen. Fragen könnte man sich nun, wie der kleine Menschenkeim die Teilung aushält, warum er dadurch nicht einfach zugrunde geht. Was ihn rettet, ist die bis zum 16-Zell-Stadium vorhandene Alleskönnerei (genannt Totipotenz) des jungen Zellhaufens, also die Fähigkeit der in ihrer Funktion noch nicht differenzierten Zellen, theoretisch zu jedem beliebigen Organ des neuen Organismus werden zu können. Jede einzelne Zelle hat bis zu einem bestimmten Zeitpunkt noch das Potential, sich zu einem kompletten Individuum zu entwickeln.

Diese Eigenschaft spielt bei einer eher kontroversen Angelegenheit, dem sogenannten Embryo-Splitting, eine Rolle. Eineiige Zwillinge wären leicht künstlich zu erzeugen, indem man die befruchtete (totipotente) Eizelle spaltet. Amerikanische Reproduktionsmediziner sind daran durchaus interessiert, weil sich auf diese Weise mit geringerem Aufwand Embryonen für unfruchtbare Paare herstellen ließen und man nach missglückter künstlicher Befruchtung noch einen

Embryo zur Verfügung hätte. Alternativ könnten die beiden Embryonen nacheinander ausgetragen werden, es würden dann zwei ungleich alte eineiige Zwillinge geboren. Da sich bereits hier ethische Abgründe auftun (von der Möglichkeit, Zwillinge als »Back-up«-Embryonen zu konservieren, um im Falle einer Erkrankung oder Todes des ersten Kindes entweder Stammzellen benutzen oder einen Nachfolger zeugen zu können, noch gar nicht zu reden) kam es bis jetzt – soweit man das sicher wissen kann – noch nicht zur Anwendung dieser Technik. Diejenigen, die sie befürworten, betonen übrigens, dass dabei niemand geklont würde, weil ja nicht das genetische Duplikat eines bereits lebenden Menschen hergestellt und wie beim Klonen von Tieren das Genom von einer Eizelle in die andere übertragen würde.

Der Teilungszeitpunkt spielt eine große Rolle dafür, wie sich die vorgeburtliche Situation der Kinder samt Plazenten und Eihäuten entwickelt. Bei zehn bis fünfzehn Prozent der eineiigen Kinder findet die Aufspaltung recht spät zu einem Zeitpunkt statt, an dem der embryonale Teil der befruchteten Eizelle schon Ansätze zeigt, sich in links und rechts auszudifferenzieren. Bei diesen Kindern sind Anlagen für bestimmte äußerlich sichtbare Merkmale wie Haarwirbel, Zahndurchbruch und Zahnverlust, Falten oder kleine Hautmissbildungen spiegelbildlich zu denen des Geschwisters angelegt (sehr selten betrifft diese Anlageform aufgrund einer sehr späten Teilung der Embryonalanlage auch innere Organe).

Im Englischen werden eineiige Kinder in der Laiensprache als »identical twins« bezeichnet; im Deutschen spricht man seltener von identischen Zwillingen – was angesichts von zwei Menschen mit separaten Identitäten und Biografien ein eher unglücklicher Begriff ist. Aber die hundertprozentige genetische und nahezu vollkommene optische Übereinstimmung eineiiger Zwillinge wird als selbstverständlich betrachtet. Bei näherem Hinschauen zeigt sich, dass die beiden Menschen in alldem, was man sehen und messen kann, also in ihrem sogenannten Phänotyp, gar nicht ganz übereinstimmen. Wenn man eineiige Zwillinge ein wenig näher kennenlernt, gelingt es meist nach kurzer Zeit, sie an kleinen abweichenden Merkmalen zu unterscheiden. Aber viele dieser Paare stimmen auch bei wichtigen und komplexen Merkmalen nicht überein, sind, wie man sagt, in diesen Eigenschaften diskordant: Die möglichen Unterschiede reichen von der Haar- und Hautfarbe über körperliche und seelische Erkrankungen bis hin zu wichtigen Persönlichkeitsmerkmalen. Wie kann das sein?

Zum einen sind Zwillingskinder bereits im Mutterleib sehr unterschiedlichen Bedingungen ausgesetzt. Bei den Verhältnissen an Plazenta und Nabelschnur können viele Faktoren zu einer ungleichen Versorgung der Kinder führen. Das wiederum kann zur Folge haben, dass eineiige Zwillingspaare bei Geburt weder in ihrem Erscheinungsbild (hinsichtlich Gewicht und Größe) wirklich identisch sind noch in verborgenen Aspekten wie Organfunktionen und physiologischen Prozessen. Diese früh erworbenen unterschiedlichen Eigenschaften können im Wechselspiel mit der Umwelt weitere Differenzierungen zwischen den Kindern in Gang setzen. Zum anderen kann es bereits unmittelbar nach der Trennung der befruchteten Eizelle in zwei Embryonalanlagen zu Veränderungen am Genom kommen. Man geht davon aus, dass bei jedem größeren mehrzelligen Organismus im Laufe der Entwicklung Mutationen, also nicht umkehrbare spontane Veränderungen am Erbgut, stattfinden.

Dazu kommen, wie man seit neuestem weiß, sogenannte epigenetische Prozesse, bei denen sich am oder um das Erbgut herum Moleküle (zum Beispiel Eiweiße) ansammeln. Sie setzen sich dort fest und funktionieren auf eine mit einem Schalter vergleichbare Weise: Unter dem Einfluss von Umweltfaktoren wie etwa Ernährung, Krankheit oder Stress legen sich diese, auch Marker genannten Schalter um und bringen Erbinformationen entweder »zum Schweigen«

oder erlauben ihnen, ihre Wirkung zu entfalten, sich zu »exprimieren«, wie es in der Sprache der Molekulargenetik heißt. Die DNS selbst verändert sich dabei nicht, sie ist nach wie vor in allen Zellen des Individuums in ihrer ursprünglichen Variante vorhanden. Im Falle von eineiigen Menschen bedeutet das, dass diese sich, obwohl sie vielleicht bei der Geburt noch die gleiche Information auf ihren Genen tragen, funktionell unähnlich werden: Sie nehmen eine etwas unterschiedliche Entwicklung in bestimmten körperlichen Merkmalen.

Man glaubt sogar zu beobachten, dass sich eineiige Zwillinge im Lauf des Lebens zunehmend unähnlicher werden, weil sich immer mehr solcher epigenetischer Veränderungen ansammeln. Das betrifft sowohl ihr Äußeres – man kann sie oft im höheren Alter zunehmend leichter auseinanderhalten – wie auch ihre unterschiedlich ausgeprägte Anfälligkeit für seelische und körperliche Krankheiten, von Diabetes über Schizophrenie bis Brustkrebs. Der Grad der Übereinstimmungen im Hinblick auf eine Erkrankung, die sogenannte Konkordanzrate, ist bisweilen erstaunlich niedrig. Nur fünfzehn Prozent der eineiigen Geschwister eines Zwillings mit Rheuma bekommen die Krankheit ebenfalls; bei stärker erblichen Krankheiten wie Alzheimer oder Diabetes vom Typ II trifft das für etwa dreißig bis vierzig Prozent der Geschwister des Erkrankten zu.

Erwähnt werden sollte noch die in einigen wenigen Fallberichten dokumentierte Möglichkeit, dass eineiige Kinder aufgrund einer Chromosomenaberration (bei der für das Mädchen statt zwei nur noch ein X-Chromosom übrigbleibt) mit unterschiedlichem Geschlecht geboren werden können.

Zweieiige Zwillinge

Bei zweieiigen Zwillingen verhält es sich so: Statt wie üblich einer Eizelle sind innerhalb eines Ovulationszyklus gleich zwei befruchtungsfähige Eizellen – möglicherweise im rechten und linken Eierstock – gereift, haben die Wanderung durch den Eileiter angetreten und sind irgendwo auf diesem Weg von zwei Spermien befruchtet worden. Das passiert meist nach einem einzigen Geschlechtsverkehr, es kann aber auch durch mehrere sexuelle Begegnungen, zwischen denen Stunden oder Tage liegen, zu zwei nacheinander stattfindenden Befruchtungen kommen (geschätzt wird, dass sogar jede zwölfte zweieiige Schwangerschaft beim Menschen durch diese, Superfekundation genannte Befruchtung von zwei Eizellen zu zwei unterschiedlichen Zeitpunkten innerhalb eines Zyklus entsteht).

Zwei Eizellen und zwei Samenfäden – das bedeutet, dass zwei gleich- oder verschiedengeschlechtliche Geschwister mit unterschiedlichen Erbanlagen anstatt im Abstand von Jahren nun zeitgleich reifen und geboren werden. Diese »dizygot« (griechisch »di« = zwei und »Zygote« = befruchtete Eizelle) genannten Zwillinge machen die meisten aller Zwillingsgeburten aus, nämlich derzeit achtzig bis neunzig Prozent. Aufgrund ihres genetischen Verwandtschaftsverhältnisses, das sich in nichts von dem normaler Geschwister unterscheidet, werden diese Kinder auch Geschwisterzwillinge (im Englischen »fraternal twins«) oder »falsche« beziehungsweise »unechte« Zwillinge genannt. Wie bei normalen Geschwistern teilen sie sich die Hälfte derjenigen Gene, die von Mensch zu Mensch variieren können – 99,9 Prozent der Erbsubstanz DNS haben ohnehin alle Menschen miteinander gemein.

Daneben ist bei zweieiigen Zwillingen allerdings noch ein weiteres Verwandtschaftsverhältnis denkbar, nämlich das der Halbgeschwister. Wenn sich die zur Befruchtung führenden zwei oder mehr Ejakulationen in deutlichem zeitlichen Abstand ereignen können, liegt der Gedanke nahe, dass an den beiden relevanten Zeugungsakten nicht zwingend derselbe Mann beteiligt sein muss. Das Kuriosum der sogenannten heteropaternalen Superfekundation, also der Zwillinge mit zwei verschiedenen Vätern, soll – zumindest berichten das amerikanische Gynäkologen neuerdings aus ihren Geburtskliniken – sogar bei einer von vierhundert Zwillingsgeburten (dizygoter Kinder) vorkommen. So kann es auch passieren, dass die Kinder eines Zwillingspaares mit unterschiedlicher Hautfarbe auf die Welt kommen.

Bestimmendes Merkmal der zweieiigen Zwillingszeugung ist also, dass zwei verschiedene Eizellen gleichzeitig heranreifen. Molekularbiologen beschreiben daneben noch einen theoretischen Vorgang, bei dem, wenn es ihn gäbe, eine Eizelle ausreichen könnte, um innerhalb eines Zyklus zweieiige Kinder mit dem poetischen Namen Polkörperchenzwillinge zu kreieren. Bei der Entstehung der weiblichen Eizelle aus der Keimzelle bildet sich im Rahmen der Teilungsvorgänge ein kleines Anhängsel, eine überflüssige Zelle, die normalerweise nach der Verschmelzung der Eizelle mit dem Spermium zugrunde geht. Würde dieser sogenannte Polkörper, der eine Kopie des mütterlichen Erbguts enthält (und deshalb bei künstlichen Befruchtungen neuerdings zur genetischen Überprüfung der noch nicht übertragenen Eizellen genutzt wird), befruchtet werden können, könnten auf diese Weise ebenfalls Zwillinge entstehen.

Alle bisher beschriebenen Zeugungsmöglichkeiten finden innerhalb eines Ovulationszyklus der zukünftigen Mutter statt, und es gehört zum Allgemeinwissen, dass, nachdem eine Schwangerschaft einmal eingetreten ist, keine weitere Eizelle mehr heranreift und keine Spermien mehr in die Gebärmutter gelangen können. Es gibt aber Zwillingsgeburten, die eine Ausnahme von der Regel nahelegen, dann nämlich, wenn die Kinder in sehr unterschiedlichem Reifezustand zur Welt kommen, ohne dass es dafür andere plausible Gründe gibt. Oder wenn die Kinder nachgewiesenermaßen von zwei verschiedenen Vätern sind, mit denen die Mutter sicher nur jeweils einmal innerhalb zweier verschiedener Zyklen geschlafen hat. Eine zweite Einnistung trotz bestehender Schwangerschaft scheint dann die einzig mögliche Erklärung. Dieser Superfetation genannte Vorgang, bei dem natürlich zweieiige Kinder entstehen, ist bei manchen Säugetieren wie etwa Pferden belegt, beim Menschen bleibt er eine letzte, nicht beweisbare Vermutung zur Erklärung von ungewöhnlichen Einzelphänomenen.

Neben den Ein- und Zweieiigen wird die mögliche Existenz eines dritten Typs von Zwilling erwogen, bei dem die Kinder in ihrer genetischen Ähnlichkeit irgendwo zwischen ein- und zweieiigen Kindern angesiedelt sind, die identisches mütterliches Erbgut, aber verschiedene väterliche Gene besitzen. Dies könnten zum einen Zwillinge sein, die aus sogenannten zweikernigen Eizellen entstanden sind. In seltenen Fällen verfügt nämlich eine Eizelle über zwei Kerne, die (sehr) theoretisch auch von zwei Spermien befruchtet werden könnten. Auf diese Weise entstandene Zwillinge hätten also mütterlicherseits die gleichen Erbanlagen, würden sich aber in den vom Vater geerbten Anlagen unterscheiden. Dasselbe Resultat wäre denkbar, wenn eine einzige Eizelle sich kurz vor der Befruchtung mit zwei Spermien teilen würde. Solche Entstehungsmechanismen könnten erklären, warum sich in seltenen Fällen zweieiige Zwillinge extrem ähnlich sehen.

Was die äußere Ähnlichkeit von zweieiigen Zwillingen betrifft, ist es hilfreich, zu wissen, dass – genau wie bei normalen Geschwistern – je nachdem, wie die väterlichen und mütterlichen Gene zusammengewürfelt werden, theoretisch der Verwandtschaftsgrad der beiden irgendwo zwischen null und hundert Prozent liegen kann, aller Wahrscheinlichkeit nach aber um die fünfzig Prozent liegt. Wie bei normalen Geschwistern gibt es bei zweieiigen den Fall, dass die beiden Kinder sich wegen ihrer zufälligen Genkombinationen auffallend ähnlich sehen – wobei der subjektive Eindruck der Ähnlichkeit noch durch das gleiche Alter der Kinder gesteigert wird. Genauso kommen zweieiige Kinder vor, die sich nur wenig gleichen; augenfällige Unähnlichkeiten sind zum Beispiel dann denkbar, wenn Mutter und Vater verschiedener rassischer Herkunft sind und die genetische Information zur Haut- oder Haarfarbe sehr verschieden auf die Kinder verteilt wird.

In die Kategorie der dritten Art Zwillinge, die zwischen ein- und zweieiig angesiedelt sind, würde auch ein in der Genetik noch fast unerforschtes Phänomen, eine durch den Vater beziehungsweise seine Spermien ausgelöste Zwillingsentstehung fallen. Es gibt Hinweise darauf, dass Besonderheiten an den Spermien sowie bei Befruchtungs- und Teilungsvorgängen eine spezielle Art Zwillinge entstehen lassen könnten, nämlich solche mit einem mütterlichen und ein oder zwei verschiedenen väterlichen Chromosomensätzen. Das könnte beispielsweise dann passieren, wenn ein Spermium zwei Chromosomensätze tragen oder sich das Spermium kurz nach der Befruchtung in der Eizelle teilen würde oder zwei Spermien die Eizelle befruchten würden. In letzterem Fall wird das Erbgut der beiden Spermien nach der Teilung der Eizelle auf die beiden Embryos verteilt.

Bei Schwangerschaften, in denen höhergradige Mehrlinge, also Drillinge oder noch mehr Kinder, heranwachsen, sind theoretisch alle beschriebenen Zeugungs-, Teilungs- und Befruchtungsvorgänge in zahlreichen Kombinationen denkbar. So können beispielsweise Drillingskinder alle identisch sein, weil eine befruchtete Eizelle sich geteilt hat und dann bei einer der beiden so entstandenen Embryonalanlagen noch einmal eine Teilung stattfand. Oder der Ausgangspunkt ist eine zweieiige Schwangerschaft, bei der sich eine der beiden befruchteten Eizellen aufspaltet, so dass am Ende ein eineiiges Zwillingspaar plus ein weiteres nicht identisches Geschwister geboren wird.

Für die meisten Eltern von Zwillingen spielen die seltenen und zum Teil spekulativen Mechanismen der Zwillingsentstehung keine Rolle, für sie ist nur die Unterscheidung zwischen eineiigen und Geschwisterzwillingen sowie die zwischen gleich- und gegengeschlechtlichen Paaren relevant. Bei zweieiigen Zwillingen, die ja in drei Varianten auftreten können, nämlich als reine Buben- oder reine Mädchenpaare sowie als gemischtgeschlechtliche Paare, ist die Wahrscheinlichkeit, entweder gleichgeschlechtliche oder gemischtgeschlechtliche Zwillinge zu bekommen, gleich hoch. Das Geschlechterverhältnis insgesamt verschiebt sich bei Zwillings- sowie anderen Mehrlingsgeburten etwas zugunsten der Mädchen. Während bei Einlingen stets mehr Buben als Mädchen geboren werden, sinkt der Jungenanteil bei Mehrlingsgeburten mit jedem zusätzlichen Geschwister im Bauch ab.

Die Neugier der Eltern darauf, ob ihre Kinder genetisch identisch sind oder nicht, ist verständlich. Viele überschätzen allerdings sowohl die Möglichkeit als auch die Notwendigkeit, die Eiigkeit bereits während der Schwangerschaft festzustellen, und tun ihren betreuenden Ärzten Unrecht, wenn sie nachträglich bemängeln, diese hätten bei den Vorsorgeuntersuchungen nicht erkannt, ob sie ein- oder zweieiige Zwillinge bekommen.

Zum einen kann man beim Ultraschall – egal ob zwei- oder neuerdings dreidimensional – nur bei etwa der Hälfte der Zwillingsschwangerschaften eindeutige Hinweise auf die Eiigkeit finden. Das ist dann der Fall, wenn man Kinder unterschiedlichen Geschlechts erkennt, die immer zweieiig sind, oder wenn die Kinder eindeutig in einer einzigen Fruchthöhle sitzen und nicht einmal eine dünne innere Eihaut sie trennt – dann sind sie sicher eineiig. In den restlichen fünfzig Prozent der Fälle, bei denen die Kinder das gleiche Geschlecht und zwei getrennte Plazenten haben, könnte aber nur eine Fruchtwasserpunktion mit anschließender Chromosomenanalyse die sichere Diagnose bringen. Und für diese teuren vorgeburtlichen Gentests ist die Neugier der Eltern auf die Zygosität kein ausreichender Anlass.

Zudem spielt die Zygosität keine primäre Rolle für die Frage, wie gut es den beiden Kindern im Verlauf der Schwangerschaft geht und auf welche Weise die Kinder am besten geboren werden. Im Hinblick darauf unterscheiden Geburtshelfer Zwillingsfeten nach anderen Kriterien, nämlich nach Lage und Anzahl der sie versorgenden Plazenten und nach der Art der bereits erwähnten Membranstrukturen, von denen die Kinder im Uterus umgeben sind (siehe dazu ausführlich Kapitel 3). Unmittelbar nach der Geburt kann man die Plazenten inspizieren, um weitere Hinweise auf die Eiigkeit zu gewinnen. Zudem können Ärzte, falls es darüber noch Zweifel gab, dann meist endgültig erkennen, welche Eihäute die Kinder während ihrer Zeit in der Gebärmutter trennten und ob das, was man beim Ultraschall gesehen hat, wirklich nur eine oder doch eher zwei Plazenten waren. Wurden die Kinder nur über eine Plazenta versorgt, sind sie sicher eineiig. Zwei Plazenten sind aber kein sicherer Hinweis auf zweieiige Kinder, weil ein Drittel der eineiigen Kinder aufgrund der frühen Teilung der Eizelle auch über eigene Plazenten verfügt. Die Gesamttrefferquote erfahrener Geburtshelfer bei der Zygositätsklärung anhand der Nachgeburt liegt bei achtzig bis neunzig Prozent.

Solange die Eiigkeit noch nicht molekularbiologisch untersucht werden konnte, entschieden Eltern und Geburtshelfer eben nach der körperlichen Ähnlichkeit der Neugeborenen. Allerdings kommen auch eineiige Kinder oft sehr unähnlich aussehend auf die Welt, weil ihre Bedingungen in der Gebärmutter unterschiedlich waren, sie vielleicht noch durch die Enge während der Schwangerschaft oder durch die Geburt ein wenig deformiert oder unterschiedlich groß sind. Nach ein paar Wochen oder Monaten gleichen sie sich dann im Aussehen meist an. Erst dann kann man durch einen genauen Vergleich der Kinder nach den sichtbaren körperlichen Merkmalen wie Lidspalte, Farbe, Form und Dichte der Augenbrauen, Wimpern, Irisfarbe, Ohrenform, Haarfarbe und -ansatz, Sommersprossen, später der Zahnstellung einen großen Teil der Zwillingspaare als ein- oder zweieiig klassifizieren. In all diesen Merkmalen sollten eineiige Kinder im Wesentlichen übereinstimmen; kleine Abweichungen bei Fingerabdrücken sind dagegen möglich. Auch ungeübte Beobachter können in der Regel, wenn ihnen eine entsprechende Merkmalsliste vorgelegt wird, anhand derer sie die Kinder vergleichen, bis zu 95 Prozent der Paare korrekt einordnen.

Die genetische Eiigkeitsanalyse hat bei den noch bleibenden wenigen Zweifelsfällen ihre Bedeutung. Sie funktioniert nach dem Prinzip des Vaterschaftstests. Theoretisch lässt sich das dazu nötige Material aus Haaren, Haut, Speichel, aber auch aus Blut oder Plazenta gewinnen. Mittlerweile reicht aber ein Abstrich von der Mundschleimhaut jedes Kindes mit einem Wattestäbchen. Das ist einfach und schmerzlos und kostet derzeit um die 200 Euro. Diese technischen Neuerungen auf dem Gebiet der Molekularbiologie werden wohl die Zahl der erwachsenen Zwillinge, die ihre Eiigkeit nicht kennen, in Zukunft verschwindend gering werden lassen.

Dass die meisten Eltern es irgendwann genau wissen wollen, ist verständlich, denn neben der Neugier gibt es noch eine Reihe anderer Gründe, die Zygosität ihrer Kinder klären zu wollen: Eltern, die von Anfang an wissen, dass ihre Kinder eineiig sind, werden sich vielleicht besser auf die besonderen Erziehungsaufgaben, die sich bei diesen Kindern ergeben, einstellen können. Auch für Eltern, die über eine weitere Schwangerschaft nachdenken, könnte die Eiigkeit der bereits geborenen Kinder interessant sein. Sind diese zweieiig, muss die Familie der Tatsache ins Auge sehen, dass auch die nächste Schwangerschaft mit einer erhöhten Wahrscheinlichkeit für Geschwisterzwillinge einhergeht. Schließlich wird die Frage nach Ein- oder Zweieiigkeit den Eltern im Alltag sehr oft gestellt werden, nicht nur aus Neugier, sondern auch aus echtem Interesse und aus dem Bedürfnis heraus, der Situation der Kinder gerecht zu werden. Es ist nicht nur höflich, sondern hilfreich, Kindergärtnerinnen, Lehrern und anderen Eltern die richtige Antwort geben zu können.

Ursachen der Zwillingsbildung

Bisher war nur die Rede vom »Wie« der Zwillingsbildung gewesen, nicht vom »Warum«. Was weiß man darüber, warum ein- oder zweieiige Zwillinge überhaupt entstehen? Darauf antwortet das amerikanische Standard-Lehrbuch zu Zwillingsschwangerschaften kurz und bündig: »The causes of … twinning are largely speculative and essentially unknown« (Penzias 2006). Also: keiner weiß es genau, das meiste ist Spekulation. Und spekuliert wird bereits seit dem 18. Jahrhundert, zumindest in den europäischen Ländern, die ab dieser Zeit genauere Geburtsregister führten, wie zum Beispiel in Schweden. Diese Statistiken ermöglichten es erstmalig, zu beobachten, wie viele Zwillinge eigentlich geboren werden und ob es möglicherweise unter bestimmten Umständen und bei Familien mit spezifischen Merkmalen zu einer Häufung solcher Geburten kommt.

Als Erstes kann man feststellen, dass Zwillinge noch nie eine ausgemachte Seltenheit waren. Bis vor etwa zwanzig Jahren gelang es der bereits erwähnten Hellin-Regel, die Häufigkeit von Mehrlingsgeburten über fast alle kulturellen und ethnischen Grenzen hinweg in eine Formel zu fassen: Zwillinge kommen demnach mit einer Häufigkeit von einer auf 85 Einlingsgeburten, also bei etwas mehr als einem Prozent der Geburten vor. Die Wahrscheinlichkeit von Mehrlingsgeburten höherer Ordnung ist bei spontan entstandenen Schwangerschaften außerordentlich gering; sie liegt mit jedem zusätzlichen Mehrlingskind jeweils eine Potenz höher: Drillinge kommen normalerweise also bei einer von 85^2 (0,013 Prozent) Geburten vor, Vierlinge mit einer Wahrscheinlichkeit von eins zu 85^3 und so weiter. Das bedeutet, dass etwa 98 Prozent aller Mehrlingsgeburten Zwillinge sind.

Die Hellin-Regel bezog und bezieht sich aber auf das, was sich natürlicherweise ereignet. Mittlerweile ist das nur noch von theoretischem Interesse, denn die Reproduktionsmedizin hat – wie weiter unten noch zu lesen sein wird – die Mehrlingsstatistiken auf der ganzen Welt umgeschrieben.

Seit man ein- und zweieiige Zwillinge unterscheidet, weiß man, dass die Rate spontan entstandener Eineiiger international vergleichbar ist und recht konstant bei vier auf tausend Geburten liegt, die Raten an zweieiigen Kindern aber regional und über die Jahrzehnte hinweg erheblich schwankten. Diese Tatsache unter anderen ließ bald deutlich werden, dass es keine allgemeine Veranlagung von Müttern oder Vätern gibt, Zwillinge des einen oder des anderen Typus zu empfangen oder zu zeugen, sondern dass man es mit zwei grundverschiedenen Phänomenen zu tun hat.

Das Rätsel der Eineiigen

Niemand weiß bis heute, warum es manchmal zu einer Teilung der befruchteten Eizelle kommt. Der Forschung stehen kaum Tiermodelle zur Verfügung, an denen man den Vorgang dieser Art der Zwillingsbildung untersuchen könnte, da es bei Tieren (abgesehen von der kuriosen Ausnahme einer bestimmten Gürteltierart, die immer eineiige Vierlinge zur Welt bringt) kaum zu spontan entstandenen und überlebenden Zwillingsgeburten kommt (beispielsweise überlebt nur eines von tausend Mäusezwillingspaaren).

Was man im Hinblick auf die Prädisposition zu Eineiigen weiß, ist, dass – anders als bei Geschwisterzwillingen – Erblichkeit meist keine Rolle spielt. Es gibt lediglich eine sehr kleine Gruppe von Familien, in denen vermehrt Eineiige geboren werden, in denen also eine auf einem unbekannten

Mechanismus beruhende Neigung zur Zwillingszeugung über die mütterliche oder die väterliche Linie weitergegeben wird. In allen anderen Fällen von monozygoten Kindern müssen andere Prozesse eine Rolle spielen, zu denen nur modellhafte Vorstellungen existieren. Grundsätzlich fragt man sich, ob eineiige Kinder dann gehäuft entstehen, wenn die körpereigenen Kontrollmechanismen bei älteren Frauen in ihrer Wachsamkeit nachlassen und den Unfall der Eizellteilung übersehen. Es könnte aber auch die »alte« Eizelle einer jungen Mutter sein, die die Teilung der Embryonalanlage begünstigt. Man stellt sich vor, dass spät im Menstruationszyklus gereifte Eizellen aufgrund anderer Beschaffenheit ihrer Außenhaut oder aufgrund von Mängeln der Energie- und Nährstoffversorgung zur Aufspaltung neigen. Die Verschwörungstheorie unter den Hypothesen zur Eineiigkeit schließlich vermutet: Womöglich befinden sich manchmal in der inneren Zellmasse der befruchteten Eizelle doch zwei verschiedene Zellpopulationen. Diese erkennen irgendwie ihre Unähnlichkeit und stoßen sich gegenseitig ab. Das würde dann aber bedeuten, dass manche eineiigen Zwillinge gar nicht wirklich eineiig sind, sondern sich genetisch subtil unterscheiden.

Beobachtungen, die ein neues Licht auf das Eineiigkeitsphänomen werfen könnten, stammen aus der Reproduktionsmedizin. Bis vor kurzem war man sicher, dass es durch Unfruchtbarkeitsbehandlungen nicht zu einer Häufung von eineiigen Zwillingsschwangerschaften kommt. Die meisten Zwillingsschwangerschaften, die mithilfe der Reproduktionsmedizin entstehen, sind zweieiige Kinder, die aufgrund von mehreren in die Gebärmutter übertragenen Embryonen oder durch hormonell ausgelöste mehrfache Eisprünge zustande kommen. Seit einigen Jahren ist aber deutlich geworden, dass auch die Rate eineiiger Zwillinge, die infolge dieser Prozeduren entstehen, gegenüber der Rate bei spontan entstandenen Schwangerschaften erhöht ist, vermutlich sogar um mehr als das Zwei- bis Fünffache.

Dafür gibt es keine besonders naheliegende Erklärung. Eine Hypothese besagt, dass eine befruchtete Eizelle dazu neigt, sich aufzuspalten, wenn es bei der ganz frühen Embryonalentwicklung und Zelldifferenzierung zu Verzögerungen kommt. Solche Verzögerungen könnten sich im Rahmen der zu einer künstlichen Befruchtung nötigen Arbeitsschritte ereignen. Andere Vermutungen richten sich auf die äußere Schutzschicht der befruchteten Eizelle, genannt Glashaut. Sie könnte durch die bei der künstlichen Befruchtung nötigen Manipulationen am Embryo gelegentlich einreißen, wodurch eine Zellteilung begünstigt würde. Auch die Behandlung mit dem Hormon Gonadotropin steht im Verdacht, eine höhere Rate von Teilungen bereits befruchteter Eizellen zu bewirken.

»Risikofaktoren« für Zweieiige

Eine ganz andere Situation finden wir bei zweieiigen Zwillingsschwangerschaften, deren Häufigkeit ja, wie gesagt, deutlichen Schwankungen unterliegt. Hier kennt man etliche Faktoren, die mit Veränderungen in den Zwillingsraten zusammenhängen, aber über den zugrunde liegenden Mechanismus ist man sich nicht sicher. Zum Beispiel: Man weiß, dass größere Frauen öfter Zwillinge bekommen – aber warum? Was hat die Körpergröße mit Mehrfacheisprüngen zu tun? Für werdende oder tatsächliche Zwillingseltern mag es ein wenig beunruhigend oder kränkend sein, aber in der medizinischen Literatur, die sich mit der Vorhersage von Zwillingsschwangerschaften beschäftigt, wird stets das »Risiko« eines solchen Ereignisses kalkuliert. Dieses ist – wie man seit Mitte der 1970er Jahre aus Bevölkerungsstatistiken erkennen kann – im Falle zweieiiger Zwillinge nicht bei allen Eltern gleich hoch. Bestimmte Merkmale von Müttern oder deren Lebensumständen machen eine zweieiige Schwangerschaft wahrscheinlicher.

»Meine Großmutter väterlicherseits war ein Zwilling und hatte selbst Zwillinge, ein Mädchen und ein Junge. Und einer meiner Onkel hatte eineiige Zwillinge. Wie stehen die Chancen für uns?« Solche innerfamiliären Beobachtungen wirken beeindruckend. Tatsächlich weiß man seit längerem, dass die Neigung, zweieiige Zwillinge zu gebären, eine erbliche Komponente besitzt. Die genetische Grundlage der familiären Häufung von Zweieiigen ist allerdings unklar. Es ist im Moment kein Gen oder keine Gengruppe bekannt, die speziell für Zweeiige prädisponiert. Weitergegeben wird die Zwillingsneigung fast nur über die mütterliche Linie. Und weitergegeben wird nicht eine generelle Zwillingswahrscheinlichkeit, sondern immer nur die für zweieiige Schwangerschaften. Wenn sich – wie oben beschrieben – in einer Familie ein- und zweieiige Kinder treffen, haben die »erbtechnisch« betrachtet nichts miteinander zu tun. Und zweieiige Zwillinge in der väterlichen Linie bedeuten für ein zukünftiges Elternpaar ebenfalls recht wenig.

Der Vergleich von mütterlichem und väterlichem Einfluss sieht so aus: Eine Frau, die selbst ein zweieiiges Zwillingsgeschwister hat, bekommt im Falle einer Schwangerschaft mit einer etwa doppelt so hohen Wahrscheinlichkeit wie Frauen ohne ein solches Geschwister selbst Zweieiige. Das bedeutet, dass eine von 58 Schwangerschaften statt – wie statistisch zu erwarten – eine von 126 in die zweieiige Zwillingsgeburt mündet. Wenn dagegen der Vater zweieiiger Zwilling ist, dann steigt die Wahrscheinlichkeit für eine zweieiige Zwillingsschwangerschaft seiner Partnerin nur von 1 zu 126 auf 1 zu 100.

Natürlich würde man gerne wissen, welche biologischen Mechanismen der Zwillingsbildung zugrunde liegen, also was da eigentlich vererbt wird. Möglicherweise geben Frauen an ihre Töchter die Neigung weiter, höhere Spiegel des bereits erwähnten follikelstimulierenden Gonadotropins zu produzieren. Die Neigung zur Heranreifung von mehr als einer Eizelle könnte eine von Mutter zu Tochter vererbbare Eigenschaft sein, die aber zusätzlich durch die aktuelle Hormonproduktion beeinflusst wird, und damit nicht bei jeder Schwangerschaft dieser Frau zum Tragen kommt.

Als mögliche Erklärung für den immerhin vorhandenen, wenn auch nur sehr schwachen Zusammenhang von Zwillingsereignissen in der väterlichen Linie spekulieren Mediziner über das Vorkommen und die Vererbbarkeit der Produktion von aktiveren, beweglicheren Spermien in manchen Familien.

Zwillingsmütter

Man geht davon aus, dass der weltweit zu beobachtende Anstieg des Erstgeburtsalters der Mütter wesentlich zu einer Erhöhung von Zwillingsraten beiträgt. Etwa 23 Prozent aller derzeitigen Zwillingsgeburten, so schätzt man, sind darauf zurückzuführen. Allerdings steigt die Wahrscheinlichkeit, zweieiige Zwillinge zu bekommen, nur bis zum 39. Lebensjahr, danach fällt sie wieder. Das könnte wiederum damit zusammenhängen, dass es bei Frauen ab diesem relativ späten Alter häufiger zu spontanen Aborten kommt, was möglicherweise aus vielen Zwillingsschwangerschaften unbemerkt eine Einlingsschwangerschaft macht. Als wahrer Grund dieses doppelten Kindersegens für ältere Mütter gilt ein gegenüber jüngeren Frauen erhöhter Spiegel von Gonadotropinen, Hormonen, die bei der Frau die Keimdrüsen und damit die Eizellreifung stimulieren. Auch Frauen, die bereits mehrere Kinder geboren haben, haben bis zur siebten Schwangerschaft jedes Mal eine etwas höhere Chance auf eine doppelte Ovulation und damit doppelte Befruchtung. Kombiniert man beide Faktoren, das Alter mit der Zahl der bereits erlebten Geburten, wird daraus ein deutlicher Effekt: Eine 35- bis 40-Jährige, die bereits mehrfach geboren hat, bekommt mit dreimal so großer Wahrscheinlichkeit zweieiige Zwillinge, wie eine Frau unter zwanzig Jahren, die ihr erstes Kind erwartet.

Die Tatsache, dass Mütter von zweieiigen Zwillingen im Schnitt ein paar Zentimeter größer und etwas schwerer als

Einlingsmütter sind, hat sicher nur indirekt etwas mit der weiblichen Fruchtbarkeit zu tun. Große, schwere Frauen haben wie ältere Frauen höhere Spiegel eines bestimmten Hormons, des sogenannten Insulin-ähnlichen Wachstumsfaktors (IGF). Was auch immer diesem Zusammenhang zugrunde liegt, er wirkt sich sogar auf nationaler Ebene aus, denn in Ländern mit einer geringeren Durchschnittsgröße der Frauen werden weniger Zwillinge geboren. Und schließlich hat man noch die Beobachtungen gemacht, dass Frauen mit bestimmten Blutgruppen (Null oder A) sowie Frauen mit regelmäßigen Menstruationszyklen häufiger zweieiige Zwillinge erwarten.

Auch über den Zusammenhang zwischen dem Ausgang einer Schwangerschaft und der Ernährung und Versorgung der Mutter mit Nährstoffen ist viel geforscht worden. Was Zwillinge angeht, weiß man, dass Frauen, die eine vegane Diät halten, also nicht nur auf Fleisch, sondern auch auf alle Milchprodukte verzichten, nur mit einem Fünftel der Wahrscheinlichkeit Zwillinge zur Welt bringen. Forscher bringen damit Wachstumshormone, die Tieren zur Steigerung der Fleisch- und Milchproduktion gespritzt werden, in Zusammenhang oder den erwähnten Insulin-ähnlichen Wachstumsfaktor (IGF), der in Tierprodukten wie der Milch enthalten ist. Allerdings gelten vegan lebende Frauen aus medizinischer Sicht oft als grundsätzlich schlecht ernährt, und Mängel an bestimmten Nährstoffen könnten die Wahrscheinlichkeit für Zwillingsschwangerschaften ebenfalls reduzieren.

Ein Faktor, der fast alle schwangeren Frauen betrifft, ist die allgemein übliche und zur Vermeidung von Neuralrohrdefekten empfohlene Folsäureeinnahme. Sie wird neuerdings mit höheren Zwillingsraten in Zusammenhang gebracht, weil sie die Überlebensfähigkeit von Schwangerschaften erhöht, die ansonsten nicht gehalten hätten.

Sex und Verhütung
Frühe Studien zum Vorkommen von Zwillingen in der Bevölkerung fassten die sexuelle Aktivität von Paaren ins Auge und glaubten einen Zusammenhang zwischen der Häufigkeit des Geschlechtsverkehrs und der Wahrscheinlichkeit von Zwillingsschwangerschaften zu beobachten. Obwohl das zunächst ein wenig nach Herrenwitz klingt, könnte zumindest in manchen Fällen doch etwas dran sein. Bei Frauen, die mehrfache Eisprünge in einem gewissen zeitlichen Abstand haben, könnte mehr Sex tatsächlich die Wahrscheinlichkeit einer Mehrfachbefruchtung erhöhen. Eine gesteigerte sexuelle Aktivität beeinflusst zeitweise auch Hormonspiegel und darüber eventuell die Ovulationsvorgänge. Die aus den sechziger Jahren stammende Beobachtung, dass bei einer außerhalb der Ehe oder in den ersten drei Ehemonaten zustande gekommenen Schwangerschaft eher Zwillinge entstehen, kann heute aufgrund der deutlich gelockerten Beziehung zwischen Ehe und sexueller Aktivität natürlich nicht mehr zutreffen. Sie lässt sich aber im Nachhinein ebenfalls dem obenbeschriebenen möglichen Zusammentreffen von mehrfachen Eisprüngen und vermehrter sexueller Aktivität zuordnen. Was Frauen heute mehr beschäftigt, ist die Frage, wie sich das Absetzen der Pille auf darauffolgende Schwangerschaften auswirkt. Frühere Untersuchungen haben stets nahegelegt, dass die hormonellen Veränderungen nach dem Absetzen der Pille eine geradezu gegenteilige Wirkung haben und das Reifen und Ausstoßen mehrerer Eizellen begünstigen. Neuere Daten legen allerdings näher, dass sich die Wahrscheinlichkeit für zweieiige Zwillinge sogar verringert, die für eineiige aber erhöht. Die Hormonlage nach dem Absetzen der Pille bewirkt eine Verlangsamung des Eizellentransports und der Eizelleneinnistung, was die Spaltung der befruchteten Eizelle begünstigen könnte.

Land, Leute, Licht

Interessant ist auch die in manchen Ländern erhöhte Geburtenrate für zweieiige Kinder, wenn die Zeugung im frühen Winter (also die Geburt in den späten Sommermonaten) stattfindet. Dafür gibt es buchstäblich tausend mögliche Erklärungen. Mit den Jahreszeiten variieren die Ernährung, die Zufuhr von Vitaminen, die Aufnahme von Pestiziden, das mütterliche Gewicht, die Sonnenscheindauer und vieles mehr. Letzteres soll erklären, warum in Finnland und Japan in den Sommermonaten mehr zweieiige Kinder gezeugt werden. Vermutlich sind es solche Faktoren, die die Hormonregulation und somit die Neigung zu Mehrfacheisprüngen beeinflussen. Hinzu kommen noch jahreszeitliche Schwankungen in der Neigung des weiblichen Körpers zu spontanen Aborten.

Beobachtungen, wonach Zwillingsschwangerschaften in bestimmten geografischen Regionen gehäuft auftreten, reichen bis in die Antike zurück, in der bereits die Vermutung kursierte, in Ägypten oder Afrika käme es gehäuft zu Mehrlingsgeburten. Tatsächlich werden zweieiige Zwillinge in schwarzafrikanischen Ländern doppelt so häufig wie in Europa geboren und vier- bis fünfmal so häufig wie in Japan oder China. Diese Variationen zwischen ethnischen Gruppen erklärt man sich durch hormonelle und genetische Unterschiede, aber auch durch das erwähnte saisonal verfügbare Sonnenlicht. Markante Schwankungen in den Raten für zweieiige Zwillinge wurden auch im Zusammenhang mit Kriegen beobachtet. In Italien, Frankreich, Deutschland und Holland fielen in den Jahren nach dem Ersten Weltkrieg mehr Geburten von zweieiigen Zwillingen auf, was vermutlich am ehesten mit der Ernährungslage zu tun hatte sowie mit der höheren Wahrscheinlichkeit, in Friedenszeiten die risikoreicheren Zwillingsschwangerschaften austragen und gesunde Kinder gebären zu können. Zwischen den 1950er und 1970er Jahren sanken die Zahlen für Zwillingsgeburten, vermutlich gemeinsam mit dem durchschnittlichen Erstgeburtsalter der Frauen. Als sonstige Faktoren, die ganze Bevölkerungsgruppen betreffen und die Zwillingsraten nach oben oder unten schrauben könnten, gelten die Zugehörigkeit zu einer sozialen Schicht, der Grad der Verstädterung und Umweltbelastungen.

Hormone

Man glaubt mittlerweile, dass all diese ethnischen, geografischen, klimatischen und altersbezogenen Fluktuationen der Rate für zweieiige Zwillinge letztlich auf unterschiedliche Konzentrationen derjenigen Hormone, die das Heranreifen der Eibläschen und den Eisprung steuern (FSH und LH), zurückzuführen sind. Eine Population, deren Zwillingsreichtum schon immer imponiert hat, wird seit dreißig Jahren genauer untersucht, um diesen Fragen nachzugehen. Beim Stamm der Yoruba in Nigeria werden mehr Zwillinge geboren als irgendwo sonst auf der Welt, nämlich mehr als viermal so viel (vor allem zweieiige) wie unter weißhäutigen Menschen. Es gibt Hinweise darauf, dass genetische Faktoren und die in Nigeria übliche Ernährung mit bestimmten Wurzelgemüsen den Spiegel der besagten Hormone beeinflussen.

All die beschriebenen möglichen Einflussfaktoren beziehen sich auf spontan entstandene Zwillinge, die oft mit dem Begriff »natürlich« in Verbindung gebracht werden, weil man zwar eine Art Lapsus vermutet, aber immerhin einen, den die Natur selbst fabriziert hat. Die natürlich vorkommenden Variationen der Entstehungshäufigkeit von Zwillingen sind aber geradezu trivial geworden angesichts der Welle von Neuankömmlingen aus der High-Tech-Welt.

Die Zwillinge der Reproduktionsmedizin

Seit gut dreißig Jahren hat sich neben der natürlichen Methode ein neuer Zeugungsvorgang etabliert und damit ein neuer Kontext für die Entstehung von Zwillingen. Immer mehr Paare nehmen die moderne Reproduktionsmedizin in Anspruch, bis es, wenn man so will, zu einem Zeugungsakt zu dritt kommt.

Die Reproduktionsmedizin begann sich erstmals in den 1960er Jahren bemerkbar zu machen, als unfruchtbare Frauen versuchten, durch die Einnahme von Hormonen aus der Gruppe der Östrogene die Funktion ihrer Eierstöcke zu verstärken. Mittels entsprechender Medikamente kam es häufiger zu mehrfachen Eisprüngen, was durchaus erwünscht war (da nicht jede Eizelle die gleiche Qualität hat, ist die Wahrscheinlichkeit einer Befruchtung höher, wenn mehrere Eizellen reifen). Diese Behandlungen führten (und führen) nicht nur zu mehr Zwillingsschwangerschaften, sondern auch zu höhergradigen Mehrlingsschwangerschaften und damit zu viel Unglück für die betroffenen Familien und ihre Kinder. Fünflinge oder Vierlinge, eigentlich auch Drillinge, gelten als reproduktionsmedizinische Kunstfehler, weshalb mittlerweile die Aktivität der Eierstöcke sanfter stimuliert und die Hormone individueller dosiert werden. Auch bricht man notfalls Zyklen ab, bei denen die Ultraschallkontrolle eine Überstimulierung der Eierstöcke anzeigt und damit auf das Risiko einer entstehenden Mehrlingsschwangerschaft hinweist. Grundsätzlich infrage kommt diese Behandlung nur für Paare, die außer beim Eisprung keine sonstigen Fruchtbarkeitsprobleme (vor allem auf Seiten des potentiellen Vaters) haben und die im Anschluss an die Stimulationstherapie mittels eines ganz normalen Zeugungsvorgangs schwanger werden können.

Für Paare, bei denen Eizelle und Samen aus unterschiedlichsten Gründen nicht auf natürlichem Weg zusammenfinden konnten, lag der eigentliche Meilenstein der Reproduktionsmedizin in der ersten geglückten Befruchtung einer Eizelle außerhalb des Körpers mit anschließender Rückübertragung des Embryos in die Gebärmutter. Die Reagenzglasbefruchtung – auch In-vitro-Fertilisation (IVF) genannt – etablierte sich als Behandlungsmethode ab den 1980er Jahren zügig. Von Anfang an lag es nahe, nicht nur eine, sondern mehrere befruchtete Eizellen in die Gebärmutter zu übertragen, um die Wahrscheinlichkeit, dass wenigstens ein Embryo weiterreifte und eine Schwangerschaft eintrat, zu erhöhen. Erstaunlich oft nistete sich mehr als ein Embryo ein und unter den Bedingungen einer hormonell gestützten Frühschwangerschaft wuchsen zwei oder seltener sogar drei Kinder heran.

Damit war ein Trend in Gang gesetzt, der seit einigen Jahren vermehrt Gesundheitspolitiker auf den Plan ruft. In Ländern, in denen entsprechende Bevölkerungsstatistiken geführt werden und deren Bewohner freien Zugang zu medizinischer Versorgung haben, hat sich die Zwillingsrate seit Mitte der 1980er Jahre mehr als verdoppelt. Als grobe Faustregel für Europa und die USA kann gelten, dass derzeit die Hälfte aller künstlich gezeugten Kinder als Zwillinge geboren werden und dass die Hälfte aller Zwillingskinder, denen man hierzulande begegnet, durch eine Sterilitätsbehandlung entstanden ist. Auch Familien, in denen durch mehrere Sterilitätsbehandlungen hintereinander zwei oder drei Paare von Zwillingen geboren wurden, sind längst keine Seltenheit mehr.

Dieser Zwillingsboom ist nicht allein der Reproduktionsmedizin zu verdanken, sondern auch dem bereits besprochenen Trend zur späten Mutterschaft. Insgesamt rechnet man, dass ein Drittel des Zuwachses auf das Alter der werdenden Mütter, ein Drittel auf die Befruchtung außerhalb des Körpers und ein Drittel auf andere Maßnahmen der Reproduktionsmedizin, wie zum Beispiel hormonelle Stimulationen der Eierstöcke, zurückgeht. In manchen Ländern ist der Anstieg der Zwillingsrate fast nur bei Frauen ab dreißig Jahren und in erster Linie in Form von zweieiigen Zwillingen zu beobachten. Diese Entwicklung wird in der Fortpflanzungsmedizin längst nicht mehr nur als Erfolg, sondern als Problem gesehen und dort neuerdings mit dem Begriff »Mehrlings-« beziehungsweise »Zwillingsepidemie« belegt.

Wunsch und Wirklichkeit

Die Welt der werdenden Eltern ist davon noch unbeeindruckt. »Es vergeht kein Tag, ohne dass ich mit dem Wunsch nach einer Instant-Familie, das heißt nach mindestens Zwillingen konfrontiert werde«, erzählt ein bekannter amerikanischer Reproduktionsmediziner – und man ahnt irgendwie, dass er geneigt ist, diesen Wunsch infrage zu stellen. In deutschen Beratungsstellen für unfruchtbare Paare macht man die Erfahrung, dass es nicht gut ankommt, wenn man versucht, den Mehrlingswunsch zu dämpfen: »Zwillinge? Das Problem möchte ich erst einmal haben!«, sagen die in Behandlung befindlichen Kinderwunsch-Patientinnen. Medizinpsychologische Studien zeigen, dass dies keine Einzelfallbeobachtungen sind. Die sehr positive Einstellung von unfruchtbaren Paaren zu Mehrlingsgeburten ist in mehreren Studien dokumentiert. In den USA wünschen sich bis zu über neunzig Prozent aller Kinderwunschpatienten Zwillinge, immerhin die Hälfte von ihnen sogar Drillinge und etliche Eltern sogar höhergradige Mehrlinge. Wie zu erwarten, ist dieser Wunsch umso deutlicher, je dringlicher der Kinderwunsch und je länger der Zeitraum ist, den die Paare bereits vergeblich versucht hatten, schwanger zu werden. Es überrascht also auch nicht, dass – wenn eine Mehrlingsschwangerschaft dann tatsächlich eingetreten ist – sich die ehemaligen Kinderwunschpatientinnen zunächst mehr darüber freuen als Frauen, die zufällig mit Zwillingen schwanger wurden und sich weniger Sorgen über die psychischen und finanziellen Belastungen, die auf sie zukommen, machen.

Aber ist einem unfruchtbaren Paar nach langen Jahren des unerfüllten Kinderwunsches mit vielen absolvierten Behandlungszyklen der Wunsch, sich Kosten und Mühen mehrerer Zyklen zu ersparen, nicht zuzugestehen? Muss man es nicht nachsehen, wenn sie nach fehlgeschlagenen Versuchen mit der Übertragung jeweils eines Embryos pro Zyklus doch auf die »Viel-hilft-viel«-Methode setzen und mehrere befruchtete Eizellen übertragen lassen? Und selbst wenn es so wäre, wie Psychosomatiker spekulieren, dass nämlich »hinter dem Mehrlingswunsch vieler Paare bei Eintritt in die IVF-Behandlung neben Motiven der rationellen Familienplanung auch unbewusste Vorstellungen von einer Reparation der Kränkung durch die Infertilität liegen« (Bindt 2001), wäre nicht auch das verständlich?

In diese Wünsche einfühlen können sich bestimmt die meisten behandelnden Ärzte. Trotzdem glauben mittlerweile Neonatologen, Geburtshelfer und Reproduktionsmediziner, dass bei den betroffenen Paaren Naivität und Sorglosigkeit vor allem bezüglich der Risiken solcher Schwangerschaften vorherrscht. Während sich die Risiken höhergradiger Schwangerschaften bereits herumgesprochen haben, werden Zwillingsschwangerschaften gemeinhin als etwas ganz Unproblematisches betrachtet. Reproduktionsmediziner glauben, dass das Bild der zukünftigen Eltern zu sehr geprägt ist von den niedlichen und gesunden Zwillingskindern, die sie auf dem Spielplatz flitzen sehen. »Was sie sehen, ist aber nur die harmlose Spitze des Mehrlingseisbergs. Unter der Oberfläche verborgen liegen gefährliche Zacken, die Mütter und Kinder gefährden« (Penzias 2006). Solche und ähnliche Äußerungen beziehen sich besonders auf die Tatsache, dass ein Zwillingskind im Vergleich zu einem Einlingsbaby innerhalb des ersten Monats nach der Geburt viermal häufiger von Komplikationen betroffen ist, die zu neurologischen Schädigungen oder gar zum Tod des Kindes führen können. Eltern sollten also über das, was eine Zwillingsschwangerschaft mit sich bringen kann, gut Bescheid wissen. Behandelnde Reproduktionsmediziner, die ihre eigenen Kunden aufklären wollen, befinden sich jedoch im Würgegriff der »Baby-take-home«-Raten. Ihre Erfolgsquote wird nicht in gesunden Kindern, sondern in der Anzahl geborener Babys im Verhältnis zu den absolvierten Behandlungszyklen gemessen und entsprechend werden die Kliniken von Patienten nachgefragt. Niedergelassene Frauenärztinnen wissen oft selbst nicht genügend über Neugeborenenmedizin, um ihre Patienten entsprechend aufklären und problematische Wünsche korrigieren zu können, bevor sie ihre Patientinnen den reproduktionsmedizinischen Kollegen übergeben. Die von den Kinderwunscheltern neuerdings aufzubringende Eigenbeteiligung an den Kosten der künstlichen Befruchtungen wird diese Situation noch verschärfen, weil manches Paar hofft, sich möglichst kostensparend den Familientraum zu erfüllen – sprich, zwei oder gar drei Kinder auf einen Streich zu bekommen.

In den USA lässt man der künstlichen Kinderzeugung zwar relativ freien Lauf, gleichzeitig hat man wenig Hemmungen, das Thema doppelter Kinderwunsch auch einmal gesundheitspolitisch zu betrachten und die gesellschaftlichen Kosten, die künstlich und in großer Zahl erzeugte Zwillingsschwangerschaften verursachen, vorzurechnen.

Hauptkritikpunkt renommierter Zwillingsmediziner ist, dass die Nebenwirkungen bei der Behandlung der Krankheit »Unfruchtbarkeit« aus dem Blickfeld verschwunden sind und zudem mehr Kinder als nötig gezeugt würden. Amerikanischen Kalkulationen zufolge sind die auf Lebenszeit gerechneten Kosten, die ein Zwillingskind im Schnitt dem medizinischen System, den Versicherern und der Gemeinschaft verursacht, hundert- bis zweihundertmal so hoch wie die für ein Einlingskind. In dieser Kostenrechnung sind die intensivmedizinischen Bemühungen um früh und unreif geborene Kinder, die Behandlung von Geburtskomplikationen, erhöhte Raten an Totgeburten, die nötige Ausbildung spezialisierter Mediziner, die ausgefallene Arbeitskraft der Eltern und die gesellschaftlichen Folgekosten für behinderte Kinder enthalten. Die Bürde, die hohe Zahlen künstlich erzeugter Zwillinge für das Gesundheitswesen bedeuten, geht auch zu Lasten anderer kranker Kinder. Über die Hälfte des Geldes, das im Gesundheitsbudget für Neugeborene in den USA zur Verfügung steht, wird für die knapp zehn Prozent der Frühchen aufgebraucht – darunter all die künstlich gezeugten Zwillinge und Drillinge.

In Deutschland werden die Zahlen andere sein, aber auch hier beginnt man zu rechnen, beispielsweise dass die intensivmedizinische Versorgung einer Frühgeburt bis zu 80.000 Euro kostet, was angesichts der in großer Zahl zu früh geborenen Zwillinge eine schwer ins Gewicht fallende Summe ist. Hoffende, werdende und tatsächliche Zwillingseltern dürfen sich also nicht wundern, wenn das, was sie selbst so sehr wünschen oder worüber sie so glücklich sind, abgeschafft werden soll und sich bereits Ärzte in Präventionsprojekten zur Vermeidung von Zwillingsschwangerschaften zusammenschließen. Die kritische Fraktion der Reproduktionsmediziner sieht als Ziel der Infertilitätsbehandlung die Einlingsschwangerschaft, ihre Zauberworte lauten: Präimplantationsdiagnostik (PID) und Single-Embryo-Transfer (SET). Viele deutsche Reproduktionsmediziner würden sich gerne an ihren Kollegen in skandinavischen Ländern wie Schweden und Finnland oder dem Nachbarland Österreich orientieren: Diese haben vom Gesetzgeber die Erlaubnis, die Embryonen vor der Übertragung in die Gebärmutter auf ihre Qualität hin zu überprüfen und die beziehungsweise das aussichtsreichste Exemplar(e) auszuwählen. Insgesamt erzielen sie dabei mit der Übertragung nur eines Embryos (SET) für die Gruppe der Frauen unter 35 vergleichbare Erfolge wie etwa die Deutschen mit bis zu drei übertragenen Embryonen. Finnland ist diesem Kurs gefolgt und hat damit die Zwillingsraten seit 1998 bereits deutlich gesenkt. Es ist nicht auszuschließen, dass die Spezies künstlich gezeugter Zwillinge vor allem ein Phänomen der Jahrtausendwende bleiben und in Zukunft generell wieder schrumpfen wird.

Reduktion

Nicht in allen Ländern, nicht bei allen Medizinern und nicht bei allen Eltern herrscht die schiere Vernunft. Hemmungslose Hormonbehandlungen sowie die unbeschränkte Anzahl übertragener Embryonen führen beispielsweise in den USA immer noch zu jeder Menge höhergradigen Mehrlingsschwangerschaften. Da diese ab Vierlingen aufwärts aber auch von vielen Kinderwunschpatientinnen nicht gewünscht sind, ergibt sich dann oft die vielleicht traurigste Möglichkeit, zum Zwilling zu werden, nämlich gemeinsam mit einem Geschwister übrigzubleiben, nachdem überzählige Embryonen abgetötet wurden.

Wenn die Eltern sich dazu entschlossen haben, die Anzahl der Feten auf den Schwangerschaftstyp zu reduzieren, der ihnen als gangbarer Weg erscheint – meist eine Zwillingsschwangerschaft – , wird zwischen der sechzehnten und der vierundzwanzigsten Schwangerschaftswoche durch die Bauchdecke oder den Muttermund der Schwangeren Kaliumchlorid in das Herz der Feten injiziert und so ein Herzstillstand ausgelöst. Im Englischen bezeichnet man dieses Vorgehen als »selective reduction«, und selbst die Mediziner, die diese Eingriffe durchführen, geben zu, dass das ein «soft cover for hard choices«, eine recht sanft daherkommende Bezeichnung für schwerwiegende Entscheidungen ist.

Aus rein medizinischer Sicht ist es eben so, dass sich die Chancen, nicht nur lebend, sondern auch gesund geboren zu werden, für die verbleibenden Kinder nach einer Verringerung der Embryonenzahl erheblich verbessern, während die mit dem Eingriff verbundene Gefahr, die gesamte Schwangerschaft abzubrechen, in letzter Zeit immer geringer geworden ist. (Die Rate dadurch ungewollt beendeter Mehrlingsschwangerschaften liegt im Moment bei etwa zehn Prozent.) Am besten für den Ausgang der Schwangerschaft ist eine Reduktion auf Zwillinge. Selbst ausgetragenen Drillingen geht es als Neugeborenen im Schnitt schlechter als Zwillingskindern, die nach selektivem Fetozid aus einer Drillingsschwangerschaft hervorgegangen sind. Trotzdem ist diese Maßnahme bei »nur« drei Embryonen in Deutschland nicht populär. Viele deutsche Gynäkologen finden, dass die Chancen von Drillingsneugeborenen statistisch nicht so schlecht sind, dass es gerechtfertigt wäre, aus einer solchen Schwangerschaft zwei oder ein Kind zu machen – von einem Eingriff in eine Zwillingsschwangerschaft (also einer »Two-to-one«-Reduktion) ganz zu schweigen. Viele von ihnen sind sich allerdings sicher, dass gerade die zunehmend etablierte Möglichkeit, eine bestimmte Anzahl an Feten zu töten, ohne dass dadurch die Schwangerschaft übermäßig gefährdet wird, zu aggressiven Behandlungen verleitet, bei denen Schwangerschaften um jeden Preis erzeugt werden. Sie vermuten, dass die Möglichkeit der selektiven Abtreibung von vornherein in den reproduktionsmedizinischen Behandlungsplan mit einbezogen wird und kritisieren, dass sich Ärzte zu reinen Technikern machen, die jeden Wunsch ihrer Patienten umsetzen. Die Ärzte, die sehr häufig Reduktionen durchführen, argumentieren dagegen, dies sei eine vorübergehende Maßnahme, bis die Reproduktionsmedizin einen Stand erreicht hat, wo mit großer Sicherheit Einlingsschwangerschaften erzeugt werden können.

Echt oder unecht?

Nachdem man über die verschiedenen Arten von Zwillingen gehört hat, kann man sich fragen, ob es so etwas wie eine heimliche Hierarchie gibt. Gerade, wenn es um Schwangerschaft und Geburt geht, spielt ja der Begriff vom »Natürlichen« eine große Rolle, und es erstaunt nicht, dass in etlichen Texten, die Natürlichkeit in der Schwangerenbetreuung und der Geburtsleitung propagieren, offenbar arglos von den »natürlichen« im Gegensatz zu den »unnatürlichen« oder auch den »gemachten« Zwillingen gesprochen wird. Man scheint da nicht zu fragen, wie sich das für Eltern künstlich gezeugter Kinder anfühlt. Fälschlicherweise liest man auch immer wieder, »natürliche Zwillinge« könne man auch ebenso natürlich entbinden, andere lieber nicht. Das ist nicht nur abwertend für die Zwillingsmütter der Reproduktionsmedizin, es ist auch Unsinn. Die Entscheidung darüber, auf welchem Weg Zwillinge entbunden werden, hängt von diversen geburtshilflichen Faktoren ab, und die Art der Zeugung ist nur ein Aspekt unter vielen, der bei dieser Abwägung ins Spiel kommt. Auch manche Zwillingsmütter selbst halten mit dem Stolz darüber, dass sie ihre Zwillinge selbst gemacht haben, nicht hinter dem Berg. Es scheint also Kinder zu geben, die mit Liebe, Sex und positivem Schicksal in Verbindung gebracht werden, und Kinder, mit denen man Unfruchtbarkeit, Versagen, Anstrengung und High-Tech assoziiert. Abgesehen davon, dass diese Kategorisierung im Alltag der Kinder nicht viel zu suchen hat, sollten Eltern der reproduktionsmedizinisch geschaffenen Zwillinge (wie Einlinge) die Laborzeugung entkatastrophisieren. Auch nicht jede Zeugung im Bett ist romantisch.

3 Zu zweit im Bauch, zu dritt im Körper

Die Zwillingsschwangerschaft

Im Anekdotenschatz vieler Familien sind sie zu finden: die Geschichten von Großmüttern, Müttern oder Tanten, die kurz nach der Geburt ihres Kindes von der Hebamme oder dem Arzt mit der Nachricht überrascht wurden: »Oh, da kommt ja noch eins!« Die Reaktionen der Frauen, die bereits glaubten, die Geburt ihres Kindes überstanden zu haben, waren bestimmt nicht immer euphorisch. Im Einzelnen mochte das mit der Schwere der Geburt, mit der bereits vorhandenen Kinderschar, beengten Wohnverhältnissen und materieller Not zu tun gehabt haben. Noch bis in die 1970er Jahre hinein blieb die Hälfte aller Zwillingsschwangerschaften bis zum Einsetzen der Wehen unerkannt, erst mit dem Einzug des Ultraschalls in die Geburtshilfe ging die Zeit der großen Kreißsaalüberraschungen zu Ende.

Eltern haben heute mindestens sieben Monate, um sich und ihr Leben auf zwei Neugeborene einzurichten. Das »Oh, da seh' ich ja noch eins« ist nicht mehr in der Entbindungsklinik, sondern meist beim ersten Ultraschall in der Frauenarztpraxis zu hören: Etwa ab der siebten Woche lassen sich die zwei Feten mit dieser Untersuchungsmethode erkennen. Zwillingseltern, deren Kinder künstlich gezeugt und als Embryonen in die Gebärmutter übertragen werden, lernen ihre Kinder möglicherweise schon im Vierzellstadium kennen. Sie haben in den Kinderwunschkliniken oft die Möglichkeit, auf einem Monitor mitzuverfolgen, wie die winzigen Zellhaufen über einen Katheter ins Körperinnere der Mutter befördert werden. Paare, die sich entschieden haben, gleich zwei oder (den maximal erlaubten) drei Embryonen eine Chance zu geben, wissen also von Anfang an um die erhöhte Wahrscheinlichkeit, zwei Kinder auf einmal zu bekommen.

Guter Hoffnung bleiben

Ob erwartet oder überrascht – deutsche Frauenärzte berichten, dass die meisten Eltern heute freudig reagieren, wenn zwei Kinder in der Gebärmutter zu sehen sind. Aber es gibt auch Eltern, für die diese Nachricht ein Schock ist, dem Angst und Ärger sowie Gefühle von Verwirrung, Unglauben und Isolation folgen können.

Zwillingseltern spüren zudem gelegentlich, dass die betreuende Frauenärztin ihre Anfangsbegeisterung ein wenig zurückhaltend beantwortet und finden das möglicherweise irritierend. Für die mangelnde ärztliche Euphorie gibt es allerdings Gründe, von denen manche zukünftigen Eltern zu diesem Zeitpunkt gar nichts wissen wollen: zunächst einmal die im ersten Schwangerschaftsdrittel noch recht hohe, sogar über fünfzig Prozent liegende Wahrscheinlichkeit dafür, dass sich nur einer der beiden Embryonen weiterentwickelt. Dass viele Embryonen früh und meist spurlos zugrunde gehen, ist eine bekannte und nicht als krankhaft geltende Tatsache, von der Zwillingsschwangerschaften genauso betroffen sein können, wie jede andere Schwangerschaft auch. Trotzdem sind Eltern oft sehr enttäuscht, wenn beim Ultraschall plötzlich nur noch ein Kind zu sehen ist.

Gynäkologen sind aber auch deswegen zurückhaltend, weil sie während ihrer Ausbildung – insbesondere dann, wenn dazu eine Zeit an einer Uniklinik mit angeschlossener Neugeborenen-Intensivstation gehörte – viele früh- und mangelgeborene Zwillingskinder gesehen und das Leid von Mehrlingsfamilien kennengelernt haben, bei denen nicht alles gut ausging. Als Betreuer der mit Zwillingen schwangeren Frauen stehen sie nun vor der Aufgabe, mit ihrem Wissen um die speziellen Eigenschaften einer Mehrlingsschwangerschaft so umzugehen, dass sie das einzelne Paar trotzdem in dessen Vorfreude und guter Hoffnung begleiten können.

Guter Hoffnung zu bleiben, das grenzt in den industrialisierten Ländern allerdings an ein Kunststück. Auf den Homepages vieler Kliniken und Praxen für Pränatalmedizin wird die werdende Mutter da abgeholt, wo sie vermeintlich steht: »In unserer Zeit sind mit Schwangerschaft und Geburt viele Unsicherheiten und Ängste verbunden, nur schwer stellt sich für manche die Freude auf das Kind ein«, heißt es da beispielsweise. Und die offerierte pränatale Diagnostik »soll helfen, objektive Sicherheit über den Zustand des Ungeborenen zu gewinnen«. Es sind also Sorge, Misstrauen und mögliche Gefahren, von denen die gegenwärtige Gebärkultur bestimmt ist.

Und wenn es schon für die normale Schwangere nicht ganz leicht ist, dann hat es eine Zwillingsmutter hier buchstäblich doppelt so schwer. Ganz egal, wie jung und gesund sie ist, wie wohl sie sich während der Schwangerschaft fühlt – nach den deutschen Mutterschaftsrichtlinien trägt sie eine Risikoschwangerschaft aus. So wird es beim ersten Vorsorgetermin grundsätzlich im Mutterpass angekreuzt und mit dieser Zuschreibung lebt die Mutter in spe bis zur Entbindung. Sie ist in besonderem Maße betroffen von einem epochalen Umbruch nicht nur im geburtshilflichen, sondern im ärztlichen Denken überhaupt, der dazu geführt hat, dass Gesundheit als ein Leben unter Damokles-Schwertern definiert wird. Der großzügige Risikobegriff wurde konsequent auf die Geburtshilfe übertragen, so dass in Deutschland – statt wie in den 1980er Jahren ein Drittel – mittlerweile drei Viertel aller Einlingsschwangerschaften als geburtshilfliche Risikofälle eingestuft werden. Bereits ein vorangegangener Kaiserschnitt oder das überschrittene 35. Lebensjahr reichen als Kriterium für die Mitgliedschaft in diesem Klub aus. So entsteht das Paradox, dass in einem Land, in dem Frauen in überdurchschnittlich gutem Gesundheitsstatus jeweils nur ein, zwei Kinder bekommen, die Mehrzahl als besagte Risikopatientinnen gelten. Wenigstens befindet sich die Zwillingsschwangere in der guten Gesellschaft fast aller anderen Schwangeren.

Trotzdem sollte es einer werdenden Zwillingsmutter möglich und erlaubt sein, unbefangen an die neue Situation heranzugehen. Mit etwas Glück entwickelt sich nämlich eine unbelastete Schwangerschaft, und dann kann man diese Frauen wie andere Schwangere auch von ihrem besonderen Körpererleben, von unerwarteten Kräften, Selbstbewusstsein und einer besonderen Sexualität schwärmen hören. Viele genießen ihre Fruchtbarkeit und fühlen sich bestens bei der Vorstellung, so etwas wie eine Katzen- oder Vogelmutter zu sein, mit mehreren Kindern im Bauch beziehungsweise einem gutgefüllten Nest. Auch entsteht bei den meisten werdenden Müttern – nicht zuletzt durch die Möglichkeit, die Kinder von Anfang an beim Ultraschall zu sehen – sehr früh eine starke Bindung an beide Kinder. Sie haben lebhafte Phantasien über das Leben ihrer beiden Ungeborenen und versuchen, sich deren Dasein im Bauch vorzustellen.

Zu zweit im Bauch

Von den romantischen Vorstellungen, die die Zwillingsexistenz begleiten, betreffen einige bereits die vorgeburtliche Zeit. Man stellt sich die Kinder häufig gemeinsam in einer Fruchtblase schwimmend vor, in so etwas wie einer neunmonatigen Umarmung. Tatsächlich teilen sich Zwillingsfeten nur in weniger als einem Prozent aller Fälle eine Fruchtblase. Das ist gut so, denn die Zeit bis zur Geburt lässt sich für Zwillinge wesentlich gefahrloser überstehen, wenn jedes Kind von mindestens einer eigenen Membranhülle umgeben ist, so dass sich in der Gebärmutter eine aus mindestens zwei Schichten bestehende Trennwand zwischen den beiden Embryonen beziehungsweise den Feten ergibt.

Die meisten Zwillingseltern interessieren sich vor allem für die Eiigkeit ihrer Kinder und wissen nicht, dass Zwillingsschwangerschaften in der Geburtshilfe noch genauer unterschieden werden, und zwar danach, was für räumliche Verhältnisse in der Gebärmutter entstanden sind. Wer sich die Situation der zwei Kleinen im Mutterbauch genauer vorstellen will, muss drei schwangerschaftsspezifische Strukturen unterscheiden, nämlich zum einen den an der Gebärmutterwand angelagerten Mutterkuchen, genannt Plazenta, über den das Kind mit dem mütterlichen Organismus verbunden ist und Nährstoffe erhält, und dann noch zwei der Eihäute, die das Kind innerhalb der Gebärmutter wie eine Blase zusätzlich umgeben: die etwas dickere mittlere Eihaut, genannt Chorion, und das Amnion, die dünne und gefäßlose innere Eihaut.

Dichoriot-diamniot

Es gibt grundsätzlich die Möglichkeit, dass beide Zwillingskinder das alles für sich allein haben, also jeder eine eigene Plazenta und eine komplette Fruchthöhle samt den zwei Eihäuten. Das ist die beste und sicherste Konstellation für die Kinder, denn jedes Kind wird gut versorgt über den eigenen Mutterkuchen; die Blutgefäße und Kreisläufe der Kinder sind getrennt, und sie sind durch eine vierschichtige Trennwand (Amnion-Chorion-Chorion-Amnion) vor der Gefahr einer gegenseitigen Nabelschnurverschlingung geschützt. Diese erfreulicherweise in achtzig Prozent aller Zwillingsschwangerschaften vorliegende Variante nennt man wegen der zweimal (griechisch »di« = zwei) vorhandenen Chorien und Amnien »dichoriot-diamniot« (benutzt werden auch die Begriffe »dichorisch«/«dichorial«).

Monochoriot-monoamniot
Ferner gibt es die bereits erwähnte und nur bei Eineiigen vorkommende, sehr seltene Konstellation, dass die Kinder ohne trennende Wand umgeben von nur einer inneren wie äußeren Eihaut mittels einer einzigen Plazenta ernährt werden müssen. Weil alles nur einmal (griech. »mono« = allein) da ist, spricht man dann von monochoriot-monoamnioten Zwillingen.

Monochoriot-diamniot
Eine dritte Gruppe von Kindern hat zwar nur eine gemeinsame äußere Eihaut, also ein Chorion, aber innerhalb dieser Umhüllung liegen beide in ihrem eigenen Amnion und sind durch diese dünnen Häute voneinander getrennt. Wie gut solche monochoriot-diamniot genannten Schwangerschaften verlaufen, wird unter anderem davon beeinflusst, ob es über die Plazenta Gefäßverbindungen zwischen den Kindern gibt.

Eiigkeit, Mutterkuchen und Chorionizität
Zu welcher der beschriebenen Kategorien eine Zwillingsschwangerschaft gehören wird, entscheidet sich bereits mit der Zeugung oder in den ersten Tagen danach. Es hängt zum einen davon ab, ob die Kinder ein- oder zweieiig sind und im Falle von eineiigen Embryonen davon, wie spät oder früh sich die befruchtete Eizelle geteilt und an welcher Stelle sich dann die jeweilige Plazenta angesiedelt hat.

Am einfachsten ist die Sache bei zweieiigen Kindern, deren Schwangerschaft immer dichoriot und damit diamniot ist. Hier teilt sich ja keine Eizelle, sondern es ist von Anfang an so, als würden zwei Schwangerschaften nebeneinander ablaufen: Jedes Kind hat einschließlich Eihäuten und Plazenten all das für sich, was ein Einlingskind im Mutterleib auch hat. Die beiden Plazenten können aber, wenn sich die befruchteten Eizellen nahe beieinander in der Gebärmutterschleimhaut ansiedeln, im Laufe der Schwangerschaft verwachsen. Im vorgeburtlichen Ultraschall oder auch noch nach der Geburt sehen diese Plazenten dann wie eine aus. Sie haben aber meist keine Gefäßverbindungen und könnten bei Bedarf durch eine feingewebliche Untersuchung voneinander unterschieden werden.

Bei Eineiigen wird es etwas kniffliger: Das liegt daran, dass sich in den ersten zwei Wochen nach der Befruchtung zwei unterschiedliche Teilungsvorgänge in und an der befruchteten Eizelle (Zygote) abspielen und gewissermaßen überschneiden. Zum einen schreitet (wie bei jeder Einlingsschwangerschaft auch) mit jedem Tag die Differenzierung der befruchteten Eizelle fort, das heißt, die einzelnen Zellen beginnen sich je nach zukünftiger Funktion zu spezialisieren. Sie teilen sich auf in solche, aus denen der Embryo selbst entsteht, und in andere, aus denen später den Embryo versorgende Strukturen wie die Eihäute und der Mutterkuchen werden. Irgendwo in dieses Geschehen platzt die Zwillingsentstehung und Zweiteilung der Zygote hinein. Findet diese Spaltung früh genug statt, ist noch genügend von allem Material für beide Kinder da. Teilt sich die Zelle jedoch erst später, sind diejenigen Zellen, aus denen der ernährende Teil des Embryos wird, nicht mehr in der Lage, sich zu spalten. Es teilt sich nur noch der embryonale Anteil der Zygote. Den Rest müssen die zukünftigen Babys gemeinsam nutzen.

Bei einer sehr frühen Teilung innerhalb von drei Tagen nach der Befruchtung haben eineiige Embryonen – genauso wie zweieiige – getrennte Mutterkuchen und getrennte Fruchtblasen, sind also ebenfalls dichoriot-diamniot. Das trifft immerhin für zwei Drittel der eineiigen Schwangerschaften zu. Zwischen dem dritten und dem neunten Tag ist irgendwann der Zeitpunkt der Embryonalentwicklung verpasst, an dem neben den Anlagen für zwei eigene innere Eihäute auch noch die für die äußeren Eihäute vorhanden sind. Die Kinder werden zwar jedes in einer eigenen Amnionhöhle liegen, aber ein gemeinsames Chorion und eine gemeinsame Plazenta besitzen, werden also zu den monochoriot-diamnioten gehören.

Sollte die Teilung – was sehr unwahrscheinlich ist – erst nach dem siebten bis neunten Tag stattfinden, bilden sich (bei einem Prozent der Eineiigen) die besagten monochoriot-monoamnioten Schwangerschaften. Eine Teilung der Zygote nach dem zwölften Tag lässt die sogenannten »siamesischen Zwillinge« entstehen, zusammengewachsene eineiige Kinder, die sogar Organe und Körperteile gemeinsam haben.

Die Eihaut- und Plazentaverhältnisse (genannt Chorionizität) bei einer Zwillingsschwangerschaft werden in den Vorsorgeuntersuchungen des ersten Schwangerschaftsdrittels zwar grundsätzlich bestimmt, aber zukünftigen Zwillingseltern – wenn sie nicht danach fragen – oft nicht genauer erläutert. Das ist nicht Nachlässigkeit der Frauenärztin, sondern eher sinnvolle Ökonomie. Denn die nicht ganz einfach darzustellenden Verhältnisse innerhalb der Gebärmutter spielen in den meisten Fällen für den Verlauf der Schwangerschaft und Entbindung keine große Rolle. Lediglich für die Eltern, deren Kinder sowohl Eihäute und Plazenta oder wenigstens die Plazenta gemeinsam haben, wird die Chorionizität zum Thema, da diese Gruppe eindeutig zu den Zwillingsschwangerschaften gehört, die sehr viel ärztliche Aufmerksamkeit benötigen.

Was das Verständnis der Chorionizität für Laien zusätzlich erschwert, ist, dass die Zygotie, also die Ein- oder Zweieiigkeit der Kinder eben nicht eindeutig mit den erläuterten Schwangerschaftsvarianten zusammenhängt. Die drei Merkmale Zygotie (Eiigkeit), Eihaut- und Plazentaverhältnisse können bei einer Zwillingsschwangerschaft unterschiedlich miteinander kombiniert vorkommen. In diesem Zusammenhang beschäftigt viele Eltern die Frage, ob und wie zuverlässig sich bereits während der Schwangerschaft (beim Ultraschall) an den besagten Strukturen erkennen lässt, welche Art von Zwillingen, also ein- oder zweieiige, sie bekommen werden. Eine dichoriote (immer auch diamniote) Schwangerschaft ist, wie gesagt, ein starker Hinweis auf zweieiige Kinder. Aber zehn bis zwanzig Prozent dieser Schwangerschaften sind – nach besagter früher Teilung der Zygote – eben doch eineiig.

Es ist also falsch, wenn Eltern gesagt wird, ihre Kinder seien sicher zweieiig, weil beim Ultraschall zwei Fruchtblasen zu erkennen sind. Die Eiigkeit der Kinder nur von der Anzahl der Plazenten abzuleiten, wie es immer noch des Öfteren praktiziert wird, ist überhaupt so eine Sache: Wie beschrieben, können die zwei nebeneinander angesiedelten Mutterkuchen verschmelzen und sind dann im Schall nicht mehr eindeutig als zwei zu erkennen. Eine einzige Plazenta macht zudem Eineiige wahrscheinlich, aber nicht sicher. Als Faustregel gilt, dass sich rund zwei Drittel der eineiigen Zwillinge die Plazenta teilen.

Der Aufwand, die Chorionizität zu klären, wird allerdings nicht betrieben, um die frühe Neugier der Eltern auf die Eiigkeit ihrer Kinder zu befriedigen. Vielmehr gilt es, zum frühestmöglichen Zeitpunkt die besagten Zwillingsschwangerschaften zu identifizieren, die auf intensivere medizinische Begleitung angewiesen sind.

Das Leben vor dem Leben

Die meisten Eltern fragen sich, wie es ihren Kindern zu zweit im Mutterleib geht: Ist es eng da drin? Womöglich zu eng? Berühren sich die Kinder? Können sie sich spüren? In welcher Position liegen die beiden eigentlich? Die Vorgänge im Mutterleib – sowohl Einlinge wie Mehrlinge betreffend – sind auch in der Forschung Gegenstand intensiven Interesses. Entwicklungspsychologen würden zum Beispiel gerne wissen, ob das enge körperliche Nebeneinander der Kinder so etwas wie eine prägende Ganzkörpererfahrung ist und welche Konsequenzen sich aus der Anwesenheit eines anderen ähnlichen Geschöpfs im Uterus herleiten lassen. Ist das Ungeborene vielleicht so unreif, dass die Gegenwart des Zwillings für die Entwicklung seiner Psyche ohnehin keine Rolle spielt? »Oder kann [das Kind] die Anwesenheit eines anderen Lebewesens … auf einer vorbewussten Ebene wahrnehmen? Hat es eine Beziehung? Könnte diese vorzeitige Beziehung die künftige Beziehung beeinflussen und im Extremfall … determinieren?« (Piontelli 1996). Spekuliert wird auch darüber, ob Zwillinge im Mutterleib einfach mehr Stress als ein Einlingskind haben. Man könnte ja annehmen, dass sie mit einer größeren Fülle unterschiedlicher Sinneswahrnehmungen zurechtkommen müssen, dass ihnen aufgrund der Enge in der Gebärmutter mehr Lageveränderungen abverlangt werden und sie auch die Zusatzbelastungen, denen die Mutter durch die Mehrlingsschwangerschaft ausgesetzt ist, irgendwie mitbekommen.

Wenn man ehrlich ist, dann stehen die wenigen gesicherten Erkenntnisse zum Leben im Mutterleib nicht in angemessenem Verhältnis zu der Vehemenz, mit der darüber geschrieben und geredet wird. Zwar gibt es spannende Ergebnisse über die Fähigkeit des Ungeborenen, Reize wahrzunehmen, die in der Tat das Bild vom Ungeborenen, das noch bis in die 1970er Jahre herrschte, auf den Kopf stellen. Der Uterus, das weiß man heute, »ist kein abgeschirmter Raum, nach dessen Verlassen das eigentliche Leben beginnt« (Geuter 2003). Man weiß auch zunehmend mehr über primitive Lernprozesse und über die Entwicklung der Sinnesorgane eines Ungeborenen, deren Funktionen früher einsetzen, als man bislang vermutet hat. Aber dem Wissensfortschritt sind auch noch deutliche Grenzen gesetzt, weil aus ethischen Gründen kaum Untersuchungen oder gar Versuche am Ungeborenen möglich sind und es außer dem Ultraschall kaum diagnostische Zugangswege in den vorgeburtlichen Schutzraum gibt. (Auch die meisten der sehr bekannten Bilder des schwedischen Fotografen Lennart Nilsson konnten nur mittels eines Endoskops, das im Rahmen von Fruchtwasserpunktionen oder

Schwangerschaftsabbrüchen durch die mütterliche Bauchdecke geschoben wurde, aufgenommen werden.)

Wenn man die Aktivität von Zwillingsfeten im Ultraschall beobachtet oder ihre Herzaktivität aufzeichnet, fällt zunächst auf, dass die beiden Ungeborenen vieles synchron tun. In über neunzig Prozent der Zeit stimmen ihre Ruhe- und Wachzeiten überein und auch Veränderungen der Herzrate und der Atmung treten oft übereinstimmend auf. Wie sehr sich eines der beiden Kinder im Vergleich zum anderen bewegt, scheint nicht mit seiner Position in Längs-, Quer-, Steiß- oder Schädellage, sondern erstaunlicherweise mit der Seite der Gebärmutter zusammenzuhängen, auf die er geraten ist. Rechtsliegende Kinder sind oft mobiler als das Geschwister links neben ihnen. Etwa ab der zehnten Schwangerschaftswoche lassen sich sehr einfache kurze Bewegungen als Reaktion auf Berührung durch das Geschwister ausmachen. Ab der zwölften Woche kann man längere und komplexere Berührungen beobachten, darunter »Kontaktaufnahmen« über den Mund, mitunter durch Saugbewegungen. Eineiige Kinder, die sich gemeinsam in einer äußeren Eihaut befinden, berühren sich gegenseitig früher und öfter als Kinder, zwischen denen eine Trennwand aus innerer und äußerer Eihaut liegt. Wenn beide Feten Mädchen sind, findet insgesamt mehr Interaktion zwischen ihnen statt als bei Bubenpaaren.

Immer wieder zitiert wird die Forschungsarbeit von Alexandra Piontelli, einer italienischen Psychoanalytikerin, die Zwillingspaare im Verlauf der Schwangerschaft in mehreren Ultraschalluntersuchungen beobachtet und dabei sowohl nach Verhaltensunterschieden zwischen den zwei Geschwisterfeten gesucht, als auch verschiedene Zwillingspaare miteinander verglichen hat. Dabei ging sie der Frage nach, wie aktiv die Feten entweder spontan oder als Reaktion auf Stimulierung waren und inwieweit sich Zwillinge im Mutterleib gegenseitig durch Bewegung und Berührung beeinflussen. Piontelli glaubt zu beobachten, dass es aktive und weniger aktive Paare gibt und dass diese Unterschiede bis zum Ende der Schwangerschaft konstant bleiben. Beim Vergleich von ein- mit zweieiigen Paaren erwiesen sich die identischen Zwillinge, die in einer Fruchtblase lagen, als insgesamt weniger aktiv, auch nahm ihre Bewegungsfreudigkeit im Lauf der Schwangerschaft ab. Unterschiede zwischen den Kindern eines Zwillingspaares erklärte sich die Forscherin damit, dass die Zwillingskinder sich an unterschiedlichen Stellen im Uterus entwickeln, deshalb nicht immer gleich gut versorgt sind und eventuell unterschiedlich stimuliert werden.

Hier stellt sich natürlich die Frage, was viel oder wenig Aktivität bei Feten überhaupt bedeutet. In der Psychologie des vorgeburtlichen Lebens von Zwillingen wird Aktivität oft mit Dominanz gleichgesetzt. Das ist angesichts der Tatsache, dass vermehrte Bewegungen des Kindes nicht einmal unbedingt mit Wachzuständen einhergehen, nicht besonders plausibel. Aber auch wenn Feten in der Gebärmutter tatsächlich charakteristische Muster in ihrem vorgeburtlichen Miteinander entwickeln, ist es ein ziemlich kühner Schritt, von dieser Beobachtung auf eine auch nur unbewusste geistige und emotionale Wahrnehmung zu schließen oder gar auf etwas wie absichtsvolle Handlungen. Alles, was man sicher weiß, ist, dass die Feten berührungsempfindlich sind und über direkten Körperkontakt, aber auch über ihre embryonale Behaarung eigene und fremde Bewegungen im Fruchtwasser registrieren und darauf reagieren können.

Die Versuchung, in die vorgeburtlichen Zwillingsvorgänge mehr hineinzulesen, ist allerdings groß. Schon Konrad Lorenz sprach von einem Boxkampf der Zwillinge im Mutterleib, womit eine Art Verdrängungswettbewerb der beiden Zwillingsfeten um die am besten durchblutete Uterusregion gemeint war. Aus der besseren Platzierung des einen würde dann häufig ein Gewichtsunterschied der Kinder resultieren, der eine dominante Stellung des schwereren Zwillings im weiteren Leben wahrscheinlicher mache.

Auch Piontelli, die eigentlich davor warnt, den beim Ultraschall wahrgenommenen Bewegungen der Zwillinge Motive zuzuschreiben, erliegt irgendwann dem Charme dieses »Babyfernsehens« und beobachtet, wie »der Rechte versucht, sich vor den Tritten [des anderen] zu schützen«, wie die Kinder miteinander »spielen« und sich gegenseitig »streicheln« oder miteinander »kämpfen«. Temperamentsunterschiede macht sie an der Bevorzugung bestimmter Körperhaltungen oder der Wiederholung von Aktivitäten und Bewegungen fest. Oder daran, wie einer der Zwillinge auf die »Kontaktaufnahme« des anderen reagiert, zum Beispiel »zärtlich« oder »wütend« oder als hätte er einen elektrischen Schlag bekommen. Letztlich sieht sie, wie viele andere Pränatalpsychologen auch, den Fetus als kleine Persönlichkeit mit charakteristischen Vorlieben, als jemanden, der eine individuelle Beziehung zu seiner Umwelt und ihren Bestandteilen hat.

Aber besonders bei Zwillingen geht es in diesem Forschungszweig nicht nur um die Interpretation dessen, was man während der Schwangerschaft sieht, sondern um Projektionen auf das zukünftige Leben der beiden Geschwister. In vielen Untersuchungen wird nahegelegt, dass die vorgeburtlich scheinbar zu erkennenden Temperamente und Beziehungsmodelle auch im Leben nach der Geburt eine Rolle spielen. Und irgendwie scheint es sich ja förmlich aufzudrängen, dass die neunmonatige extreme Nähe des Zwillings Spuren in der Identität des anderen hinterlässt. Ist das wortlose Aufeinander-Bezugnehmen, das manche bei erwachsenen Zwillingspaaren – vor allem bei Eineiigen – zu beobachten glauben, vielleicht ein Versuch, die stille Verbundenheit des Daseins im Uterus wiederherzustellen? Womöglich ist erwachsenen Zwillingen ein spezielles Lebensgefühl zu eigen, das bereits während ihrer ersten Lebensmonate geprägt wurde.

Wenn dem so wäre, müssten im Leben von Zwillingsmenschen insbesondere Themen wie Zugehörigkeit, Teilen, Enge, Raum und Gleichzeitigkeit bedeutsam werden, was neben der besagten Innigkeit womöglich auch problematische Seiten hätte. Es könnte sich anfühlen wie: »Ich bin nie allein«, »Ich habe nie genug Platz, und ich bekomme nicht genug« oder »Mir geht es nur gut, wenn wir zusammen sind«. Manche Zwillinge erklären sich ihre eigenen Verhaltensweisen und Gefühle tatsächlich in diesem Sinne, aber solche im Nachhinein und am eigenen Leibe vollzogenen Interpretationen bedeuten wissenschaftlich wenig, sie sind nicht viel mehr als Küchenpsychologie.

Gibt es denn seriöse Anhaltspunkte dafür, dass die Verhältnisse in der Gebärmutter nach der Geburt weiterwirken? Immerhin weiß man mittlerweile, dass im letzten Schwangerschaftsdrittel die neurophysiologischen Grundlagen für die Speicherung von Information vorhanden sind, also im Gehirn des Feten Erinnerungsspuren gebildet werden können. Und dass das seelische Befinden der Mutter mit biochemischen Veränderungen auch im Gebärmuttermilieu einhergeht. Solche Tatsachen sprechen dafür, dass auch die Koexistenz mit dem Zwillingsfeten neuronale Spuren hinterlassen könnte. Was die intrauterine Biochemie angeht, hat man besonders im Falle der gegengeschlechtlichen Zwillingspaare vermutet – und tut das teilweise noch –, dass ihr neunmonatiges Zusammenleben sie besonders prägt, dass es nämlich bereits in der Gebärmutter zu einer gegenseitigen Beeinflussung durch weibliche und männliche Geschlechtshormone, also zu einer Androgenisierung des Mädchens beziehungsweise einer Östrogenisierung des Jungen kommt. Aus dem Tierreich kennt man das Phänomen, dass bei Zwillingsschwangerschaften mit gegengeschlechtlichen Tieren über Gefäßverbindungen in der Plazenta Hormone vom männlichen zum weiblichen Embryo übergehen können und die Eierstöcke des weiblichen Tieres – zum Beispiel die eines Rinderembryonen – so beeinträchtigen, dass dieses später unfruchtbar ist. Einen solch dramatischen Effekt gibt es beim Menschen nicht, und auch sonst gibt es keine Hinweise auf eine allgemeine Maskulinisierung weiblicher Zwillinge durch ihren Bruder, wie etwa einen nach der Geburt grundsätzlich erhöhten Testosteronspiegel oder ein späteres Einsetzen der Geschlechtsreife bei den Mädchen. Man glaubt allerdings, subtile Unterschiede in der Gehirnentwicklung und -funktion zwischen den aus einem solchen Paar hervorgehenden Mädchen und solchen, die mit einer Schwester im Mutterleib waren, gefunden zu haben, und bringt dies mit dem vorgeburtlichen Einfluss der männlichen Geschlechtshormone in Zusammenhang. Allerdings scheint sich dieser Befund nicht in einem beobachtbaren Verhalten der Mädchen, die aus einem solchen Paar hervorgehen, niederzuschlagen (wie etwa einem burschikosen Spielverhalten oder maskulinen Interessen).

Was auch immer man an Zwillingen im Laufe ihres Lebens beobachten kann: Neben möglichen vorgeburtlichen Einflüssen wird die Persönlichkeit eines Menschen sicher von vielen anderen Faktoren geprägt, wozu nicht zuletzt seine Gene gehören. Und es gibt bis jetzt keine Versuchsanordnung, mit der sich vor- und nachgeburtliche Einflussgrößen auseinanderhalten ließen. Ein Zwillingspaar hat zwar neun geheimnisvolle Monate in der Gebärmutter miteinander verbracht, aber eben meist auch die folgenden zwanzig Jahre mit derselben Familie; es ist miteinander in Kindergarten und Schule gegangen und hat zahllose gemeinsame sowie eigene Erfahrungen gesammelt. Ob demgegenüber die ersten neun Monate das Gewicht haben, das ihnen durch die neue Begeisterung für die Terra incognita des vorgeburtlichen Lebens gerade zugesprochen wird, bleibt abzuwarten.

Der Zeitpunkt, zu dem eine Mutter selbst etwas vom Leben ihrer beiden Kinder im Bauch spürt, liegt bei Zwillingen nicht unbedingt früher, als man das bei einer Mutter mit einem Einlingskind erwarten würde, nämlich ungefähr zwischen der 18. und 22. Woche der Schwangerschaft. Kindsbewegungen machen sich früher bemerkbar, wenn die Zwillings- oder die Einlingsmutter schlank ist, schon einmal schwanger war, keine allzu feste Bauchmuskulatur hat und wenn die Plazenta nicht vorne an der Bauchwand sitzt oder die Kinder von sehr viel Fruchtwasser umgeben sind.

Ab dem Ende des sechsten Schwangerschaftsmonats schränkt sich, wie bei Einlingen, die Bewegungsfreiheit der Feten allmählich ein und Bewegungen nehmen immer weiter ab. Durch die Enge in der Gebärmutter bilden sich bisweilen Fehlstellungen der Gliedmaßen bei den Zwillingen, die sich meist durch Krankengymnastik und andere Maßnahmen unmittelbar nach der Geburt wieder ausgleichen lassen. Auch die Köpfchen sind manchmal (vorübergehend) verformt.

Zeichnungen, die die Lage der Kinder in der Gebärmutter darstellen, sehen oft sehr anrührend aus. Eng aneinandergeschmiegt nutzen die Feten den Platz aus, und jedes Paar findet am Ende seine eigene Position. Am häufigsten, nämlich in knapp der Hälfte aller Fälle, liegen die Kinder am Ende der Schwangerschaft beide längs der Körperachse der Mutter parallel zueinander mit dem Kopf nach unten, also in Schädellage. Etwa 35 Prozent der Kinderpaare teilen sich den Platz so auf, dass immerhin der Erste mit dem Köpfchen nach unten, der andere mit dem Gesäß Richtung Geburtskanal (in Steißlage) positioniert ist. Der Rest der Paare gehört zu den selteneren Lagevarianten, bei denen sich entweder beide Kinder in Steißlage befinden, oder beide zwar die Köpfchen unten haben, ihre Körper weiter oben aber über Kreuz liegen. Ebenfalls ungewöhnlich ist die Konstellation, dass ein Kind in Steißlage und das andere in Querlage oder dass sogar beide in Querlage geraten.

Eine Zwillingsschwangerschaft, das hat sich inzwischen herumgesprochen, dauert kürzer als eine normale Schwangerschaft, nämlich im Schnitt 37 Wochen, bei Müttern, die noch nie entbunden haben, noch eine Woche kürzer. Drillinge verbringen im Schnitt 32 bis 34 Wochen, Vierlinge 29 bis 31 Wochen im Mutterleib. Etwa die Hälfte der Zwillinge wird zwischen der 32. und 37. Schwangerschaftswoche geboren.

Gegengeschlechtliche Zwillinge und reine Mädchenpaare schaffen es oft etwas länger als ein Bubenpaar; die Mädchen scheinen die Schwangerschaftsdauer für den Jungen gewissermaßen zu verlängern.

Nicht so bekannt ist, dass eine Verlängerung über diesen Zeitpunkt hinaus nicht unbedingt dem Wohl der Kinder dient. Wenn Zwillinge erst ab der 40. Woche entbunden werden, steigt auf einmal das Risiko, dass eines der Kinder die Geburt nicht überlebt, auf das Zweieinhalbfache des Risikos an, das für eine Entbindung in der 37. Woche gilt. Auch wenn das Gewicht des einzelnen Kindes die 3250-Gramm-Marke überschritten hat, erhöht sich das Sterberisiko – vermutlich aufgrund der zunehmenden Enge in der Gebärmutter und der sich damit verschlechternden Versorgungslage der Kinder.

Es scheint ein optimales Zeitfenster für eine vaginale Zwillingsentbindung zu geben, das man etwa ab der 37. Woche verpasst haben kann: Die zunehmend überdehnte Gebärmutter ist dann oft nicht mehr in der Lage, kraftvolle Wehen zu produzieren, eine Einleitung der Geburt gelingt nur noch schlecht. Viele Geburtshelfer sehen also gute Gründe, eine Zwillingsschwangerschaft rechtzeitig zu beenden.

Stark bleiben – Der Körper der Mutter

Wie geht es einer Frau, in deren Körper zwei Kinder heranwachsen? Und wie geht es ihrem Körper? Viele Beschreibungen, die eine mit Zwillingen schwangere Frau auf der Suche nach Antworten finden wird, sind bestens dazu geeignet, ihr unmittelbar Angst einzujagen: »Der Körper der Mutter muss in einer Mehrlingsschwangerschaft auf Hochtouren arbeiten«, »Zwillingsschwangerschaft – jetzt wird alles doppelt so schwer!«, »Eine Mehrlingsschwangerschaft belastet den Körper in extremer Form« und so weiter und so fort. Gehen in und mit dem Körper dieser Schwangeren Dinge vor, die es rechtfertigen, sie so ganz anders zu betrachten als jede normale Schwangerschaft?

Zunächst einmal wäre viel gewonnen, wenn man folgende Kategorien von schwangerschaftsbedingten Veränderungen unterscheiden würde: nämlich diejenigen, die vor allem die betreuenden Ärzte im Auge behalten müssen, von denen, die sich auch im neunmonatigen Alltag der Frau bemerkbar machen, sowie diejenigen, die lediglich beschwerlich sind, beziehungsweise denen sich gut abhelfen lässt, von denen, die wirklich gefährlich für Kinder und Mutter werden können. Dann würde die nach Überblick suchende Zwillingsmutter nämlich rasch feststellen, dass sie körperlich im Wesentlichen das erleben wird, was andere werdende Mütter auch erfahren, nur vielleicht ein bisschen mehr von allem beziehungsweise das ein oder andere ein bisschen intensiver, und dass der Großteil der Belastungen und Risiken, die im Zusammenhang mit einer Mehrlingsschwangerschaft beschrieben sind, eindeutig in die Kategorie dessen fällt, womit sich eine Weile leben lässt.

Herz und Kreislauf

Einer der markantesten Folgeerscheinungen einer Mehrlingsschwangerschaft sind die Veränderungen im Herz-Kreislauf-System. Die Versorgung der zwei im Körper eingenisteten Organismen und die damit einhergehende Gewichtszunahme (etwa fünfzehn Kilogramm im Vergleich zu elf bei der Einlingsschwangerschaft) fordert dem Herzen deutlich mehr Leistung ab. Das Blutvolumen und die Herzrate erhöhen sich, der Herzmuskel muss die eineinhalbfache Blutplasmamenge durch den Körper pumpen, wobei mehr Sauerstoff verbraucht wird als sonst. Sowohl im Vergleich zum nicht-schwangeren Zustand wie im Vergleich zu einer Einlingsschwangerschaft entstehen erhebliche körperliche Mehrbelastungen für die Frau. Dennoch wird das alles meist nur für eine Mutter mit bereits bestehender Herz-Kreislauf-Erkrankung zum Problemthema, während eine gesunde Frau diese körperlichen Anforderungen kompensieren kann und zudem von den meisten dieser bemerkenswerten Anpassungsleistungen ihres Organismus kaum etwas merkt. Zudem werden Atemnot und Kurzatmigkeit – Symptome, von denen im Zusammenhang mit der erhöhten Kreislaufanstrengung oft die Rede ist – meist erst gegen Ende der Schwangerschaft als beeinträchtigend erlebt.

Hormone

Die hormonellen Veränderungen, die Zwillingsschwangerschaften begleiten, sind prinzipiell die gleichen wie die bei einer normalen Schwangerschaft, nur mitunter ausgeprägter. Das bekannte Schwangerschaftshormon hCG (humanes Chorion-Gonadotropin) findet sich bei Mehrlingsschwangeren in höherer Konzentration als bei Einlingsmüttern, weshalb es nicht nur als früher Hinweis auf eine ebensolche Schwangerschaft gilt, sondern dafür mitverantwortlich gemacht wird, dass Frauen, die Zwillinge austragen, manchmal in verstärktem Maße von Übelkeit in ihren leichten sowie ihren schwereren Ausprägungen befallen werden.

Platzmangel

Typisch für die Zwillingsschwangerschaft sind stärkere Beschwerden durch die mechanische Belastung, sprich durch den Platzmangel im Bauchraum. Weil die Kinder beziehungsweise die Gebärmutter auf Magen, Zwerchfell, Darm und Blase drücken, erleben mehr Zwillings- als Einlingsmütter Sodbrennen, Schluckauf, Völlegefühle, Verstopfung und Kurzatmigkeit sowie Harninkontinenz und müssen sich an häufige Toilettenbesuche und kleine Essensportionen gewöhnen. Juckreiz, der auch bei Einlingsmüttern durch die Dehnung der Haut im Bauchbereich entsteht, kann bei Zwillingsmüttern schon im ersten Schwangerschaftsdrittel beginnen und auch Schwangerschaftsstreifen können sich früher und stärker entwickeln als auf einem Einlingsbauch.

Es liegt nahe, dass die letzten Schwangerschaftswochen mühselig werden können, und Tätigkeiten wie Treppensteigen, Heben und Bücken einen Kraftakt erfordern. Aber auch elementare Bewegungen und Daseinszustände wie Sitzen, Liegen und Schlafen können irgendwann ihre Selbstverständlichkeit verlieren. Bei Doppelschwangerschaften ebenfalls ausgeprägter ist die Neigung zu Wassereinlagerungen sowie zu Gefäßproblemen wie Krampfadern und Hämorrhoiden. Eisenmangel entsteht bei etwa vierzig Prozent aller Zwillingsschwangeren aufgrund des erhöhten Blutvolumens bei gleichbleibender Zahl der roten Blutkörperchen. Dem kann aber durch eine frühzeitige Einnahme entsprechender Eisenpräparate gut begegnet werden.

Gefahren

Neben den beschriebenen körperlichen Mehrbelastungen und Misslichkeiten einer Mehrlingsschwangerschaft gibt es unbestreitbar auch eine im Vergleich zur Einlingsschwangerschaft größere Wahrscheinlichkeit, ernsthaften Problemen zu begegnen – Risiken für Mutter und Kinder, über die manche Schwangere informiert sein will, andere dagegen lieber erst dann hören wollen, wenn es sie betreffen sollte. Die Gesamtsituation von Zwillingsschwangeren wird gerne wie folgt beschrieben: »Schwangerschaftskomplikationen finden sich bei achtzig Prozent der Mehrlingsschwangeren im Vergleich zu fünfundzwanzig Prozent der Einlingsschwangeren« (Penzias 1998). Eine solche Aussage muss dahingehend relativiert werden, dass manche Autoren auf der Suche nach einer prägnanten Zahl jede Abweichung von der perfekten Schwangerschaft mit dem Begriff Komplikation belegen und oft die Daten für alle Mehrlingsschwangerschaften einschließlich der höhergradigen (mit drei und mehr Feten) zusammenfassen.

Sehr problematisch an den Angaben zu Komplikationsraten sind zudem die immer wieder angestellten Vergleiche mit der Einlingsschwangerschaft. Viele der genannten Komplikationen kommen bereits bei einer Einlingsschwangerschaft selten vor und werden auch bei vielfacher Multiplikation am Ende nur einen sehr kleinen Teil der Zwillingsschwangeren betreffen. Das kann man sich an der härtesten aller Zahlen vor Augen führen, dem Risiko, eines von zwei Kindern tot auf die Welt zu bringen oder es innerhalb des ersten Lebensjahres zu verlieren: Dieses Risiko ist bei Zwillingsschwangeren etwa viermal höher als bei einer Einlingsmutter. Aber das schlimme Ereignis darf bei einer Häufigkeit von vier verstorbenen auf tausend lebende Kinder bei Einlingsschwangerschaften als selten bezeichnet werden. Und so werden über 99 Prozent aller Zwillingseltern, die es bis zur Geburt geschafft haben, ihre beiden Kinder lebend mit nach Hause nehmen.

Schwangerschaftsbedingte Erkrankungen

Zu den ernsteren Problemen, mit denen Zwillingsmütter öfter konfrontiert sind, zählt die sogenannte Präeklampsie, früher auch EPH-Gestose oder von Laien »Schwangerschaftsvergiftung« genannt. Mit diesem Ausdruck wird eine komplexe hypertensive, also den Blutdruck betreffende Störung bezeichnet, bei der drei Hauptsymptome auftreten: Der Blutdruck steigt, die Schwangere lagert zunehmend Wasser ein, nimmt an Gewicht zu und scheidet mit dem Urin Eiweiß aus. Gestosen treten vor allem ab dem sechsten Monat auf und können dazu führen, dass die Kinder nicht mehr gut versorgt werden und sich die Plazenta frühzeitig löst. Unbehandelt würde die Präeklampsie bei der Mutter zu Krampfanfällen und ins Koma führen. Immerhin fünf bis sieben Prozent der Einlingsmütter leiden unter irgendeiner Form von Bluthochdruck oder gar unter Präeklampsie, bei den Zwillingsmüttern sind es etwa viermal mehr. Stechende Schmerzen im Bauch sowie langanhaltende Kopfschmerzen und Sehstörungen sind Hinweise auf die Erkrankung, nach deren Diagnose die Schwangeren stationär aufgenommen und vor allem symptomatisch behandelt werden. Zu den Komplikationen einer schweren Präeklampsie gehört auch das sogenannte HELLP-Syndrom, bei dem zu den genannten Symptomen noch Leberfunktionsstörungen treten und es manchmal keine Alternative zur Entbindung der Kinder gibt.

Auch Störungen des Zuckerstoffwechsels, bedingt durch die erhöhte Stoffwechselbelastung, darunter der sogenannte Schwangerschaftsdiabetes, kommen bei Zwillingsmüttern häufiger vor und bringen Probleme wie Fruchtwasservermehrung, Harnwegsinfekte und Frühgeburtsbestrebungen mit sich. Das Risiko für die Gefäßerkrankung Thrombose liegt bei Mehrlingsmüttern ebenfalls etwas höher: zum einen deshalb, weil sie öfter zu den Spätgebärenden sowie den per Kaiserschnitt Entbindenden gehören oder weil sie Bettruhe einhalten müssen. Zum anderen erschweren das besonders große Volumen und der größere Druck der Gebärmutter auf Gefäße den Rückfluss von Blut.

Uterusbelastung und Frühgeburtlichkeit

Manche Mütter fragen sich, wie die Gebärmutter die Belastungen einer Mehrlingsschwangerschaft aushalten kann. Tatsächlich dehnt sich die Gebärmutter viel mehr aus, als sie dies für ein einzelnes Kind ohnehin tun würde. In der achtzehnten Schwangerschaftswoche ist der Uterus doppelt so groß wie bei einer normalen Schwangerschaft, in der 25. Woche entspricht die Größe der Gebärmutter der, die bei einem Einlingsfetus mit dem Geburtstermin erreicht ist. Die stärkere Beanspruchung der Gebärmuttermuskulatur und ihre schlechtere Durchblutung machen sie leichter reizbar und führen bei vielen Frauen zu Kontraktionen, also leichten vorzeitigen Wehen. Hinzu kommt, dass der aus Gebärmutterhals und Muttermund bestehende Verschluss des Uterus unter dem Gewicht der Kinder und durch den auf die Gebärmutterwand ausgeübten Druck leichter nachgibt. Wie bei einem Ballon, der immer weiter aufgeblasen wird, verkürzt sich der Gebärmutterhals zunehmend, eventuell so lange, bis der Muttermund beginnt, sich zu öffnen. Frühzeitige Kontraktionen und Muttermundschwäche begünstigen sich gegenseitig und lassen eine Situation entstehen, die in Gebärmutter und Gehirn fälschlicherweise signalisiert, dass ein ausgereiftes Kind geboren werden will. Und so sind Frühgeburtsbestrebungen bei Mehrlingsschwangerschaften, insbesondere solchen mit Bubenpaaren, nichts Ungewöhnliches. Das Risiko eines vorzeitigen Blasensprungs ist bei Zwillingen fast doppelt so hoch wie bei Einlingsschwangerschaften, wobei der Zeitabstand, der dann zwischen dem Blasensprung und der Entbindung gelassen werden darf, noch kürzer ist als bei Einlingen.

Und so werden etwa die Hälfte aller Zwillingsmütter ihre Kinder zu früh (das heißt vor der 37. Woche) auf die Welt bringen, und viele dieser Kinder werden sehr wenig wiegen und intensivmedizinische Versorgung brauchen. Nur jedes zweite Zwillingskind wiegt mehr als 2500 Gramm, eine Gewichtsgrenze, die oft als die Grenze zwischen früh und ausreichend reif geboren gesehen wird. Deshalb betrachten es die Mediziner, die Mehrlingsschwangere betreuen, meist als ihr wichtigstes Ziel, eine Frühgeburt zu verhindern. Dazu gehört es, bekannte Gefährdungsfaktoren für Frühgeburten wie etwa mütterliche Infektionen, sexuell übertragbare Krankheiten oder eine Unterversorgung mit Spurenelementen oder Vitaminen zu vermeiden. Des Weiteren behält die Ärztin in der Vorsorge den Muttermund und den Gebärmutterhals im Auge. Veränderungen der Länge des Gebärmutterhalses lassen sich im vaginalen Ultraschall besser entdecken als durch eine manuelle Untersuchung und erlauben eine gute Vorhersage von Frühgeburtsbestrebungen.

Was kann die Mutter darüber hinaus selber beitragen, damit die Kinder so lange wie möglich in ihr wachsen dürfen? »Ich habe ganz selbstverständlich alles gemacht, ich habe gearbeitet, bin geflogen und so weiter. Im siebten Monat bin ich dann mit dem Fahrrad zur Vorsorge an die Uniklinik gefahren. Der Arzt war darüber ganz entsetzt und hat gesagt: ‚Soll ich Ihnen mal die Frühgeborenenstation zeigen?' Das haben wir dann gemacht, wir sind da hoch und haben die Frühchen angeschaut. Ich bin heulend raus und habe mein Fahrrad nach Hause geschoben. Dann habe ich beherzigt, was er gesagt hat, und habe mein Leben etwas umgestellt«, so erzählt eine berufstätige 27-jährige Zwillingsmutter in einem Interview.

Ob man als Arzt unbedingt eine solche Drohkulisse aufbauen muss und ob dass bei jeder Mutter Wirkung zeigt, bleibt dahingestellt. Aber die Neigung zur Frühgeburtlichkeit birgt eben die Besonderheit, dass die Schwangere selbst sie oft nicht spürt und von ihrem Körper keine direkte Rückmeldung erhält, wann ihm etwas zu viel wird. Fast achtzig Prozent aller Frauen mit frühzeitigen Wehen kommen erst dann zum Arzt, wenn sie bereits einen weitgeöffneten Muttermund oder eine geplatzte Fruchtblase haben. Leider ist eine Frühgeburt, wenn der Muttermund sich über einen bestimmten Durchmesser (zwei Zentimeter) geöffnet hat und mehr als achtzig Prozent der ursprünglichen Länge »verstrichen«, das heißt verkürzt ist, meist nicht mehr aufzuhalten. Deshalb kommt alles auf vorbeugendes Verhalten an. Während man in vielem während der Schwangerschaft seiner Intuition folgen kann, darf man aus der Tatsache, dass man sich auch in der vorgerückten Zwillingsschwangerschaft eventuell sehr wohl und kraftvoll fühlt, nicht ableiten, dass weder man selbst noch die Schwangerschaft Schonung braucht. Die Empfehlung zu einer generellen vorbeugenden Bettruhe für Zwillingsschwangere gibt es nicht mehr, wohl aber die, zwischen der 20. und 30. Woche die normalen Aktivitäten deutlich zu reduzieren und möglichst zwei Stunden am Tag in liegender Position zu ruhen sowie mindestens acht Stunden Schlaf insgesamt zu bekommen. Die beiden letzteren Maßnahmen reduzieren erwiesenermaßen das Frühgeburtsrisiko, weil die Gebärmutter im Schlaf und beim Liegen weniger aktiv, dafür aber besser durchblutet ist.

In den USA werden – was bei uns weniger üblich ist – Schwangere mit gutem Erfolg dazu angeleitet, zu Hause selbst Symptome zu erkennen, mit denen sich eine mögliche Frühgeburt ankündigen kann: Ein angespannter Unterbauch, menstruationsartige Krämpfe, Druck im Becken, Rückenschmerzen im unteren Bereich, Blutungen und Schleimabgang gehören dazu. Auch das Abtasten des Muttermundes, um Kontraktionen zu spüren, kann gelernt werden. Wehenhemmende Behandlungen werden national sehr unterschiedlich gehandhabt. In den USA bekommen sechzig Prozent aller Zwillingsmütter irgendeine Form von Tokolyse, also ein Mittel zur Dämpfung der vorzeitigen Wehentätigkeit, das mitunter unangenehme Nebenwirkungen für die Mutter hat. Der früher verbreitete operative Verschluss des Muttermundes durch die sogenannte *Cerclage*, einen um den Muttermund gelegten Ring oder eine Naht, sind nur noch Einzelfällen vorbehalten.

Plazenta-Insuffizienz und Wachstumsstörung

Die Wachstumskurve von Zwillingen ist bis zur 32. Woche in etwa der von Einlingen zu vergleichen, danach verlangsamt sich das Wachstum. Im Schnitt kommen die Zwillingsbabys schließlich ein gutes Kilo leichter auf die Welt als Einlinge. Das klingt wenig, bezogen auf das einzelne Kind. Bemerkenswert ist aber, dass Zwillinge eben nicht immer nur halb so groß und halb so schwer geboren werden wie ein Einling, sondern dass insgesamt ein deutlich über dem Einlingsgewicht liegendes Gesamtgewicht der beiden Kinder erreicht wird. Das heißt, dass sich die Gebärmutter wirklich nach der Decke streckt und alles auf Wachstum ausrichtet. Diese Information ist auch subjektiv wichtig für die werdende Mutter. Sich dauernd auszurechnen, dass ein Einling in der gleichen Schwangerschaftswoche jetzt soundso schwer wäre, vermittelt ja nur das Gefühl, die Kinder unzureichend zu nähren, während in Wirklichkeit der Stoffwechsel der Mutter sehr effizient arbeitet und den beiden Kleinen alles bietet, was nur geht.

Bei Zwillingen ist man generell mit etwas weniger Gewicht- und Längenwachstum zufrieden als bei Einlingen. Zudem gibt es einen im Vergleich zur Einlingsschwangerschaft zehnmal so hohen Anteil an Kindern, die in ihrem Wachstum so stark stehenbleiben, dass man von einer regelrechten Wachstumsstörung spricht und dass einige dieser Kinder auch als Erwachsene nur eine unterdurchschnittliche Größe erreichen. Diese Kinder sind auch dann, wenn sie nicht zu früh geboren werden, einfach viel zu klein und leicht für die Schwangerschaftswoche, in der sie auf die Welt kommen (Gestationsalter). Hauptgrund dafür ist ein durch seine Aufgaben überforderter Mutterkuchen, eine sogenannte Plazenta-Insuffizienz und eine zu schlechte Gebärmutterdurchblutung, was insgesamt dazu führt, dass eines oder beide Kinder nicht genügend Nährstoffe erhalten. Nun ist die Grenze zwischen einer für eine Zwillingsschwangerschaft normalen Wachstumsverzögerung und einer pathologischen, die das Kind vielleicht nie ganz aufholen wird, schwer zu ziehen. Es gibt keine brauchbaren Zwillingsstandards, die an ausreichend großen Bevölkerungsgruppen ermittelt wurden, so dass im Moment Einlingskurven immer noch als bester Vorhersagewert für das Wachstumsendresultat bei Zwillingen gelten.

Es kommt oft vor, dass sich beide Kinder ohne besonderen Grund in ihrem Wachstum sehr diskordant, also unterschiedlich entwickeln. Von Diskordanz redet man bei einem geschätzten Gewichtsunterschied zwischen den Kindern von mindestens zwanzig Prozent. Dieses Phänomen wird unterschiedlich gewertet. Es gibt Geburtshelfer, die ein erhöhtes Erkrankungs- und Sterberisiko für die zehn bis fünfzehn Prozent diskordanter Zwillingspaare sehen. Andere haben beobachtet, dass diskordante Paare länger in der Gebärmutter aushalten und legen damit die Hypothese nahe, dass die Wachstumsbeschränkung bei einem Kind ein Anpassungsmechanismus sein könnte: Die Gebärmutter begrenzt möglicherweise das Wachstumspotential des einzelnen Mehrlingskindes und passt die Größe der Kinder an die Gebärmuttergröße an. Damit gelingt es vielleicht, die Schwangerschaftsdauer zu verlängern, das Gestationsalter zu erhöhen und damit die Reife der Kinder, was letztlich das Wichtigste ist. Wenn das deutlich kleinere Kind bedroht erscheint und gar nicht mehr weiterwächst, wird man nach der 30. Woche darüber nachdenken, die Schwangerschaft zu beenden.

Zwillingsspezifische Missbildungen

Alle Schwangerschaftserkrankungen oder -komplikationen, von denen bisher die Rede war, können genauso eine Einlingsmutter betreffen. Es gibt aber einige seltene, eher schwerwiegendere Probleme, die nur dann entstehen können, wenn sich zwei Kinder in der Gebärmutter befinden. Eltern, die davon betroffen sind, werden von ihren betreuenden Ärzten sehr viel mehr Informationen erhalten, als an dieser Stelle berücksichtigt werden können. Die dazugehörigen markanten Begriffe sollen kurz erläutert werden, weil diese Phänomene trotz ihrer Seltenheit das Bild der Zwillingsschwangerschaft als problembeladen mitprägen.

Monochoriot-monoamniot: Sie werden bisweilen liebevoll »MoMo«- Schwangerschaften genannt, und Eltern, die davon betroffen sind, sammeln sich unter diesem Begriff in einer Internet-Gemeinschaft, um sich gegenseitig Mut zu machen auf ihrem oft sehr beschwerlichen Weg durch die Schwangerschaft: Die monochoriot-monoamnioten Schwangerschaften, bei denen beide Kinder gemeinsam ohne eine trennende Struktur in der Fruchthöhle liegen und von einer Plazenta ernährt werden, gehen nur ungefähr zu einem Drittel gut aus. Bei ihnen sind angeborene Fehlbildungen häufiger, und es kommt öfter zu tödlichen Komplikationen durch Nabelschnurverschlingungen. Man versucht, diese früh genug zu erkennen, um dann eventuell die Fruchtwassermenge und damit den Bewegungsspielraum der Kinder zu verringern. Meist wird man ab der 32. Woche unter Abwägung der Chancen, die die Kinder innerhalb und außerhalb der Gebärmutter haben, per Kaiserschnitt entbinden.

Fetofetales Transfusionssyndrom (FFTS): Dieses Wortungeheuer bezeichnet den Umstand, dass es über Gefäßverbindungen zwischen den Zwillingen einen einseitigen Blutstrom von einem zum anderen Fetus geben kann. Bei fünfzehn Prozent aller monochorioten Zwillingsschwangerschaften verbindet sich eine Arterie des einen Kindes mit der Vene des anderen Kindes. Dies führt dazu, dass ständig einseitig Blut aus einem Kreislauf in den anderen fließt (chronisches FFTS) oder dass während der Geburt unter den sich verändernden Druckverhältnissen akut größere Blutmengen von einem zum anderen Kind übertreten. Bei ausgeprägten Formen des FFTS wird der »Blutempfänger« im Lauf der Schwangerschaft sehr groß, ist von viel Fruchtwasser umgeben, und sein kleines Herz kann das vermehrte Blutvolumen kaum bewältigen. Der viel kleinere »Blutspender« sieht wie ausgedörrt aus und ist manchmal an die Fruchthöhlenwand gedrückt (»stuck twin«). Bei der Mutter kann sich eine solche Situation durch eine rasche Zunahme ihres Bauchumfanges und durch das Gefühl verminderter Kindesbewegungen bemerkbar machen. Etwa 230 Zwillingspaare sind im Jahr in Deutschland von dieser Konstellation betroffen. Wenn nicht in den Schwangerschaftsverlauf eingegriffen wird, haben die Kinder kaum Lebenschancen. Man versucht ihnen zu helfen, indem man Fruchtwasser abpunktiert oder bei schwerer Ausprägung des Syndroms die Gefäßverbindungen zwischen den Kindern durchtrennt.

Akardische Zwillinge: Seltenst (bei einer von 5.000 Zwillingsschwangerschaften) kommt es bei eineiigen Feten mit nur einem Mutterkuchen sehr früh in der Schwangerschaft zu einer Blutflussumkehr in der Nabelschnur eines der Zwillinge, den dann nur noch Blut ohne Sauerstoff erreicht. Seine Organsysteme entwickeln sich so mangelhaft, dass er nicht überlebensfähig ist. Dieses Kind ist mit seinem Geschwister ähnlich wie beim FFTS über den Blutkreislauf verbunden und wird ausschließlich von ihm miternährt, weshalb es auch oft mit dem unschönen Ausdruck »Parasitärer Zwilling« bezeichnet wird. Dieser Fetus hat meist keine eigenen Herzstrukturen (daher der Ausdruck »a-kardius«, ohne Herz), manchmal auch keinen Kopf und keine oberen Extremitäten. In bis zu der Hälfte der Fälle besteht auch für das normal entwickelte Ungeborene ein hohes Risiko, schon vor der Geburt zu versterben, weil der Kreislauf mit der Versorgung des Akardius überlastet ist. Hier gibt es keinen anderen Weg, als den fehlgebildeten Organismus vom normal entwickelten Zwilling abzutrennen und abzutöten, indem man seine Nabelschnur verödet.

Siamesische Zwillinge: Siamesische Zwillinge sind benannt nach zwei Brüdern, Chang und Eng Bunker, die im 19. Jahrhundert in Siam, dem heutigen Thailand, lebten. Ihre Körper waren über eine Hautbrücke an der Seite zusammengewachsen, dennoch meisterten sie ihre Leben samt zwei Eheschließungen und Kindersegen. Bei siamesischen Zwillingen teilt sich die befruchtete Eizelle zu spät (nach dem 13. Tag) und damit unvollkommen. Die Verbindungen zwischen den so entstehenden eineiigen Kindern (in 60 bis 70 Prozent weibliche Paare) reichen von leicht durchtrennbaren Hautbrücken bis zu völlig verschmolzenen Organen; es gibt sogar die Möglichkeit, dass zwei lebensfähige Menschen mit jeweils einem Kopf entstehen, die nur einen gemeinsamen Rumpf haben.

Bevor man in der Schwangerenbetreuung bildgebende Verfahren hatte, wurde die Diagnose einer siamesischen Zwillingsschaft erst unter der Geburt gestellt, eine für Mutter und Kinder äußerst kritische Situation. Im Ultraschall ist die Verbindung der Kinder oft früh zu erkennen an gemeinsam ausgeführten Bewegungen und der stets gleichbleibenden Position der Feten zueinander. Siamesische Zwillinge sind die seltenste zwillingsspezifische Missbildung, die es gibt, sie kommt nur einmal auf 50.000 bis 100.000 Lebendgeburten vor. Trotzdem kennt fast jeder Laleh und Ladan, Tabea und Lea oder andere Paare, die durch die zunehmend wagemutigeren Versuche, sie auch dann operativ zu trennen, wenn sie wichtige Organsysteme gemeinsam haben, berühmt wurden. Diese Geschichten enden oft vor den Augen der Öffentlichkeit traurig – dabei handelt es sich bei diesen Kindern oder Erwachsenen bereits um die nur etwa zwei bis fünf Prozent siamesischer Zwillinge, die überhaupt eine Chance haben, zu überleben. Alle anderen sterben im Mutterleib oder bei beziehungsweise kurz nach der Geburt. In der Regel werden Schwangerschaften, in denen eine solche Konstellation erkannt wird, frühzeitig abgebrochen, um einen Kaiserschnitt für die Mutter zu vermeiden.

Risikomütter

Es gibt sehr viel Untersuchungen dazu, ob Mütter, deren Kinder künstlich gezeugt wurden, mehr Schwangerschaftsrisiken ausgesetzt sind, oder ob sie, wenn die Schwangerschaft einmal eingetreten ist, in der gleichen Situation sind wie die anderen Mütter auch. Diesen Vergleich aussagekräftig zu gestalten ist außerordentlich schwer, weil diese IVF-Mütter sich eben nicht nur durch die Tatsache eines anderen Zeugungsweges von anderen Frauen unterscheiden, sondern noch in vielen weiteren Eigenschaften, wie dem Alter und gynäkologischen Merkmalen. Im Hinblick auf die Häufigkeit schwerer Komplikationen wie etwa Schwangerschaftsdiabetes oder Präeklampsie finden sich kaum Unterschiede zwischen den spontan und den künstlich schwanger gewordenen Müttern. Dass die ehemaligen Kinderwunschpatientinnen während der Schwangerschaft trotzdem häufiger stationär aufgenommen und öfter krankgeschrieben werden, führt man eher auf die größere Ängstlichkeit der Patientinnen und die besondere Vorsichtigkeit ihrer Ärzte angesichts einer künstlich zustande gekommenen Schwangerschaft zurück als auf eine Häufung von bedrohlichen Problemen. Künstlich gezeugte Zwillingskinder (sowohl außerhalb des Körpers wie lediglich durch »assistierte Reproduktion«, also nach Hormonbehandlung durch Befruchtung innerhalb des Körpers) werden jedoch häufiger als spontan entstandene Zwillinge zu früh, zu leicht oder tot geboren.

Viele Zwillingsmütter sind einerseits Erstgebärende und andererseits nicht wirklich das, was man eine »junge Mutter« nennen möchte. In der Schwangerenbetreuung und bei der Entbindung werden sie im Zusammenhang mit ihrer Person früher oder später dem Begriff »Spätgebärende« begegnen. Der geht in der Frauenheilkunde allen leicht von den Lippen, obwohl man im Moment gar nicht mehr so genau sagen kann, was damit gemeint ist. Als spätgebärend galten in den 1960er Jahren noch die 25-jährigen Frauen, derzeit werden die meisten Kinder von Müttern zwischen 30 und 34 geboren. Seit ein paar Jahren lassen Berichte über Frauen weit jenseits der Menopause, die mithilfe der Eizellspende einer jüngeren Frau schwanger werden, die heute offiziell spätgebärenden 35- bis 45-Jährigen geradezu jung aussehen. Und in der Tat kann eine gesunde, womöglich sportliche und guternährte Frau um die vierzig heute biologisch ungefähr da stehen, wo sich Frauen vorangegangener Generationen vielleicht mit 30 Jahren befanden.

Ganz ideologiefrei wird das Thema auch in der medizinischen Literatur nicht abgehandelt. Die ältere Mutter wird zwischen den Zeilen oft charakterisiert als eine, die zwanzig Jahre lang ihr Leben genießt, bevor sie – womöglich auf Kosten des Ungeborenen – schnell noch mal schwanger wird. Dabei verlaufen selbst bei Frauen ab vierzig Schwangerschaft und Geburt für Mutter und Kinder meist erstaunlich gut. Das Hauptproblem auch der fittesten älteren Mutter ist jedoch das deutlich höhere Risiko einer Chromosomenanomalie, insbesondere einer zum Downsyndrom führenden, welches die Frauen vor die Entscheidung stellt, ob sie dieser Gefahr mittels Pränataldiagnostik und gegebenenfalls einem Schwangerschaftsabbruch begegnen wollen.

In der Schwangerschaft selbst haben Mütter über 35 Jahre ein doppelt so hohes Risiko, Bluthochdruckprobleme zu entwickeln, ein dreimal so hohes für Schwangerschaftsdiabetes. Andererseits weiß man, dass ältere Mütter eine besonders positive Einstellung zu ihrer Schwangerschaft haben, ihr einen hohen Stellenwert zumessen und sich sehr diszipliniert in der Schwangerenvorsorge verhalten. Zusammen mit der Tatsache, dass sie oft zu der Gruppe der ökonomisch privilegierten Frauen gehören, dürften dadurch einige Nachteile oder Risiken einer späteren Schwangerschaft ausgeglichen werden.

Was guttut

Grenzen erkennen

Auch wenn die einzelne Zwillingsschwangerschaft sehr positiv verlaufen kann: im Durchschnitt sind werdende Mehrlingsmütter häufiger als andere Schwangere durch depressive Stimmungen und durch Ängste belastet. Auch wenn man nicht weiß, was dabei die ausschlaggebende Rolle spielt – die höhere körperliche Beanspruchung, die damit verbundenen Einschränkungen oder das Bewusstsein erhöhter Risiken –, sollten Mehrlingseltern versuchen, der werdenden Mutter eine möglichst stressfreie Lebenssituation zu schaffen.

Dazu gehört, sich für die letzten Wochen der Schwangerschaft einen Notfallplan zurechtzulegen. Dieser sollte zum einen die Möglichkeit einschließen, dass man im Haushalt nichts mehr tun kann, ja, womöglich stationär in der Klinik aufgenommen wird, zum anderen den Fall einer vorzeitigen Geburt. Alles nur auf den errechneten Geburtstermin um die 37. Woche herum abzustimmen, ist im Falle einer Zwillingsschwangerschaft keine gute Idee. Zum anderen sollten die unmittelbaren nachgeburtlichen Eventualitäten geklärt sein, zum Beispiel, wer sich um bereits vorhandene Kinder kümmern kann, falls die beiden Neugeborenen noch eine Weile im Krankenhaus bleiben müssen und die Mutter meist dort sein wird. Für Frauen, die schon kleine Kinder haben, gibt es die Möglichkeit, über ihren behandelnden Arzt eine von der Krankenkasse bezahlte Haushaltshilfe zu beantragen. Wenn man als werdende Mutter dem Arbeitgeber Zusagen über die Rückkehr an den Arbeitsplatz zu einem bestimmten Zeitpunkt gemacht hat, kann es auch hier für alle Beteiligten sinnvoll sein, einen Plan B zu schmieden. Inwieweit eine Zwillingsschwangere bis zur 28. Schwangerschaftswoche noch arbeiten kann, muss individuell entschieden werden, danach jedoch empfehlen die meisten Ärzte den Beginn des Mutterschutzes. Das bedeutet natürlich auch, dass man sich ab diesem Zeitpunkt im Haushalt nicht mehr sehr anstrengen soll. Spätestens im letzten Schwangerschaftsdrittel werden Paare, die sexuell aktiv sind, ihre Gewohnheiten wahrscheinlich ändern; grundsätzlich spricht aber auch bei einer Zwillingsschwangerschaft nichts gegen Sex, solange es keine Anzeichen für Frühgeburtlichkeit gibt oder die Frau nicht schon einmal eine Frühgeburt hatte.

Ernährung

Ratgeberbücher leiten das Ernährungskapitel für Zwillingsmütter gerne mit den Worten ein, dass bei einer Zwillingsschwangerschaft vieles außerhalb der Kontrollmöglichkeiten der Frau liege, bis auf die Ernährung. Dann wird kurz noch erwähnt, dass guternährte Zwillinge ein geringeres Frühgeburtsrisiko haben, so dass die Frau hartgesotten sein muss, die nach dieser Lektüre noch unbefangen in den nächsten Keks beißen kann.

Dabei ist das wenige Wichtige so rasch gesagt: Man darf ein bisschen mehr essen (ungefähr 300 Kalorien am Tag), und man sollte ein bisschen besser essen, von Diäten und Alkohol vollkommen die Finger lassen, von Koffein möglichst – und was Vollkornprodukte, Gemüse, Obst und Milch sind, weiß auch jeder. Wenn man auf rohen Fisch, rohes Fleisch und Rohmilchkäse verzichtet, schaltet man auch noch die unwahrscheinliche Möglichkeit einer Infektion mit Erregern wie Toxoplasmose und Listerien aus. Einer Mutter, deren Leib ab einem gewissen Zeitpunkt überwiegend mit Babys gefüllt ist, braucht man auch nicht extra zu raten, statt einem riesigen Schweinebraten lieber mehrere Snacks am Tag zu nehmen. Viele mögliche Ratschläge scheitern ohnehin an der Theorie-Praxis-Kluft: Eine Frau, der sehr übel ist, tut ernährungsmäßig eben, was sie kann, eine Schwangere, die das Glück eines angenehm veränderten Geschmackserlebens genießt, hat ohnehin oft von ganz allein großen Appetit auf die gesunden Dinge.

Zwillingsschwangere, die sich besonders gut gegen eine Frühgeburt schützen wollen oder die es eben mit dem Essen gerne genau nehmen, können noch ein paar Empfehlungen, die sich auf das Frühgeburtsrisiko beziehen, umsetzen: Größere Mengen zu trinken verhindert Entwässerung und beugt Harnwegsentzündungen vor – beides kann Frühgeburtsneigungen befördern. Abends Milchprodukte zu essen hilft, den Zuckerspiegel über Nacht aufrechtzuerhalten, was wiederum die Wahrscheinlichkeit vorzeitiger Wehen verringert. Da der Stoffwechsel sich ab der zweiten Schwangerschaftshälfte beschleunigt, neigt der Zuckerspiegel insgesamt dazu, rascher abzusinken. Zur Stabilisierung kann man etwas mehr

Kalorien in Form von Fetten statt Kohlehydraten zu sich nehmen. Wer (gebratenen oder gekochten) Fisch mag: das darin enthaltene Fischöl scheint frühzeitigen Wehen entgegenzuwirken.

Essen für drei sollte, wie gesagt, nicht das Motto der Zwillingsschwangeren sein. Wie viel Gewicht zugenommen werden darf und soll, hängt vom Gewicht der Mutter vor der Geburt ab. Grundsätzlich legt man im ersten Schwangerschaftsdrittel weniger zu als später. Eine normalgewichtige Frau steigert ihr Gewicht bis zum Ende der Schwangerschaft um etwa elf bis sechzehn Kilogramm (in denen natürlich das Gewicht des Fruchtwassers, der Kinder und der Plazenten enthalten ist). In der Tendenz sollte eine übergewichtige Mutter während der Schwangerschaft weniger zunehmen als eine normal- oder gar untergewichtige Frau. Übermäßige Gewichtszunahmen könnten auch durch Schwangerschaftsdiabetes oder eine Flüssigkeitsansammlung im Körper verursacht werden.

Bewegung und Erleichterung

Wem noch danach ist, der kann mit seiner Frauenärztin besprechen, ob leichte Schwangerschaftsgymnastik oder Ähnliches möglich ist. Auch wenn ein Kaiserschnitt wahrscheinlich oder schon sicher ist, lohnt sich der Besuch eines Geburtsvorbereitungskurses. Dort hat man neben vorsichtigen Körperübungen auch die Möglichkeit, sich Tipps zu holen für die vielen Misslichkeiten des körperlichen Daseins als Zwillingsschwangere. Wasseransammlungen oder Krampfadern beispielsweise können Zwillingsmüttern ziemlich zu schaffen machen; hier bringen oft kleine Veränderungen der Gewohnheiten wie kaltes Abduschen, das Benutzen von Stützstrümpfen oder Kissen, die nachts bestimmte Körperpositionen unterstützen, große Erleichterung.

No Smoking

Es gibt wenig Tröstliches, das man einer rauchenden Zwillingsmutter sagen könnte. Dass das Rauchen dem Ungeborenen schadet, steht mittlerweile auf den Zigarettenschachteln selbst, und an dieser Wahrheit ändert sich auch bei einer Zwillingsschwangerschaft nichts. Die Mutter lässt ihre Kinder über die Plazenta und die Nabelschnur am bekannten Gift-Cocktail mit Ingredienzen wie Teer, Arsen, Cadmium, Benzol, Blausäure und Blei großzügig teilhaben. Die aufgenommenen Substanzen verringern die Durchblutung und Durchlässigkeit aller Blutgefäße und natürlich der Plazenta, weshalb das Kind weniger Sauerstoff und Nährstoffe erhält. Dies beeinträchtigt sein Wachstum (Raucherkinder wiegen bei Geburt 300 Gramm weniger), erhöht die Missbildungsrate sowie die Wahrscheinlichkeit für eine Plazentaablösung und für eine Frühgeburt. Rauchende Schwangere, die glauben, dass ihre Kinder das später alles irgendwie ausgleichen können, muss man enttäuschen. Zum einen haben viele Kinder von Raucherinnen dazu nicht die Gelegenheit, weil diese Babys mit doppelt so hoher Wahrscheinlichkeit fehl- oder totgeboren werden. Zudem sind sie, wenn die Mutter nach der Geburt weiterraucht, vermutlich verstärkt vom plötzlichen Kindstod und später von Atemwegserkrankungen bedroht. Man schätzt, dass etwa 25 bis 35 Prozent aller Schwangeren zu Beginn der Schwangerschaft rauchen; davon gelingt höchsten 25 bis 50 Prozent der Rauchstopp wenigstens für die nächsten neun Monate.

Auch wenn man nicht genau quantifizieren kann, um wie viel schlimmer das Rauchen für Zwillingsfeten ist – warum sollte man den Kindern, für die die neun gemeinsamen Monate im Uterus ohnehin oft ein einziges Ringen um Nährstoffe sind, noch ein Handicap aufbürden? Wenn nicht für zwei Ungeborene, wofür sollte man dann zu rauchen aufhören?

Extras
Es gibt ein paar nützliche Substanzen, die auch bei einer wirklich guten Ernährung in der (Zwillings-)Schwangerschaft manchmal fehlen können, die aber dem Kind und seinem Wachstum in der Gebärmutter zugutekommen. Dazu gehören Jod (auch wenn man bereits jodiertes Salz benutzt), Eisen und Folsäure. Die Einnahme von Zink, Kalzium und Magnesium – Letzteres als Schutz vor vorzeitigen Wehen verwendet – kann sinnvoll sein. Kalzium zu ergänzen, kann bei Müttern, deren Schwangerschaft bereits nahe der Menopause mit drohender Osteoporose ist, nützlich sein. Ein prophylaktischer Vitaminrundumschlag ist nicht nur unangebracht, sondern kann sogar gefährlich, nämlich fruchtschädigend wirken.

Pränataldiagnostik

Was die vorgeburtliche Diagnostik bei Mehrlingsschwangerschaften angeht, hat man es mit einer schwierigen Gemengelage zu tun: Zum einen gibt es für werdende Zwillingseltern ein paar gute Gründe mehr, vorgeburtliche Diagnostik in Anspruch zu nehmen. Zum anderen stoßen Pränataldiagnostiker auf Grenzen und Herausforderungen, mit denen sie es bei einer Einlingsschwangerschaft nicht zu tun haben. Und schließlich können Mehrlingseltern, wenn bei einem oder beiden Kindern eine Krankheit oder Missbildung entdeckt wird, in besonders schwerwiegende Konflikte geraten. Folgende Möglichkeiten bietet die Pränataldiagnostik (PD):

Chorionizitätsbestimmung
Was Chorionizität bedeutet und welche Plazentations- und Eihautverhältnisse man unterscheidet, wurde am Kapitelanfang erklärt. Diese Unterscheidung dient, wie gesagt, nicht dem Erraten der Eiigkeit der Kinder, sondern soll helfen, die wenigen Sorgenkinder unter den ungeborenen Zwillingen

zu finden, die Hilfe brauchen. Es ist fahrlässig, wenn Vertreterinnen einer »natürlichen« Gebärkultur behaupten, eine Mutter bräuchte doch erst einmal gar nicht zu wissen, dass sie Zwillinge bekommt und welcher Art sie wären. Im Falle von Zwillingsschwangerschaften bringt die frühe Chorionizitätsbestimmung nämlich für alle einen positiven Effekt: Zum einen können monochoriote Problemschwangerschaften (zum Beispiel mit einem FFTS), wenn man sie entdeckt hat, durch die vorgeburtlichen Eingriffe eher zu einem guten Ende gebracht werden. Zum anderen können diejenigen Frauen, deren Schwangerschaft dem günstigen dichorioten Schwangerschaftstyp zugeordnet wird, deutlich entspannter ihren Weg durch die Schwangerschaft gehen, weil sie dann wissen, dass manches Problem bei ihnen gar nicht entstehen kann. Interessanterweise kann man die Eihautverhältnisse nicht mit fortschreitender Schwangerschaft zunehmend besser erkennen, sondern es gibt ganz zu Anfang ein Zeitfenster, etwa in der neunten bis zehnten Woche, das sich am besten dafür eignet. Erfahrene Ärztinnen können im Ultraschall bei über 95 Prozent der untersuchten Frauen die Chorionizität der Zwillingsschwangerschaft richtig beurteilen.

Begleitung der Schwangerschaft

Wie bei einer Einlingsschwangerschaft wird auch eine Zwillingsschwangere durch die übliche Vorsorge mit Blut-, Urin-, Ultraschall-, Tast- sowie später CTG-Untersuchungen (sogenannte Kardiotokografie zur Überwachung der Herztonfrequenz des Kindes) begleitet, und es wird ihr Gesundheitszustand im Hinblick auf obenbeschriebene Komplikationen wie etwa Blutdruck- oder Blutzuckerprobleme oder frühzeitige Veränderungen der Muttermundsreife kontrolliert. Bei Zwillingsschwangerschaften wird man zusätzlich darauf achten, ob sich in der Plazenta Gefäßverbindungen gebildet haben, ob die Gefahr einer Nabelschnurverschlingung besteht oder deutliche Unterschiede im Größenwachstum der

Kinder erkennbar sind. Die Frequenz der Untersuchungen wird individuell festgelegt; als Anhaltspunkt gilt, dass man bis zur 20. Schwangerschaftswoche Kontrollen in vierwöchigem Abstand, danach alle zwei oder drei Wochen, nach der 30. Schwangerschaftswoche (SSW) schließlich wöchentliche Termine vereinbart.

Die Ultraschalluntersuchungen bei Mehrlingsschwangerschaften werfen ein paar praktische Probleme für die Ärztin auf, nämlich dass die Kinder während der Untersuchung oft ihre Lage wechseln oder dass sich Gliedmaßen und Körperteile zwar gut erkennen, aber nicht ohne weiteres einem bestimmten Kind zuordnen lassen. Man wird am Ende in den ärztlichen Befunden häufiger die Zusatzbemerkung lesen, dass die »Untersuchungsbedingungen eingeschränkt« waren oder bestimmte Aussagen nur getroffen werden können »soweit beurteilbar«. Aufzeichnungen der Herzaktivität beider Feten im CTG beginnt man bei Zwillingen schon vor der 31. Woche, und ab der 24. Woche ergänzt man sie bei komplizierten Schwangerschaften (monoamniotischen oder solchen mit Plazenta-Insuffizienz) durch Blutflussuntersuchungen (Doppler-Untersuchung) an der Nabelschnur und der Hauptschlagader des kindlichen Gehirns. Alles in allem unterscheidet sich die ärztliche Begleitung der Zwillingsschwangerschaft nicht auf eine für die Mutter deutlich wahrnehmbare Weise von dem, was auch andere Frauen bei einer routinemäßigen Vorsorge erleben. Das Mehr an ärztlicher Aufmerksamkeit muss sich auch nicht zwangsläufig alarmierend anfühlen, es spricht nur für eine hellhörige medizinische Betreuung.

Fehlbildungsdiagnostik

Die Fehlbildungsdiagnostik ab der 18. bis zur 21. SSW ist auch bei Mehrlingsschwangerschaften nichts, was zwingend zur Schwangerenvorsorge gehört. Sie ist in erster Linie für die Eltern sinnvoll, die bei bestimmten Missbildungen beziehungsweise Erkrankungen der Feten auch die Möglichkeit eines

Schwangerschaftsabbruchs in Erwägung ziehen. Zwillingseltern müssen im Schnitt etwas häufiger mit der Tatsache umgehen, dass ihr Kind organische Fehlbildungen hat, wobei auch hier niedrige Grundrisiken selbst nach Multiplikation niedrige Risiken bleiben.

Zu den bei Zwillingen erhöhten Zahlen für Fehlbildungen tragen vorwiegend eineiige Kinder bei, die davon zwei- bis dreimal häufiger betroffen sind als zweieiige oder als Einlingskinder. Man vermutet, dass die Gründe hierfür im Prozess der Zwillingsbildung selbst liegen. Eine frühe Entwicklungsstörung könnte nicht nur die Fehlbildungen, sondern auch die monozygote Zwillingsbildung selbst auslösen. Dabei ist allerdings nicht automatisch das zweite Kind mitbetroffen: Nur in 20 bis 30 Prozent der Fälle sind beide Kinder gleichermaßen fehlgebildet. Bei zweieiigen Kindern ist die Missbildungsrate, wenn sie zu den spontan gezeugten gehören, genauso hoch beziehungsweise niedrig wie bei Einlingskindern. Das Fehlbildungsrisiko der beiden Zwillinge hängt nicht miteinander zusammen, so dass sich eine einfache Rechnung ergibt: Die Eltern bekommen zwei Kinder, also ist das Risiko, dass aus der Schwangerschaft ein krankes Kind hervorgeht, zweimal so hoch wie bei einer Einlingsschwangerschaft.

Schließlich ist das Fehlbildungsrisiko noch geschlechtsspezifisch: Bei Zwillingen ungleichen Geschlechts ist das Risiko für den Jungen etwa um ein Drittel höher als für das Mädchen. Dies könnte mit der geringeren Geschwindigkeit der Entwicklung von Jungen, also längerdauernden sensiblen Phasen in der Embryonalentwicklung zusammenhängen.

Zu dem insgesamt erhöhten Missbildungsrisiko von Zwillingskindern trägt aber auch das fortgeschrittene Alter bei, in dem sich viele Zwillingsmütter befinden und das (wie erläutert) die Wahrscheinlichkeit für numerische Chromosomenveränderungen erhöht. Um es am Beispiel der bekannten Trisomie 21 zu erklären: Eine 31-jährige Frau mit Zwillingen hat das gleiche Risiko, ein Kind mit Downsyndrom zu gebären wie eine 35-Jährige, die ein Einlingskind erwartet. Manche Pränataldiagnostiker nehmen das zum Anlass, eine invasive Diagnostik (also Fruchtwasseruntersuchungen oder eine Chorionzottenbiopsie) bei Mehrlingsmüttern schon ab einem Alter von dreißig Jahren vorzuschlagen.

Eine erhöhte Fehlbildungsrate wurde bis vor kurzem bei künstlich gezeugten Einlingen und Zwillingen vermutet. Im Moment scheint es, als wären aber beide Kindergruppen ähnlich stark vom Fehlbildungsrisiko betroffen, wenn man die unter IVF-Patientinnen überrepräsentierten älteren Mütter aus der Rechnung herausnimmt.

Die Fehlbildungsdiagnostik hat in den letzten Jahren einen entscheidenden Fortschritt gemacht: Der für Mutter und Kind ungefährliche Ultraschall sowie Tests am mütterlichen Blut liefern so gute Ergebnisse, dass viele Eltern mit der dann noch übrigbleibenden Unsicherheit leben können und auf weitere Diagnostik verzichten. Invasive Eingriffe, die die Schwangerschaft gefährden könnten, werden meist erst dann in Betracht gezogen, wenn man bei der Ultraschalldiagnostik oder im mütterlichen Bluttest Auffälligkeiten gefunden hat, oder wenn Eltern von vornherein die größtmögliche Sicherheit haben wollen, kein behindertes Kind zu bekommen. Zwillingseltern müssen hier Abstriche machen, denn diese Tests am Blutserum sind in ihrem Fall weniger aussagekräftig.

Triple-Test: Der Triple-Test sucht im mütterlichen Blut nach sogenannten Markern, Hormonen, die dort nur in einer bestimmten Konzentration zu finden sind, wenn das Kind bestimmte Behinderungen aufweist. Da es nicht möglich ist, abzuschätzen, inwieweit diese Konzentration durch das bei Mehrlingsmüttern höhere Plasmavolumen verändert wird, ist der schon bei Einlingsmüttern nicht übermäßig treffsichere Test für Zwillingsmütter kaum zu gebrauchen.

Nackentransparenztest: Zumindest das Risiko des Downsyndroms lässt sich auch bei Zwillingen durch die Messung der sogenannten Nackentransparenz des Ungeborenen verlässlich bestimmen. Wenn man beim Ultraschall Hinweise auf eine Verdickung des kindlichen Nackens aufgrund von Wasseransammlungen findet, gilt das nicht nur als Hinweis auf das Down-Syndrom, sondern eventuell auch auf das beschriebene fetofetale Transfusionssyndrom. Neuerdings lassen sich durch eine Darstellung des kindlichen Nasenbeins beim Ultraschall zusätzliche Hinweise auf mögliche Missbildungen finden.

Organ-Screening: Informationen über eventuelle Fehlentwicklungen der Organe gibt der frühe Fehlbildungsultraschall in der 11. bis 14. Schwangerschaftswoche sowie eine umfassende schalldiagnostische Untersuchung aller Organe um die 20. Woche herum.

Ersttrimester-Screening: Der Nackentransparenztest, der frühe Fehlbildungs-Ultraschall und die Serumtests werden unter dem Begriff Ersttrimester-Screening zusammengefasst. Derzeit versucht man die Aussagekraft der Hormonwerte für Zwillingsmütter zu verbessern und genauere Anhaltspunkte dafür zu finden, ab wann ein Wert bei einer Mehrlingsschwangerschaft als auffällig zu gelten hat.

Invasive Diagnostik: Die separate Fruchtwasseruntersuchung der beiden Fruchthöhlen (Amniozentese) ab der 16. SSW ist gegenwärtig die Methode der Wahl zum Ausschluss von Chromosomenanomalien. Vor allem ältere Paare oder werdende Eltern nach Kinderwunschbehandlung wollen allerdings ihre mühsam erreichte Schwangerschaft nicht durch eingreifende Maßnahmen gefährden. Die Angaben zu den Risiken von Fehlgeburten nach Amniozentese variieren erheblich und haben vermutlich mit der Anzahl der Eingriffe zu tun, die ein Mediziner regelmäßig vornimmt. Wenn die Punktionen von jemandem gemacht werden, der darin sehr versiert ist, dann scheint aber die Rate der Zwillingsschwangerschaften, die durch die Amniozentese in eine Fehlgeburt münden, wie bei Einlingsschwangerschaften, bei einem Prozent zu liegen. Für den Eingriff reicht meist ein Einstich durch die Bauchdecke der Mutter; die Nadel wird, nachdem die erste Probe entnommen ist, durch die Trennmembran zwischen den Kindern weiter zum zweiten Fetus geschoben.

Das Risiko einer Zwillingsfehlgeburt ist mit bis zu acht Prozent bei der sogenannten Chorionzottenbiopsie höher, variiert aber ebenfalls in Abhängigkeit von der Erfahrung des Arztes. Vorteil dieser Untersuchungsmethode, bei der eine Gewebeprobe aus den Zotten der äußeren Eihaut entnommen wird, liegt darin, dass sie deutlich früher, nämlich ab der zwölften Woche durchgeführt werden kann. Nicht nur wegen des höheren Abortrisikos, auch wegen der etwa sechsprozentigen Wahrscheinlichkeit, zweimal eine Zellprobe von demselben Zwilling zu entnehmen beziehungsweise vermischtes Zellmaterial zu gewinnen, wenn die Plazenten verschmolzen sind, wird die Chorionzottenbiopsie bei Zwillingsschwangerschaften selten genutzt. Manche Ärzte befürworten sie trotzdem, wenn die Mehrlingsmutter über vierzig Jahre alt ist oder wenn beim Ultraschall Auffälligkeiten zu sehen waren. Sie argumentieren, dass die frühe Diagnose einer kindlichen Anomalie den Eltern die Möglichkeit zu einer selektiven Abtreibung eröffnet, der die Schwangerschaft insgesamt weniger gefährdet, wenn er frühzeitig stattfindet.

Ein kranker Zwilling

Was geschieht, wenn man durch die vorgeburtliche Diagnostik entdeckt, dass ein Kind krank ist, das andere gesund?

Hat die Diagnostik ergeben, dass das kranke Kind nicht lebensfähig sein wird, haben Eltern öfter, als sie sich das vorstellen, die Möglichkeit, eine abwartende Haltung einzunehmen, ohne das gesunde Kind zu gefährden. Mitunter entscheiden Eltern sich, das Kind mit auf die Welt zu bringen und den natürlichen Tod abzuwarten. Mütter und Väter, die von einer solchen Situation betroffen waren, berichten oft im Nachhinein, dass die ihnen mit diesem Kind gebliebenen Tage oder Wochen kostbar waren. Manchmal wird die Situation aber so eingeschätzt, dass ein spätes Absterben des kranken Kindes das andere gefährden würde. Ein früher sogenannter selektiver Abbruch, das heißt, das Abtöten des kranken Kindes (ab der neunten Woche der Schwangerschaft) kann dann die Rettung für das andere bedeuten.

Wenn ein Kind gesund, das andere fehlgebildet oder behindert, aber lebensfähig sein wird, haben Eltern, die sich nicht für ein behindertes Kind entscheiden können, ebenfalls die Möglichkeit des selektiven Abbruchs oder des Schwangerschaftsabbruchs. Wenn man bedenkt, dass die Rate der Schwangerschaftsabbrüche nach der pränatalen Diagnose eines behinderten Kindes drastisch schwankt, je nachdem wie die Eltern beraten wurden (zum Beispiel zwischen 60 und 90 Prozent beim Downsyndrom), dann macht dies den besonderen Beratungsbedarf einer Zwillingsmutter in dieser Situation deutlich.

Als wäre die Entscheidung, die den Eltern und ihren Ärzten abverlangt wird, nicht schon schwer genug, kommt noch ein als »technisch« zu bezeichnender Aspekt hinzu, dass es nämlich beim selektiven Fetozid gar nicht selbstverständlich ist, nur dasjenige Kind zu treffen, das abgetötet werden soll. Selbst wenn es makaber klingt – auch hier zählt die ärztliche Routine. Wenn die Kreisläufe der Kinder über Gefäße verbunden sind, besteht die Gefahr, das gesunde Kind mitzuvergiften. Alternativ zu der bereits in Kapitel 2 beschriebenen Injektion mit Kaliumchlorid wird dann eher die Nabelschnur abgebunden. Das gesunde Kind bleibt jedoch zunächst gefährdet, weil durch das Absterben des Zwillings Hormone und Botenstoffe freigesetzt werden, die eine Frühgeburt auslösen können. Die Angaben zu Verlustraten bei selektiver Abtreibung liegen zwischen fünf Prozent, wenn der Eingriff vor der 16. Woche, und 15 Prozent, wenn er nach der 16. Woche vorgenommen wird. Das Risiko, eine Fehlgeburt auszulösen, ist größer, wenn der abgetriebene Fetus derjenige ist, der nahe am Muttermund liegt.

Ein teilweiser Abbruch der Schwangerschaft wird oft auch dann diskutiert, wenn bei einer Schwangerschaft mit vier oder mehr Kindern das Überleben aller oder wenn bei einer monoamnioten Schwangerschaft das Überleben beider Kinder sehr fraglich erscheint.

Auch für die Mehrlingsmutter wird es dabei bleiben, dass die vorgeburtlichen Untersuchungen, die die Krankheit oder Behinderung des Kindes ergeben, meist zwischen der 14. und 17. Woche liegen, und dann noch etwas Zeit hinzukommt, bis der endgültige Befund erarbeitet ist, womit der Zeitpunkt des potentiellen Abbruchs spät, vielleicht zwischen der 18. und 22. Woche liegt. Die psychologische Dimension dieser Entscheidung kann hier nicht vertieft werden. Es liegt nahe, dass Schuldgefühle im Mittelpunkt des Erlebens stehen und diese gerade dadurch, dass man nicht die ganze Schwangerschaft »abbricht«, sondern ein ausgewähltes Kind tötet, noch verstärkt werden.

Verlorene Geschwister

Verschwundene Zwillinge

Schon seit über dreißig Jahren weiß man, dass – wie schon erwähnt – eine unbekannte Zahl von Einlingsgeburten als Zwillingsschwangerschaft ihren Anfang nimmt, dann aber einer der beiden Embryonen im Verlauf der frühen Schwangerschaft abstirbt, ohne dass sich dies in den meisten Fällen für die Mutter oder die Fortentwicklung des anderen Embryos bemerkbar machen würde. Das ist nicht verwunderlich, da man davon ausgeht, dass auch bei Einlingsschwangerschaften 50 bis 80 Prozent meist in den ersten Wochen unbemerkt zugrunde gehen. Dieser Vorgang wird interpretiert als eine körpereigene Qualitätskontrolle, bei der Embryonen vom mütterlichen Organismus in irgendeiner Form getestet und im Falle von (genetischen) Auffälligkeiten verworfen werden. Wenn es eine solche Embryonenauswahl gibt, dann könnten ihr besonders Zwillinge zum Opfer fallen, weil ein Zwilling das Fortleben des anderen grundsätzlich bedroht. Genau weiß man es natürlich nicht, aber man schätzt, dass ein Drittel bis die Hälfte aller Zwillingsschwangerschaften, die in den ersten drei Schwangerschaftsmonaten identifiziert wurden, in der Geburt von nur einem Kind enden. Etwa bis zur 14. Schwangerschaftswoche können die abgestorbenen Embryonen vom Gebärmuttergewebe resorbiert werden, so dass man weder bei folgenden pränatalen noch bei feingeweblichen Untersuchungen der Plazenta oder der Eihäute eine Spur davon findet.

Ob es wirklich so ist, dass der (oder die) überlebende(n) Mehrlinge prinzipiell unbeeinträchtigt von dem Verschwinden des angelegten Geschwisters bleiben, weiß man nicht. Studien, die den Schwangerschaftsverlauf von Einlingen, die immer nur allein in der Gebärmutter waren, mit solchen verglichen, bei denen nach einer künstlichen Befruchtung zunächst zwei oder drei Embryonen vorhanden waren, weisen darauf hin, dass ein verschwundener Zwilling selbst dann, wenn er bereits in den ersten Wochen abstirbt, über noch unbekannte Mechanismen eine ungünstigere intrauterine Situation für das verbleibende Kind verursacht. Man vermutet in diesem Zusammenhang, dass die schlechteren Schwangerschaftsverläufe von künstlich gezeugten Einlingen gegenüber normalen Einlingen auch mit der Herkunft vieler dieser Kinder aus einer Zwillingsschwangerschaft herrühren.

Das Phänomen des verschwundenen Zwillings, des »vanishing twins«, erfährt gerade bei Autoren, die sich mit dem vorgeburtlichen Leben beschäftigen, große Aufmerksamkeit. Sie behaupten, dass auch der extrem frühe und nicht nachweisbare Verlust eines Zwillingsgeschwisters für den Lebendgeborenen ein Trauma ist, das ihn in seinem Erwachsenenleben verfolgt und ohne therapeutische Arbeit keinen heilenden Abschluss finden kann. Der Zwillingsverlust und die Hilflosigkeit des allein im Uterus Zurückbleibenden sollen tiefe Spuren hinterlassen und zum Beispiel dazu führen, dass der Überlebende »glaubt, es verdient zu haben, bestraft zu werden… weil er weiterleben durfte« (Steinemann 2006). Das sind unbewiesene Spekulationen. Zudem fällt es natürlich leichter, die nicht nachweisbare Tatsache eines verschwundenen Geschwisterembryonen zur Erklärung misslicher Lebensgefühle heranzuziehen, als die eigene Lebensgestaltung kritisch zu betrachten.

Schließlich gibt es noch eine extrem seltene Weise, wie aus zwei befruchteten Eizellen eines Zwillingspaares eine werden kann, allerdings nicht auf so spurlose Weise wie beim *vanishing twin*: Das ist dann der Fall, wenn die Zygoten zweieiiger Zwillinge bereits in einem sehr frühen Entwicklungsstadium verschmelzen, so dass daraus ein einziges Kind entsteht. Ein so entstandener Mensch wird Chimäre genannt; er trägt zwei Erbanlagen in sich, hat eventuell keine eindeutige Blutgruppe und auch kein eindeutiges Geschlecht. An verschiedenen Stellen seines Körpers würde man zu unterschiedlichen DNS-Proben gelangen.

Intrauteriner Fruchttod

Vom Phänomen des *vanishing twin* abzugrenzen ist der später in der Schwangerschaft, also im zweiten und dritten Schwangerschaftsdrittel liegende Tod eines oder beider Feten, auch als intrauteriner Fruchttod bezeichnet. Dass beide Kinder noch im Mutterleib sterben, ist selten, vor allem wenn es sich nicht um eine monochoriote Schwangerschaft handelt. Eltern, die ihre beiden Kinder auf einmal verlieren, erleben dies oft als vernichtend. Ihre sehr besonderen Hoffnungen sind auf besonders grausame Weise enttäuscht worden. Es scheint zunächst unnötig quälend, wenn auch in dieser Situation eine vaginale Geburt angestrebt wird. Einen Kaiserschnitt zu vermeiden, hat sich aber nicht nur als günstig für die psychologische Verarbeitung des Verlusts durch die Mutter erwiesen, sondern reduziert auch die Risiken bei einer Folgeschwangerschaft. Wie bei Einlingsschwangerschaften, bei denen ein Kind im Mutterleib gestorben ist, muss die Entbindung aus medizinischer Sicht meist nicht sofort eingeleitet werden und die Eltern können sich die Zeit nehmen, die sie brauchen, um sich auf diese traurige Geburt einzustellen.

Bei etwa zwei bis fünf Prozent aller Zwillingsschwangerschaften stirbt »nur« eines der beiden Kinder im Laufe des zweiten und dritten Schwangerschaftsdrittels. Das bedeutet dann etwa in einem Drittel der Fälle auch den Tod des Geschwisters. Die häufigsten Ursachen für das Versterben eines Zwillings im Mutterleib sind das beschriebene fetofetale Transfusionssyndrom oder aber Vorgänge, die es bei einer Einlingsschwangerschaft auch gibt, nämlich eine vorzeitige Plazentalösung, mit dem Leben nicht zu vereinbarende Fehlbildungen des Kindes, mütterlicher Bluthochdruck, Diabetes, Infektionen, eine Blutgruppenunverträglichkeit zwischen Mutter und Kind, Nabelschnurkomplikationen oder eine Mangelversorgung des Kindes aus ungeklärten Gründen. Das überlebende Kind ist nun unter anderem durch die Gefahr einer frühzeitigen Geburt bedroht. Bei Kindern, deren Blutkreisläufe über Gefäße miteinander verbunden sind, kann es unmittelbar nach dem Tod des ersten Kindes zu Blutdruckschwankungen kommen, die das lebende gefährden. Einschwemmung von gerinnselartigem Material können das Gehirn des lebenden Kindes bedrohen. Überlebende dichorische Kinder sind aufgrund des getrennten Gefäßsystems in dieser Hinsicht etwas weniger gefährdet.

Theoretisch kann es zu einer Gefährdung auch der Mutter durch Gerinnungsstörungen kommen, wenn es zu den obenerwähnten Einschwemmungen aus dem abgestorbenen Körper des Kindes in ihren Blutkreislauf kommt. Das ist aber so selten, dass die Ärzte bei der Abwägung, wie lange die Schwangerschaft nach dem Tod eines Zwillings fortgesetzt wird, das Wohl des überlebenden Kind stark gewichten können. Es gibt (außer im Fall monochorioter Kinder) keine Belege dafür, dass eine rasche Entbindung vor der 37. Woche seine Überlebenschancen verbessert. In der Regel wird die Mutter sehr engmaschig betreut und der Zeitpunkt, zu dem die Schwangerschaft beendet wird, kurzfristig entschieden.

Die Situation, ein totes und ein lebendes ungeborenes Kind im Bauch zu haben, stellt sich medizinisch weniger kompliziert dar, als sie es psychologisch für die Mutter ist. In der Schwangerschaftsbetreuung hat es sich in solchen Situationen bewährt, wenn in der verbleibenden Zeit die Gegenwart des toten Zwillings angemessen gewürdigt wird. Bei Ultraschalluntersuchungen kann man in Abstimmung mit der Mutter neben dem lebenden auch das tote Kind zeigen. Wenn der Tod des einen Zwillings nach der fünfzehnten Woche eintrat, wird man bei der Geburt das mehr oder weniger erhaltene tote Kind sehen können. Sein Anblick ist mit der entsprechenden Vorbereitung sowohl möglich wie sinnvoll und die meisten Elternpaare sind später froh, ihr Kind gesehen, vielleicht berührt und auf jeden Fall verabschiedet zu haben.

Wenn eines der Kinder sehr spät und kurz vor oder bei der Geburt des zweiten Zwillings gestorben ist, müssen die Eltern Aufgaben bewältigen, die über die Kraft eines Menschen zu gehen scheinen. Ein Kind muss beerdigt werden, dann kehren die Eltern zurück zu ihrem lebenden Zwilling, womöglich müssen sie auf der Intensivstation weiter auch um das Leben dieses Kindes bangen. In dieser Situation kommt es mitunter zu verwirrenden und tabuisierten Gefühlen, wie dem, das »falsche« Kind sei gestorben. Wichtig für alle, die den Eltern helfend zur Seite stehen wollen, ist es, das zu fördern, was heilende Wirkung hat. Dazu gehört zum Beispiel die Stillbeziehung zum überlebenden Kind. Die Mutter muss so gut beraten werden, dass sie nicht noch einen weiteren unnötigen Verlust erleidet, nämlich die Glückserfahrung, ihr lebendes Kind nähren zu können.

Während sich bei Fachleuten langsam die Erkenntnis herumspricht, dass die Gegenwart des überlebenden Kindes die Trauer der Zwillingseltern nicht verringert, wird deren Situation von den Menschen in ihrem sozialen Umfeld oft anders wahrgenommen: »Sie haben doch ein Kind mit nach Hause genommen, sie sind doch da, wo jeder nach einer Schwangerschaft ist.« Den Eltern wird zwar eine gewisse Trauer zugestanden, aber im Wesentlichen gehen andere Menschen von Gefühlen der Erleichterung und Dankbarkeit für das überlebende Kind aus. Das aber wird von den Eltern als eine verletzende Missachtung ihres Schmerzes erlebt.

Zusätzlich kann es die Trauer der Eltern erschweren, wenn sie an sich negative Gefühle gegenüber dem überlebenden Kind bemerken: etwa die Ablehnung dieses Kindes als Schuldigem, eine anhaltende innerliche Bevorzugung des toten Kindes oder das Gefühl, nur ein halbes Kind beziehungsweise etwas Unvollständiges zu haben. Diese Empfindungen sind zum einen normal, zum anderen ein vorübergehendes Phänomen. Meist entwickeln Zwillingseltern nach dem Tod eines ihrer Kinder langfristig eine enge und gute Bindung zum anderen Kind, und die meisten Mütter und Väter können den schweren Verlust irgendwann akzeptieren. Ihr lebendes Kind werden die Eltern jedoch zeitlebens als Zwilling wahrnehmen.

4 Endlich da

Die Zwillingsgeburt

Eine Zwillingsgeburt auf natürlichem Weg stellen sich die meisten Menschen womöglich recht abenteuerlich vor: Zwei Köpfe und Rümpfe, vier Ärmchen, vier Beinchen und zwei Plazenten müssen sich in einer erfolgversprechenden Reihenfolge durch den engen Geburtskanal sortieren, sich dabei möglichst nicht blockieren oder in einer der Nabelschnüre verheddern. Endlos viel Zeit sollten sich die beiden Kinder auch nicht lassen, da sich nach der Geburt des ersten die Bedingungen für das zweite, zum Beispiel seine Versorgung mit Sauerstoff, verschlechtern können. Das klingt alles ein wenig ungemütlich, und so assoziiert man mit einer Zwillingsgeburt meist deutlich erhöhte Geburtsrisiken, Notsituationen und vor allem die Notwendigkeit einer Kaiserschnittentbindung. Das stimmt so nicht, denn immerhin die Hälfte aller Zwillinge wird derzeit in Deutschland vaginal entbunden (zum Vergleich: Die Kaiserschnittrate für Einlingskinder liegt hierzulande mit steigender Tendenz bei etwa vierundzwanzig Prozent). Und auch die Wahrscheinlichkeit, bei einer Zwillingsgeburt auf Probleme zu stoßen oder in Gefahr zu geraten, ist bei einer geplanten Klinikentbindung im Vergleich zur Normalgeburt nicht um so vieles höher, dass die Mutter der Geburt nicht zuversichtlich entgegensehen dürfte.

Besonderheiten der Zwillingsgeburt

»How normal can twin birth be? Wie normal kann eine Zwillingsgeburt denn überhaupt sein?«, wird auf einer englischen Hebammen-Homepage gefragt. Erstaunlich normal, könnte man darauf antworten: Eine Zwillingsgeburt, insbesondere die Geburt des ersten der beiden Kinder, unterscheidet sich kaum von einer Einlingsgeburt. Mit Zwillingen Schwangere dürfen sich ruhig ihr Lieblingsbuch zum Thema Geburt aussuchen und mit allen anderen Müttern einen der üblichen Vorbereitungskurse besuchen, denn die grundsätzlichen Abläufe von der Wehe bis zum Pressdrang werden bei einer vaginalen Entbindung auch bei ihnen vorkommen. Etwas anders als im Falle einer Einlingsgeburt sieht meist das Szenario im Kreißsaal aus, der von mehr Personal bevölkert ist als sonst und als es manchen Eltern lieb ist: Anhänger der natürlichen Geburt halten eben diesen Aufwand für den Inbegriff einer dramatisch inszenierten Zwillingsgeburt; die meisten Geburtshelfer jedoch dürften die Anwesenheit eines Teams in der heißen Phase der Geburt für sinnvoll halten. Neben Gynäkologin, Hebamme(n) und Pflegepersonal wird ein Anästhesist in Bereitschaft für einen Kaiserschnitt stehen, und zwei Kinderärzte werden darauf warten, die Neugeborenen in Empfang nehmen zu können.

Geburtsverlauf

Für die leitende Geburtshelferin gibt es zwei markante Unterschiede zu einer Einlingsgeburt: Zum einen kann sie sich nicht ausschließlich auf die gerade stattfindende Geburt konzentrieren, sondern muss sich parallel darum kümmern, wie es dem zweiten, sozusagen in Warteposition liegenden Kind geht. Zum anderen ist der Verlauf einer Zwillingsgeburt sehr viel weniger vorhersehbar, und das betrifft in erster Linie den zweiten Zwilling. Beispielsweise entsteht, nachdem das erste Kind aus einer womöglich günstigen Lage heraus vaginal entbunden werden konnte, in der stark gedehnten Gebärmutter ein Hohlraum, in den der zweite, vielleicht recht kleine Zwilling hineinrutschen kann, wobei sich seine ursprüngliche Position plötzlich ändert.

Eine Besonderheit der Zwillingsgeburt für die Mutter kann darin liegen, dass die Eröffnungsphase der Geburt länger dauert. Weil die Gebärmuttermuskulatur überdehnt ist, entstehen bisweilen nur schwache Wehen, manchmal können sie sogar zu kraftlos für eine vaginale Geburt sein. Die sogenannte Austreibungsphase der Geburt, die beginnt, nachdem der Muttermund sich vollständig geöffnet hat, kann dafür kürzer ausfallen, weil die kleinen Köpfchen der Kinder leichter durch den Geburtskanal passen. Es gibt Schilderungen aus der Historie des Hebammenwesens, in denen erfahrene Mütter ihren ersten Zwilling zu Hause bekamen, dann eine Gebärpause einlegten, um ihre anderen Kinder für die Schule fertigzumachen und danach in aller Ruhe den zweiten Zwilling auf die Welt zu bringen. Auch wenn es so heute nicht mehr verläuft, sei damit doch beschrieben, dass es außer in Notsituationen nach der Geburt des ersten Kindes keinen Grund zur Hektik gibt.

Über lange Zeit galt in der Geburtshilfe, dass ein Intervall von zwanzig Minuten zwischen Geburt des ersten und des zweiten Kindes aus Gründen der Sauerstoffversorgung für den zweiten Zwilling nicht überschritten werden sollte. Mittlerweile weiß man aber, dass ein unbedingtes Abkürzen des Entbindungsintervalls – womöglich indem potentiell riskante Wendeoperationen am zweiten Kind vorgenommen werden – nicht grundsätzlich mit besserem Ergebnis für dieses zweite Kind verbunden sind und dass sich mit Überwachungsmethoden wie dem CTG und dem Ultraschall mögliche Gefährdungen des zweiten Kindes meist rechtzeitig entdecken lassen. Folgende ungünstige Entwicklungen können in das Warteintervall zwischen den beiden Geburtsvorgängen fallen: Die Plazenta des zweiten Kindes löst sich vorzeitig von der Gebärmutterwand ab, die Gebärmutter will sich zu rasch wieder zusammenziehen, die Nabelschnur des zweiten Kindes fällt in den vom Geschwister hinterlassenen Hohlraum vor ihm, oder die Wehentätigkeit lässt nach. Diese Probleme können zum Teil medikamentös oder nicht-operativ bewältigt werden, manchmal führen sie aber zum Abbruch der vaginalen Geburt.

Allzu große Variationen, was den Geburtsabstand zwischen den Kindern betrifft, gibt es aber gar nicht: Bei über neunzig Prozent der vaginalen Zwillingsgeburten bringt die Mutter das zweite Kind aus eigener Kraft oder mithilfe wehenfördernder Mittel innerhalb einer halben Stunde nach dem ersten auf die Welt. Als trauriger Sonderfall im Hinblick auf das Geburtsintervall gilt eine Entbindung, bei der ein Kind extrem frühgeburtlich entbunden wird und man versucht, das andere Kind noch Tage oder gar Wochen im Mutterleib zu halten.

Kaiserschnitt beim zweiten Kind

Bei etwa zwei bis zehn Prozent der Zwillingsgeburten kommt es zu Entwicklungen und Situationen, die dazu führen, dass die Mutter auf zweierlei Wegen entbindet: Nachdem das erste Kind vaginal geboren wurde, entscheidet man sich beim zweiten Kind für die Schnittentbindung, Sektio genannt. Der häufigste Grund für den Entschluss zu einer Kaiserschnittentbindung des zweiten Kindes sind misslungene Versuche, dieses Kind in eine gute Gebärposition zu bringen, also beispielsweise, wenn das Kind in seiner ursprünglichen Lage im oberen Gebärmutterabschnitt bleibt, anstatt tiefer zu gleiten. Früher war die Sektio beim zweiten Kind ein sehr seltenes geburtshilfliches Ereignis, das mit dem Nimbus des Scheiterns und der Notlösung behaftet war – in etwa: Da hätte man ja gleich einen Kaiserschnitt machen können. Ein Beharren auf der vaginalen Entbindung des zweiten Zwillings, nachdem der erste bereits auf diese Weise zur Welt gekommen ist, gilt aber nicht mehr als zeitgemäß. Es wird lieber rechtzeitig der Entschluss zu einem für das zweite Kind schonenden operativen Vorgehen getroffen. Geburtshelfer betonen aber, dass diese Strategie als eine Möglichkeit mit der Mutter vorher besprochen sein muss und nicht als Schock mitten in die Geburt hineinplatzen sollte.

Lage der Kinder
Wie schon deutlich geworden ist, wird die geburtshilfliche Situation bei einer Zwillingsentbindung entscheidend mitbestimmt von der Position, die die Kinder im Mutterleib einnehmen. Obwohl es natürlich mehr Variationsmöglichkeiten gibt als bei nur einem Kind, besteht immerhin große Einigkeit bei den Geburtshelfern darüber, welche Konsequenzen man aus der Lage der Zwillingskinder für die Geburtsleitung zieht. Eines der beiden Kinder wird immer als das »führende« bezeichnet; es ist dasjenige, welches am nächsten zum Muttermund liegt. Da die beiden Ungeborenen den knappen Raum in der Gebärmutter optimal ausnutzen müssen, ist die »Einstellung« genannte Position der Kinder zueinander und zur Körperachse der Mutter oft nicht ideal für eine vaginale Geburt. Aber immerhin liegen in über vierzig Prozent aller Fälle beide Kinder in der auch für Einlingskinder optimalen Schädellage, also mit dem Kopf nach unten. Diese Lage in Kombination mit einem nicht zu niedrigen geschätzten Geburtsgewicht der Babys – etwa 1800 bis 2000 Gramm wären wünschenswert – und einem nicht deutlich höheren Gewicht des zweiten Kindes (nicht mehr als zwanzig Prozent Gewichtsunterschied) ist die bestmögliche Ausgangslage für eine vaginale Entbindung. Man schätzt, dass etwa drei Viertel der Zwillingskinder, die diese Voraussetzungen erfüllen, problemlos vaginal geboren werden können. Bei fünf bis zwanzig Prozent dieser Geburten ändert sich im Geburtsverlauf noch die Position des zweiten Kindes.

Am zweithäufigsten, in etwas mehr als einem Drittel der Fälle, findet man zum Geburtstermin die Situation vor, dass der führende Zwilling in Schädellage, der zweite jedoch in einer Art hockender Stellung mit dem Po nach unten (also in einer Beckenendlage) oder aber, dass er quer zum Gebärmutterausgang liegt. Diese Konstellation bedeutet noch nicht, dass der Plan einer normalen Geburt aufgegeben werden muss. Ein in Beckenendlage befindliches zweites Zwillingskind wird nämlich aus geburtshilflicher Sicht nicht so problematisch empfunden wie ein in dieser Position liegender Einling. Da die Geburtswege mit dem Durchtritt des ersten Zwillings bereits geweitet sind, kann man das zweite Kind oft leicht »entwickeln«, wie die Geburtshelfer sagen, also ihm bei s einem Weg nach draußen manuell assistieren, auch dann, wenn es mit dem Po voraus kommt. Wenn das geschätzte Geburtsgewicht des in Beckenendlage befindlichen zweiten Kindes über 1500 Gramm liegt und keine weiteren Risiken bekannt sind, dann ist die vaginale Entbindung dieses Kindes im Vergleich zum Kaiserschnitt nicht mit schlechteren Ergebnissen behaftet. Bei Geburtshelfern gefürchtet ist jedoch die Möglichkeit, dass ein so gelagertes zweites Zwillingskind zu schnell in den nach der Geburt seines Geschwisters freigewordenen Raum rutscht. Dabei können nämlich seine Arme nach oben schlagen, so dass anschließend Kopf und Arme gleichzeitig durch den Geburtskanal treten müssen.

Alternativ gibt es die erwähnte Möglichkeit, das zweite Kind zu drehen. Die sogenannte manuelle Wendung, bei der von außen durch die Bauchdecke der Mutter versucht wird, das Kind in die gewünschte Position, also idealerweise mit dem Kopf nach unten zu bekommen, ist aber umstritten. Wie angebracht und erfolgreich der Wendungsversuch sein kann, hängt von Faktoren ab wie der genauen Position des Kindes, seiner Größe, dem Entspannungszustand der Bauchdecke, der Fruchtwassermenge, dem Auftreten von Gebärmutterkontraktionen und dem Körperbau der Mutter. Einiges spricht dafür, dass diese Wendungsmanöver am zweiten Kind häufiger in eine Kaiserschnittentbindung münden und zu mehr Belastungen für die Mutter, wie etwa zu einem größeren Blutverlust, führen, als wenn man es bei der Beckenendlage belässt und aus dieser heraus entbindet. Insgesamt scheiden sich bei der Geburtsleitung für das zweite Kind, nachdem man bei guten Ausgangsbedingungen das erste Kind vaginal entbunden hat, die Geister: Es wird eben entweder ein abwartendes Verhalten mit dem Ziel der Spontangeburt des zweiten Zwillingskindes favorisiert oder die Variante, das zweite Kind zeitsparend unmittelbar nach der Geburt des ersten Zwillings zu entwickeln.

Anästhesie

Eine Option für Zwillingsmütter ist wie bei der vaginalen Einlingsgeburt eine rückenmarksnahe Regionalanästhesie, also eine sogenannte Peridural- oder Spinalanästhesie beziehungsweise eine Kombination beider Methoden. Über eine sehr dünne Nadel (und eventuell einen Katheter) wird ein Medikament in die Wirbelsäule gespritzt, so dass die Körperhälfte unterhalb der Einstichstelle gefühllos wird. Diese Art der Betäubung hat den Vorteil, dass die Mutter generell weniger Schmerzen zu ertragen hat, insbesondere dann, wenn das zweite Kind doch auf eine Weise gewendet werden muss, bei der durch den Muttermund in die Gebärmutter hineingefasst wird, oder dann, wenn der Einsatz von Wehenmitteln erforderlich wird, der dann zu ungewöhnlich starken und schmerzhaften Wehen führt.

Herausforderungen

Wie zu erwarten – man kennt es schon aus dem Kapitel über die Zwillingsschwangerschaft – kann man in der Literatur unter dem Stichwort »Leitung der Mehrlingsgeburt« auf Listen möglicher Geburtsrisiken stoßen, die eine Schwangere wünschen lassen, noch einmal die Reset-Taste drücken zu können: »Herausforderung für den Geburtshelfer«, »per se erhebliche Risiken«, »gehäuft auftretende Komplikationen«, »erhöhte Morbidität und Mortalität« et cetera. Redet man dann mit erfahrenen Geburtshelfern, die viele Zwillingsgeburten erlebt, begleitet und geleitet haben, sprechen diese aber übereinstimmend davon, dass bei einer vorausschauenden Geburtshilfe heutzutage nur sehr selten unvorhergesehene Probleme während der Zwillingsgeburt auftreten, beziehungsweise dass man meist gut darauf reagieren kann. Folgende Schwierigkeiten können sich ergeben:

Wehenschwäche

Womit man bei dem Versuch einer vaginalen Zwillingsentbindung in jeder Phase der Geburt, insbesondere aber nach der Geburt des ersten Kindes rechnen muss, ist ein Abflauen der Wehentätigkeit. Die Gebärmutter zieht sich dann aufgrund der Überdehnung durch die Zwillingsschwangerschaft nicht mehr so kraftvoll zusammen, dass das zweite Kind in einem vertretbaren Zeitraum herausgepresst werden kann. Mit wehenfördernden Medikamenten kann dieses Problem oft überwunden werden, manchmal werden solche Medikamente gleich nach der Geburt des ersten Kindes gegeben, um es gar nicht erst zu einem Stillstand der Geburt kommen zu lassen.

Plazentaablösung

Die Veränderungen der Gebärmutterverhältnisse nach der Entbindung des ersten Kindes können zu einer vorzeitigen Ablösung der Plazenta des zweiten Kindes und damit zu gefährlichen Blutungen führen. Dann muss innerhalb von wenigen Minuten ein Kaiserschnitt eingeleitet werden, wofür bei einer geplanten Klinikentbindung ohnehin die Vorbereitungen getroffen sind.

Lageveränderung beim zweiten Kind

Lageprobleme, die sich nach der Geburt des ersten beim zweiten Kind ergeben und die Möglichkeit von Wendemanövern sind bereits beschrieben worden. Wenn allerdings das Ärmchen oder die Nabelschnur des zweiten Kindes vor den Muttermund fallen, ist auch dies oft Anlass, die vaginale Geburt abzubrechen und auf einen Kaiserschnitt umzuschwenken.

Zu früh, zu leicht

Auch wenn Zwillingsbabys mit etwas Glück wunderbar reif geboren werden können – der Anteil der Zwillingsfamilien, die frühgeborene Kinder bekommen, ist so hoch und die Konsequenzen dieser Tatsache sind so bedeutsam, dass viele Mediziner Frühgeburtlichkeit für das Mehrlingsthema schlechthin halten. Sie meinen, dass werdende Zwillingseltern vor der Geburt (Kinderwunschpatienten möglichst vor der Zeugung) von ihren Ärzten über diese Wahrscheinlichkeit aufgeklärt werden sollten. Etwa dreißig bis vierzig Prozent aller Todesfälle bei Frühgeborenen sind durch Zwillinge bedingt, ihre Sterberate ist drei- bis viermal höher als die von frühgeborenen Einlingen.

Das Grundproblem aller zu früh geborenen Kinder ist, dass ihre Organe unreif sind und die Kinder sich deshalb schwer an das Milieu außerhalb der Gebärmutter anpassen können. Bei vielen Frühchen ist die Liste der akuten oder drohenden Probleme so lang, dass es immer wieder an ein Wunder grenzt, wie viele Kinder überleben. An vorderster Stelle der Probleme steht die ungenügend funktionierende Atmung, die Gefahr von Hirnblutungen und von Blutdruckabfällen durch eine ungenügende Herzfunktion. Hinzu kommt das Risiko einer Blutvergiftung, möglicherweise Probleme durch in der Entwicklung steckengebliebene Herzstrukturen, durch eine schlechte Nierenfunktion oder einen Mangel an rotem Blutfarbstoff. Die Ernährung der winzigen Babys macht Schwierigkeiten, weil der Darm noch unreif ist, weil Schlucken und Saugkoordination noch schlecht sind. Die Neugeborenen können ihre Körpertemperatur nicht gut regulieren und verfügen nur über ein schwaches Immunsystem. Auch die Sehkraft kann durch die zu frühe Geburt in Mitleidenschaft gezogen werden, wenn sich Gefäßwucherungen im Netzhautgewebe bilden.

Man versucht mittlerweile, Frühchen auf der Kinderintensivstation so zu versorgen, dass manche dieser Probleme möglichst gar nicht erst entstehen. Neuere Studien weisen darauf hin, dass der Ort der Erstversorgung für die Frühchen eine große Rolle spielt. Je mehr Geburten an einer Klinik stattfinden und je mehr Frühgeborene versorgt werden, desto besser ihre Überlebenschancen. Unmittelbar nach der Geburt gilt das bekannte Prinzip des »minimal handling«, das heißt, es wird trotz der Vielzahl der Probleme versucht, mit einem Minimum an Eingriffen auszukommen und die Kinder von ärztlicher und pflegerischer Seite, soweit es geht, in Ruhe zu lassen. Die Kinder werden wie in Nestchen gelagert, die Eltern sind in die Pflege auch der allerkleinsten Kinder einbezogen. Selbst bei extrem unreifen und beatmeten Kindern wird das »Känguruen« praktiziert, das heißt, die Kinder ruhen Haut an Haut auf der Brust der Eltern und sie werden mit abgepumpter Muttermilch ernährt. Davon profitieren die Kinder und die Psyche der Eltern, die ihren Kindern Geborgenheit schenken können.

Von einer extremen Frühgeburt ihrer Kinder betroffene Eltern knüpfen sehr viel Hoffnung daran, dass sich die Gewichtsgrenze der Überlebensfähigkeit auf unfassbar niedrige Werte gesenkt hat. Worüber Laien oft wenig wissen, sind die unbefriedigenden Ergebnisse zur langfristigen Gesundheit frühgeborener Kinder. Hier hat sich in der Neugeborenenmedizin (Neonatologie) die Erkenntnis durchgesetzt, dass es nicht von ihrer Unreife allein abhängt, wie es Frühgeborenen langfristig geht, sondern auch von den eigentlichen Ursachen der Frühgeburt, wie sie zum Beispiel eine Infektion oder eine Mangelversorgung im Uterus darstellen können. Zudem weiß man heute, dass die Entwicklungsmöglichkeiten frühgeborener Kinder nicht mit der Klinikentlassung nach der Geburt feststehen, sondern sich oft erst später, etwa beim Schuleintritt, manifestieren.

Um die sogenannte »Grenze der Lebensfähigkeit« wird weiterhin gestritten, aber es scheint sich mit der vollendeten 22. bis 23. Woche um ein biologisch gesetztes Limit zu handeln, das sich nicht mit der Fortentwicklung der neonatologischen Methoden immer weiter nach unten verschieben lässt. Stattdessen mehren sich Forschungsaktivitäten in dem Bereich der Neonatologie und Gynäkologie, in dem es um die Vorbeugung von Frühgeburten geht.

Zwillingskinder kommen nicht nur zu früh, sondern auch zu leicht auf die Welt. Ihr Gewicht liegt bei der Hälfte aller Zwillinge unter 2500 Gramm; der Anteil der Kinder mit viel zu leichtem, also einem unter 1500 Gramm liegenden Gewicht ist fast zehnmal so hoch wie bei Einlingen. Natürlich hängt das niedrigere Geburtsgewicht eng mit der Frühgeburtlichkeit zusammen, wird aber auch von der Blut- und Nährstoffversorgung in der Gebärmutter beeinflusst. Bei den Niedriggewichtigen überrepräsentiert sind generell Kinder aus Bubenpaaren und aus monochorischen Schwangerschaften; das als zweites geborene Kind wiegt im Schnitt etwas weniger als das erste.

Kollisionen

Das, was sich der Laie als das Geburtsrisiko von Zwillingen schlechthin vorstellt, nämlich dass sie sich bei der Geburt in die Quere kommen, ist in Wirklichkeit so selten, dass es einem als werdende Zwillingsmutter keine Angst machen sollte: Höchstens bei einer von tausend Zwillingsgeburten, wahrscheinlich aber noch seltener, kommt es im Verlauf der Geburt zu einer »Kollision« (auch »locked twins«) genannten Situation. Die meist aus einer monochorialmonoamniaten Schwangerschaft stammenden Kinder geraten im Verlauf der Geburt in so ungünstige Körperpositionen – beispielsweise verhaken sie sich am Kinn oder rutschen gleichzeitig ins mütterliche Becken –, dass kein Geburtsfortschritt mehr möglich ist und meist nur ein Kaiserschnitt als Ausweg bleibt.

Nachgeburtskomplikationen
In der Nachgeburtsphase kommt es bei Zwillingsschwangerschaften etwas häufiger als bei Einlingsschwangerschaften zu Problemen wie etwa einer zu raschen Ablösung der Plazenta von der Gebärmutterwand, zu verstärkten Blutungen oder aber zu einer verzögerten Plazentalösung. Sogenannte atonische Nachblutungen können auch Stunden nach der Geburt noch auftreten, wenn sich die überdehnte Gebärmuttermuskulatur nicht richtig zusammenzieht.

Wenn Mütter Schaden nehmen
Unmittelbare Geburtsschäden für die Mutter gibt es genauso wie bei Einlingsgeburten, aber auch nicht mehr. So wie bei der Einlingsgeburt gibt es selten schwere Rissverletzungen bei einer vaginalen Geburt. Sie sind bei Zwillingsentbindungen nicht weniger häufig als bei Einlingsgeburten, da sie eher mit ungünstigen oder abweichenden Geburtspositionen des Kindes und weniger mit der Größe des Köpfchens zu tun haben. Neuerdings liegen Auswertungen von Geburtsregistern vor, aus denen die Vermutung abgeleitet wurde, dass die mit der Geburt von Zwillingen verbundene Anstrengung durch einen unbekannten Mechanismus das Immunsystem der Mütter schwäche und sie deshalb nach der Geburt langfristig anfälliger für Infektionskrankheiten seien.

Dass Mütter bei der Geburt ihrer Kinder sterben, kommt in den entwickelten Ländern sowohl bei Einlings- wie bei Mehrlingsmüttern sehr selten vor, nämlich bei fünf beziehungsweise – im Falle von Mehrlingsgeburten – bei fünfzehn von 100.000 Lebendgeburten.

Was ist angesichts dieser für den Laien nicht leicht zu bewertenden Möglichkeiten und Risiken ein guter Weg, Zwillinge auf die Welt zu bringen? Wie viel Entscheidungsfreiheit haben die Eltern überhaupt? Wie gut können die Wünsche der Gebärenden und die Bedürfnisse der beiden Kinder in Einklang gebracht werden?

Die Wünsche der Frauen sind ziemlich eindeutig: Immer noch ist die Mehrzahl der Schwangeren – unabhängig davon, wie viele Kinder sie erwarten – nach Beobachtungen von Frauenärzten enttäuscht, wenn die vaginale Entbindung nicht infrage kommt oder abgebrochen werden muss. Die meisten Frauen wollen nach Möglichkeit die Geburt ihres Kindes erleben und es aus eigener Kraft gebären, eine Tatsache, die in der medizinischen Fachliteratur zu Vor- und Nachteilen des Kaiserschnitts oft sehr schwach gewichtet wird. Nach wie vor ist es sowohl bei Einlings- wie bei Zwillingsgeburten eine Minderheit von Schwangeren, die sich auch dann einen Kaiserschnitt wünschen, wenn es dafür keine medizinischen Gründe gibt.

Nun gibt es unter den werdenden Zwillingsmüttern genauso wie bei allen anderen Schwangeren einen gewissen Prozentsatz an Frauen, die keine Wahl zwischen den beiden Geburtswegen haben und das oft lange vor der Geburt wissen. Wenn zum Beispiel der Muttermund durch eine an der falschen Stelle angesiedelte Plazenta vollkommen verdeckt ist, dann gibt es für kein Kind eine Möglichkeit, die Gebärmutter auf natürlichem Weg lebend zu verlassen. Oder wenn die Mutter schon vor der Schwangerschaft unter einer Erkrankung litt, die eine natürliche Geburt unmöglich oder zu gefährlich macht. Sowohl die Kinder wie die Mutter sind dann angewiesen auf »diese wunderbare Operation, die man Kaiserschnitt nennt« – wie es der prominenteste Vertreter der natürlichen Geburt, Michel Odent, in einer tiefen Verbeugung vor dem lebensrettenden Potential einer operativen Entbindung einmal formuliert hat.

Die meisten anderen Zwillingsmütter, deren medizinische Ausgangslage nicht mit solcher Eindeutigkeit nach einer Schnittentbindung verlangt, werden sich fragen, ob unabhängig von ihren Wünschen eine der beiden Entbindungsarten der anderen womöglich grundsätzlich überlegen sein könnte. Darüber herrscht eine Kontroverse, die nicht so leicht zu erledigen ist, weil es an aussagekräftigen Untersuchungen mangelt. Gebärende, insbesondere mit speziellen Risiken behaftete, lassen sich ungern zu Studienzwecken und ohne Rücksicht auf ihre eigenen Wünsche der einen oder anderen Geburtsart zuteilen, damit deren Vor- und Nachteile jeweils anhand einer Kontrollgruppe erforscht werden können. Also bleibt meist nur, im Nachhinein, also nachdem Patientin und/oder Arzt selbst eine Entbindungsart gewählt haben, den Geburtsverlauf von Zwillingsmüttern mit und ohne Kaiserschnitt zu vergleichen. Da vergleicht man aber zwei Gruppen von Frauen, die sich in medizinischen und vielen anderen Merkmalen schon vor der Geburt unterscheiden. Eine letzte Weisheit kann es also noch nicht geben in der Frage des besten Entbindungsweges. Und so werden sich viele Mehrlingsmütter auch mit der aktuellen Diskussion um die beste Art, ein Einlingskind zu entbinden, beschäftigen. Verständlicherweise wollen sie wissen, welche der dort ausgetauschten Argumente für sie als Zwillingsgebärende überhaupt relevant sind.

Zwei vieldiskutierte Erkenntnisse der letzten Jahre, an denen weder die Kritiker der hohen und weiter steigenden Kaiserschnittrate noch deren Befürworter vorbeikommen, betreffen auch die Mehrlingsmutter: Zugunsten eines Kaiserschnitts lässt sich neuerdings sagen, dass aus dem einstmals tödlichen oder lebensbedrohlichen Schnitt durch die Bauchdecke der Mutter – wenn er vorher geplant wurde – ein so sicherer Eingriff geworden ist, dass es erstmals in der Geschichte der Menschheit eine im Hinblick auf medizinische Risiken zur vaginalen Entbindung gleichwertigen Weg ans Licht der Welt gibt. Vor allem die Rate der für die Mutter tödlichen Komplikationen nach einem geplanten Kaiserschnitt ist so niedrig geworden, dass sie der bei der Spontangeburt fast gleicht, das heißt, ein bisher wesentliches

Argument für die vaginale Entbindung bei Einlingen wie bei Zwillingen ist weggefallen.

Aber man hat in den letzten Jahren auch eine unangenehme Entdeckung gemacht: Frauen müssen nach einem solchen Eingriff bei späteren Geburten deutlich höhere Komplikationsraten in Kauf nehmen und zwar sie selbst wie auch ihr Kind betreffend. Das ist ein gravierendes Argument gegen Kaiserschnitte, die nicht wirklich nötig sind, und eine Tatsache, die eine Frau, für die eine Zwillingsgeburt nicht das Ende der Familienplanung bedeutet, ebenso in die Waagschale werfen muss wie eine Einlingsmutter.

Zu bedenken gilt es zudem, dass die Mutter in der Regel in den ersten Tagen nach einem Kaiserschnitt körperlich viel mitgenommener ist als nach einer vaginalen Entbindung, ihr aber der Start mit zwei Neugeborenen sofort sehr viel abverlangt. Vermutlich lässt sich auch die aus der Einlingsgeburtshilfe bekannte Tatsache, dass ein Kaiserschnitt nicht grundsätzlich schonender und damit besser für die Kinder ist, auf die Zwillingsentbindung übertragen: Per Kaiserschnitt geborene Kinder haben – zumindest in der Zeit unmittelbar nach der Sektio – ein schlechteres körperliches Befinden und müssen häufiger auf der Kinderintensivstation aufgenommen werden als vaginal entbundene Kinder. Man vermutet, dass dies mit der Abruptheit der Schnittentbindung zu tun hat, die den Ungeborenen keine Zeit lässt, ihren Organismus auf die Anforderungen der Welt außerhalb des Uterus einzustellen.

Vielleicht glauben die meisten Frauen dennoch, ihren Kindern mit der Sektio einen Gefallen zu tun und ihnen mehr Sicherheit auf dem Weg ins Leben zu bieten. Jedenfalls zieht eine wachsende Zahl von Zwillingsschwangeren die natürliche Geburt gar nicht mehr für sich in Betracht. Erfahrene Geburtshelfer berichten, dass vor allem durch künstliche Befruchtung mit Zwillingen schwanger gewordene Frauen von den Reproduktionsmedizinern, die ja den schwierigen

Weg zur Schwangerschaft mit der Frau gegangen sind, »schon auf Kaiserschnitt programmiert« in die Entbindungsklinik kommen.

Dagegen vertreten Gynäkologen, die den Wunsch von Zwillingsmüttern nach einer vaginalen Entbindung ihrer Kinder möglichst berücksichtigen wollen oder ihnen sogar zur vaginalen Entbindung raten, beileibe keine Außenseitermeinung: Man hat sich in Deutschland unter Geburtshelfern darauf geeinigt, im Falle von Zwillingen eine Vaginalgeburt anzustreben, außer es liegen Gegenindikationen vor, wie sie im Folgenden beschrieben sind.

Die Kaiserschnittentbindung

Wenn man genau hinsieht, so könne man bei fast jeder Zwillingsschwangerschaft einen möglichen Grund für eine Kaiserschnittentbindung finden, meinen Geburtshelfer, die sich intensiv mit dem Für und Wider von vaginaler und operativer Entbindung bei Zwillingen beschäftigt haben. Wenn man aber nur die Kriterien für eine Schnittentbindung berücksichtigt, bei deren Vorliegen wissenschaftlichen Studien zufolge ein Kaiserschnitt eindeutig bessere Ergebnisse für die Zwillingsmutter und ihre Kinder brachte, so würde man in weniger als der Hälfte der Fälle eine Notwendigkeit zur operativen Entbindung sehen. Folgende Kriterien gibt es:

Beckenendlage des ersten Zwillings
Einen eindeutigen Anlass zum Kaiserschnitt sehen Geburtshelfer dann gegeben, wenn der führende (nicht der zweite!) Zwilling in Beckenendlage, also quasi sitzend liegt oder wenn er gar eine Querposition zum Muttermund eingenommen hat. Von dieser Konstellation sind beim Eintritt der Geburt etwa zwanzig Prozent der werdenden Zwillingsmütter betroffen. Es gibt keine systematischen Studien zu der Frage,

ob man es bei dieser Ausgangslage nicht doch vaginal versuchen kann. Was man sicher weiß ist, dass für ein vorne in Beckenendlage befindliches Kind, das auch noch unter 1500 Gramm wiegt, die vaginale Entbindung ein fast zehnfach erhöhtes Risiko bedeutet, die Geburt nicht zu überleben.

Auch der Laie kann sich vorstellen, dass ein Arzt nicht geneigt sein wird, eine riskante Geburt zu beginnen, wenn von deren Gelingen noch das Wohl des zweiten Kindes abhängt. Selbst bei Einlingskindern mag kaum mehr jemand ein Kind aus der Beckenendlage heraus vaginal entbinden; das Kind in dieser Position, also wie ein kleines Päckchen mit dem Po voraus, herauszukriegen, wird als ein möglicher, aber risikoreicher geburtshilflicher Weg eingeschätzt. Zudem geraten die Kinder, wenn die Beckenendlage des ersten mit einer Schädellage des zweiten Kindes kombiniert ist, bei einer von 88 Geburten in die erwähnte Zwillingskollision.

Was die ganze Lagethematik angeht, wird die Entscheidung über das geburtshilfliche Vorgehen erst kurzfristig getroffen und Frauen, die sich eine nicht-operative Entbindung wünschen, dürfen bis zuletzt hoffen: Haben beide Kinder die Schädellage eingenommen, so bleibt es meist dabei bis zum Eintritt der Geburt. Andere Lagen gelten als instabil und können sich – öfter als bei Einlingsschwangerschaften – selbst noch am Termin ändern. Einschränkend gilt jedoch, dass der erste und für den Geburtsmodus ausschlaggebende Zwilling sich seltener als der zweite dreht.

Monoamniote Zwillinge

Wie schon in den vorangegangenen Kapiteln beschrieben, stellen die seltenen monoamnioten Schwangerschaften, bei denen die Kinder sich in einer Fruchthöhle mit gemeinsamen Eihäuten befinden, mit ihrer hohen Sterberate von 35 Prozent einen Sonderfall unter den Zwillingsschwangerschaften dar. Sie werden in der Regel per Kaiserschnitt entbunden, um Kopfkollisionen und Nabelschnurkomplikationen zu vermeiden. Da die Kinder nicht durch Eihäute getrennt sind, können sich die Nabelschnüre – vor allem dann, wenn in der akuten Geburtsphase ein Zwilling tiefer in die Gebärmutter tritt – verheddern.

Niedriges Geburtsgewicht/Gewichtsdifferenz
Wenn das geschätzte Geburtsgewicht eines Kindes oder beider Kinder unter 1800 Gramm oder das Gewicht des zweiten um mehr als zwanzig Prozent höher beziehungsweise niedriger als das des ersten liegt, stellt das meist einen Anlass für einen Kaiserschnitt dar. Von diesem Kriterium weichen Geburtshelfer in Einzelfällen ab, wenn die Mutter bereits geboren hat, darunter womöglich ein Kind mit besonders großem Kopf, und die Geburtswege entsprechend vorbereitet sind.

Obenstehend war beschrieben worden, dass das zweite Zwillingskind in vielen Fällen aus der ungünstigen Beckenendlage heraus vaginal entbunden werden kann. Das gilt auch dann, wenn die Kinder nur zwischen 1500 und 2500 Gramm wiegen. Bei den Kindern unter 1500 Gramm wird es allerdings schwierig. Der Geburtshelfer muss einkalkulieren, dass das Gewicht des Kindes vorgeburtlich überschätzt wurde. Liegt es doch unter 1500 Gramm, sprechen die Daten eher für die Überlegenheit des Kaiserschnitts, bei dem so kleine Kinder in besserer Verfassung und seltener tot geboren werden.

Gestationsalter
Obwohl ein Frühchen durch einen Kaiserschnitt nicht grundsätzlich im Vorteil ist, wird in der Praxis die Schnittentbindung in dieser Situation oft bevorzugt. Vor der 32. Schwangerschaftswoche ist die Gefahr von Hirnblutungen groß, weswegen man Sauerstoffmangelzustände und mechanische Geburtstraumata vermeiden will – beides lässt sich eher durch eine operative Entbindung gewährleisten.

Entbindungsvorgeschichte

Die Kaiserschnittraten bei Zwillingsmüttern steigen auch deshalb an, weil grundsätzlich immer mehr Mütter entbinden, die bereits einen Kaiserschnitt hatten. Daraus ergeben sich in mindestens der Hälfte bis vielleicht drei Viertel der Fälle Anlässe zu einem weiteren Kaiserschnitt. Nach einem vorherigen Kaiserschnitt sind die Risiken von Geburtskomplikationen wie die für Blutungen oder Gebärmutterrisse höher. Ein elektiver zweiter Kaiserschnitt, das heißt einer ohne spezifischen medizinischen Anlass, bringt jedoch bei Zwillingsmüttern keine Vorteile für Mutter oder Kinder, sondern ist mit mehr Infektionen sowie der Notwendigkeit von Transfusionen und einem längeren Krankenhausaufenthalt verbunden.

Übertragung

Der optimale Entbindungszeitraum von Zwillingen liegt, wie beschrieben, zwischen der 36. und 38. Schwangerschaftswoche. Die überschrittene 38. Woche stellt für manche Geburtshelfer einen Anlass dar, die Zwillingsschwangerschaft zu beenden – wenn nicht anders möglich, dann auch per Kaiserschnitt.

Späte Mütter und IVF-Mütter

Mütter in fortgeschrittenem Alter entbinden – auch wenn man andere Faktoren wie Schwangerschaftskomplikationen und Geburtskomplikationen herausrechnet – häufiger per Kaiserschnitt als jüngere Frauen, und das trifft insbesondere für Erstgebärende zu.

Eine ältere Mutter, die womöglich erst nach etlichen Versuchen durch künstliche Befruchtung schwanger geworden ist, hat vielleicht selbst ein anderes Risikoempfinden als eine 25-Jährige auf normalem Wege zur Zwillingsschwangeren gewordene Frau und wird von ihren Ärzten auch anders wahrgenommen. Auch scheinen Kinder nach Sterilitätsbehandlung Vorrang zu genießen und besonders behandelt zu werden. Ein Ausdruck aus der amerikanischen Geburtshilfe bringt es auf den Punkt: Man hat das Gefühl, es mit »premium pregnancies« (Blickstein 2000) zu tun zu haben, mit Premiumschwangerschaften, die nach dem Motto »Keine Hoch-Risikoschwangerschaft sollte mit einer Hochrisikoentbindung enden« betreut werden. Abgesehen davon ist bei Müttern nach einer künstlichen Befruchtung tatsächlich öfter eine Schnittentbindung aus einem der obenstehend beschriebenen Gründe nötig.

Geburtshilfliche Erfahrung
Es ist bedauerlich für alle Schwangeren, besonders aber für diejenigen mit einer Geburtssituation, die überdurchschnittliches Können erfordert: Die steigenden Kaiserschnittraten führen zu einer Abnahme geburtshilflichen Wissens im Hinblick auf die vaginale Entbindung. Dies wiederum bedingt eine sinkende Toleranz der Ärzte gegenüber herausfordernden Entbindungssituationen und begünstigt so die Neigung zu operativen Entbindungen weiter. An dieser gesundheitspolitischen Entwicklung kann natürlich die Zwillingsschwangere nichts ändern. Sie kann nur versuchen herauszufinden, ob ihre Klinik und deren Ärzte sich mit der vaginalen Entbindung von Zwillingen wohlfühlen und solche Geburten auch häufig begleiten. Eine vaginale Entbindung um jeden Preis bei fehlenden geburtshilflichen Fähigkeiten der gewählten Ärzte kann nicht im Sinne der Familie sein. Im Zweifelsfall ist die Entbindungsart die bessere, mit der die Geburtshelfer der Klinik, die man gewählt hat, mehr Erfahrung haben.

Vielen Frauen wird die Entscheidung zu einer unvermeidlichen Kaiserschnittentbindung dadurch erleichtert, dass sie oft in einer regionalen Narkose, der sogenannten Periduralanästhesie möglich ist. Diese wird bevorzugt angewandt, wenn nicht wichtige Gründe wie eine starke Blutungsneigung dagegensprechen. Gegenüber einer Vollnarkose hat sie die gleichen Vorzüge wie bei einer Einlingsgeburt. Die Mutter kann wenigstens einen Teil der Geburt bewusst miterleben, sie kann ihre Kinder gleich sehen, erholt sich schneller von der Narkose, und das Betäubungsmittel geht nicht wie bei einer Vollnarkose zum Teil auf das Kind über. Denkbar ist zudem eine Kombination von Allgemein- und Regionalnarkose, um Schmerzen nach einem Kaiserschnitt zu lindern.

Zwillingsmütter, die per Kaiserschnitt entbinden, egal ob regional oder ganz betäubt, sollten sich auf einen möglicherweise sehr betriebsamen Operationssaal einstellen. Der Übergang von ihrem womöglich noch recht gemütlichen Dasein zu Hause oder von ihrem Krankenhauszimmer zum OP-Saal kann sich – vor allem für eine Frau, die noch nie einen operativen Eingriff erlebt hat – sehr abrupt anfühlen. Der Raum wird voll des erwähnten Personals sein: Geburtshelfer, Hebammen, Anästhesisten, Kinderärzte, OP-Schwestern und Pfleger, in Unikliniken noch ergänzt durch Assistenten, Praktikanten und Studenten. Grün- oder blaugekleidete Menschen mit Mundschutz, die alle sehr auf ihr eigenes Tun konzentriert sind, dazu eventuell noch ein paar unangenehme Prozeduren wie das Legen von Kathetern und intravenösen Zugängen, können leicht Stress auslösen. Es hilft sehr, wenn man vorher eine ungefähre Vorstellung von den in der jeweiligen Klinik üblichen Abläufen vermittelt bekommen hat, denn im Operationsraum ist es für grundlegende Fragen oft zu spät.

Der Kaiserschnitt selbst wird wie bei Einlingen meist nach der neueren Misgav-Ladach-Methode vorgenommen, bei der weniger geschnitten als vielmehr gedehnt wird. Der Vorteil ist eine Naht, die kaum Gewebe und Muskelschichten berührt, eine schnellere Heilung, weniger Blutverlust und kürzere Operationszeit. Wenn die Kinder auf der Welt sind, können sie meist nicht wie bei der Einlingsgeburt auf dem Bauch der Mutter liegen, sondern werden, wenn sie nur wenig wiegen, unter eine Wärmelampe gelegt oder in einer neonatologischen Station oder einer Kinderintensivstation versorgt. Wenn die Zwillinge auf die Intensivstation müssen, kann es zunächst zu einer Trennung von Mutter und Kind kommen. Eine schwierige und traurige Situation, in der meist Väter die wichtige Rolle übernehmen, bei den Kindern zu sein beziehungweise zwischen den Kindern und der Mutter hin und her zu gehen, mit Berichten, Milch, Fotos und vielleicht dem Geruch der Kinder an ihrer Hand.

Tröstliches

Viele Mütter können gut mit der Notwendigkeit eines Kaiserschnitts leben, wenn ihnen die Gründe dafür einsichtig sind, oder sie haben von vornherein wenig Einwände gegen diese Art zu gebären. Für diejenigen, die eher mit ihrem Entbindungsschicksal hadern, folgen hier noch ein paar tröstliche Aspekte. Der operative Geburtsweg wird den Frauen oft unnötig sauer gemacht, weil sie überall lesen müssen, dass der Eingriff ein seelisches Trauma darstellt und dass sie den Kontakt zu ihren Babys nicht angemessen werden herstellen können. Und in der Tat kann der Anfang, wie zu lesen war, ein reichlich holpriger sein: Die Mutter wacht auf, der dicke Bauch ist weg, die Kinder auch. Sie wird mit dem Rollstuhl in ein anderes Stockwerk gekarrt, und da zeigt dann jemand auf zwei kleine Glaskästchen, in denen zwei verkabelte Kinder liegen, die man im Leben noch nie gesehen hat: »Das sind Ihre!« Manche Mütter haben in diesen Momenten und den ersten Tagen ein Gefühl der Unwirklichkeit, als wären die Kinder aus dem Nichts aufgetaucht und gehörten deshalb gar nicht richtig zu ihnen. Das Abrupte, Plötzliche, Schmerzhafte, das auf immer in der Narkose verborgene Geburtsgeschehen – all das ist von vielen Müttern als eine Enttäuschung, Kränkung, Verletzung, bis hin zu einer lebenslangen Trauer beschrieben worden.

Als hilfreich gilt, sich nach dem Kaiserschnitt auf das zu konzentrieren, was möglich und intakt ist, zum Beispiel die Fähigkeit zu stillen. Viele Mütter schildern das Stillen nach dem Kaiserschnitt als eine überwältigend schöne Erfahrung, die das Zeug dazu hat, die fehlende Geburtserfahrung ein wenig zu kompensieren. Auch könnte es sinnvoll sein, sich grundsätzlich von dem Begriff »natürliche Entbindung« zu verabschieden. Eine Zwillingsschwangerschaft ist entweder der beschriebene Ausrutscher der Natur oder ein höchst künstlich geschaffener Zustand. Der Begriff der Natürlichkeit führt zu einer Polarisierung der Betrachtungsweisen, bei der die Vor- und Nachteile des »künstlichen« Geburtswegs gegen die des »natürlichen« feindlich aufmarschieren. Für manche Zwillingsmütter wird es zu einer schweren Kollision ihrer tiefen Sehnsüchte mit den Anforderungen der geburtshilflichen Realität kommen. Und dann ist vielleicht gerade die Fähigkeit, nicht in solchen ideologischen Kategorien zu denken, sondern einen Kompromiss schließen zu können, sehr wichtig.

Vor allem aber sollten sich Mütter nicht von den immer wieder angeführten Bindungstheorien ins Bockshorn jagen lassen. Niemand verfügt über Daten, die eine begründete Aussage zu den Unterschieden in der Mutter-Kind-Beziehung von Kaiserschnittmüttern im Vergleich zu nicht-operativ entbindenden Frauen erlauben. Insbesondere die Behauptung, dass der Kaiserschnitt die Mutter-Kind-Bindung anhaltend beeinträchtigt, ist nirgends bewiesen. Die beiden Gruppen von Kindern und den dazugehörigen Müttern beziehungsweise Eltern werden nie miteinander vergleichbar sein, so dass – wenn sich tatsächlich Unterschiede in der Bindungsqualität fänden – sich diese nicht eindeutig auf den Kaiserschnitt zurückführen ließen.

Hausgeburt bei Zwillingen?

Hebammen erinnern sich daran, dass die Entbindung von Zwillingen, auch wenn sie immer etwas Besonderes war, stets zum Repertoire der Hebammenkunst gehörte und dass sie früher regelmäßig zu Zwillingsgeburten nach Hause gerufen wurden. Ist eine Hausgeburt nach allem, was bisher über Zwillingsgeburten zu erfahren war, heute überhaupt diskussionswürdig? Noch einmal rasch der Stand der Dinge bei der Einlingsgeburt: Die vorhandenen Übersichtsarbeiten aus europäischen Ländern, bei denen die Hausgeburt kein solches Reizwort wie bei uns ist, zeigen deutlich, dass die Hausgeburt nicht grundsätzlich eine gleichwertige Alternative zur Klinikgeburt ist. Würde man Frauen nach Zufall, also ohne medizinische Voraussetzungen zu prüfen, auf die beiden Geburtsorte Zuhause und Klinik verteilen, würden im Krankenhaus mehr Frauen und Kinder die Geburt ohne Schaden überstehen als zu Hause. Aber: wenn das Zuhause als Geburtsort von Frauen gewählt wird, die keine erkennbaren Geburtsrisiken tragen, die sich in der Schwangerschaft gut überwachen lassen und die Geburt schließlich gutgeplant in räumlicher und organisatorischer Nähe zu einem größeren Krankenhaus stattfinden lassen, dann ist das eine Entscheidung, für die sich die Frau nicht diffamieren lassen muss. In dieser ausgewählten Gruppe haben die Frauen und ihre Kinder in der Klinik keinen besseren Geburtsverlauf als zu Hause. Das gilt für die Einlingsgeburt.

Bei der Zwillingsgeburt wollen es manche Frauen unbedingt wissen. Sie gebären Zwillinge zu Hause und stellen – zumindest wenn es gut gegangen ist – den Geburtsbericht ins Internet. Diese Schilderungen können recht unangenehm berühren. Die Tatsache, dass beide Kinder ohne medizinisches Sicherheitsnetz zu Hause gesund zur Welt kamen, wird selbstzufrieden und triumphierend berichtet. Frauen, die dieses Vorgehen für sich nicht in Erwägung ziehen, dürfen zwischen den Zeilen herauslesen, dass sie sich von der männlich dominierten übertechnisierten Geburtshilfe manipulieren lassen. Wenn eine Hebamme die Geburt begleitete, wird das Ganze nebenbei noch zum Schauplatz des Selbstbehauptungskampfes eines ganzen Berufsstands. Dann ist die Rede von »großen Meisterinnen« der Entbindungskunst und einem »stolzen Ergebnis«. Die meisten professionellen Geburtshelfer, ob Ärzte oder Hebammen, werden die Möglichkeit, Zwillinge zu Hause zu entbinden, selbst bei günstigen Ausgangsvoraussetzungen ablehnen.

Der Bund Deutscher Hebammen orientiert sich am Risikokatalog, der von den Berufsverbänden der deutschen Gynäkologen herausgegeben wird und Zwillingsgeburten als Risikogeburten einstuft. Die Berufsordnungen für Hebammen der Länder gestatten die Betreuung einer »Regelgeburt«, wozu in manchen Bundesländern bereits die Beckenendlagengeburt eines Einlings nicht mehr gehört. Auch das Netzwerk der Geburtshäuser, ein Verband, in dem sich Geburtshäuser zusammengeschlossen haben, die eine gemeinsame Qualitätskontrolle anstreben, lässt auf Anfrage verlauten, dass Zwillings- und andere Mehrlingsgeburten sich nicht für die sogenannte außerklinische Geburt, also eine Hausgeburt oder Geburt im Geburtshaus eignen. Ob zu Hause oder im Geburtshaus, beiden Entbindungsorten ist gemein, dass etwas Wesentliches fehlt: die Möglichkeit zur Anästhesie und damit die zum Notkaiserschnitt angesichts des – wie beschrieben – viel weniger vorhersehbaren Geburtsverlaufs und des höheren Risikos für Blutungen, vorzeitigen Plazentalösungen und Nabelschnurvorfällen. Anders als bei der Einlingsgeburt ist ein Abbruch der Hausgeburt und die Klinikver legung schlechter möglich, weil, wenn eine Notfallsituation für das zweite Kind eintritt, sich nur ein kleines, vielleicht fünf- bis zehnminütiges Zeitfenster für Rettungsmaßnahmen öffnet, bevor das zweite Kind ernsthaft geschädigt oder tot ist. Man wird also von keiner offiziellen Stelle hören, dass eine außerklinische Zwillingsgeburt etwas anderes ist als ein von sehr wenigen Frauen in Zusammenarbeit mit Hebammen, die sich eher außerhalb ihrer Berufsordnung stellen, unternommenes Wagnis.

Alles in allem sind die Geburtsgeschichten von Zwillingsmüttern so vielfältig wie die anderer Mütter auch. Und das bedeutet, die meisten sind aus Sicht der Geburtshelfer unspektakulär, Mutter wie Kinder bleiben unversehrt. Die Frage, wie positiv und gelungen die Frau eine Geburt erlebt, hängt wahrscheinlich weniger davon ab, ob sie zwei Kinder oder eines auf die Welt bringt, als vielmehr davon, wie viel Vertrauen sie in ihren Körper hat, welche Erfahrungen sie möglicherweise bei vorangegangenen Geburten und Klinikaufenthalten gesammelt hat, sowie davon, wie gut es ihnen gelungen ist, einen Geburtsort und Geburtshelfer zu finden, der zu ihnen und ihren Vorstellungen von einer guten Geburt passt.

5 Zu Hause ankommen

Doppelglück und Double Trouble

Die gleichzeitige Geburt zweier Kinder ist entgegen landläufiger Annahmen kein gleichmacherisches Ereignis, das womöglich alle Eltern in die Knie zwingt und zu einer eingeschworenen Gemeinde macht, die sich unter anderem am Kainsmal der dunklen Augenringe auf der Straße erkennt. Familien, die Zwillingszuwachs bekommen, so viel lässt sich vorwegnehmen, kann man in den ersten Wochen, Monaten oder Jahren in unterschiedlichster seelischer und körperlicher Verfassung antreffen, und ihre Reaktionen auf das besondere Geburtsereignis sind so vielfältig und bunt wie die Familien es schon vor der Geburt der beiden Kinder waren. Die Selbstverständlichkeit, mit der in Alltagsgesprächen davon ausgegangen wird, dass die elterliche Belastung bei der Versorgung von zwei Kleinkindern alle Vorstellung sprengt, muss gerade Zwillingseltern in spe das Herz in die Hosentasche rutschen lassen. Vielleicht sollte man deshalb erst einmal von etwas anderem erzählen, nämlich von Glück, Stolz, Begeisterung, Zufriedenheit und Dankbarkeit, denn all diese Gefühle gibt es rund um eine Zwillingsgeburt genauso wie bei der Ankunft eines einzigen Kindes.

Eltern, die gerade ein Baby bekommen haben, beschreiben ihr Glück oft als vollkommen, als überwältigend. Und sie sprechen häufig von einer Liebe, die alle vorher gekannten Emotionen an Intensität in den Schatten stellt. Wie sollte sich ein oft als so vollkommen empfundenes Glück noch vermehren lassen? Kann es so etwas wie das häufig zitierte »doppelte Glück« der Zwillingseltern überhaupt geben? Oder erleben Zwillingseltern grundsätzlich etwas anderes?

Mit wissenschaftlicher Genauigkeit lassen sich solche Fragen nicht beantworten, denn die wenigen Studien, die sich damit beschäftigen, wie es Zwillingseltern nach der Geburt ihrer Kinder geht, sind einseitig auf das Problematische ausgerichtet. Will man etwas über Erfüllung und Lebenszufriedenheit von Mehrlingseltern erfahren, bleibt im Moment nur, den Erzählungen von möglichst vielen Müttern und Vätern zuzuhören. Und da ist schon oft die Rede von dem Gefühl, dass mit der gleichzeitigen Geburt von zwei Kindern ein Füllhorn des Glücks über ihnen ausgeschüttet wurde. Das Empfinden, überreich bedacht worden zu sein, einfach mehr bekommen zu haben, als die Natur normalerweise zuteilt, wird oft angesprochen, auch wenn Eltern mit etwas bescheidenerer Natur sich für diese Emotionen fast schämen. Dabei geht es vielen erkennbar nicht um ein Mehr im quantitativen Sinn, sondern um ein Ganzes, das mehr ist als die Summe seiner beiden Teile. Müttern und Vätern scheint besonderes Elternglück aus all dem Spannenden, Kuriosen und Charmanten, das zu einer Zwillingsexistenz gehört und das sie nun hautnah miterleben dürfen, zuzuwachsen.

Und natürlich empfinden Zwillingseltern Stolz auf ihre Kinder, der so archaisch, irrational und facettenreich ist, wie Elternstolz das auch sonst zu sein pflegt. Es ist ein Stolz darauf, genau diese beiden Kinder ausgetragen und auf die Welt gebracht zu haben, sie mit Liebe, Wärme und Hoffnung begleiten zu können. Besondere Gefühle der Dankbarkeit beschreiben Paare, die nach langer Unfruchtbarkeit die Schwangerschaft mühsam herbeigearbeitet haben und für die es oft bei dieser einen bleiben wird. Die doppelte Schwangerschaft und Geburt wird nicht selten auch als Wiedergutmachung für die erlittenen Kränkungen oder als Triumph über ein zunächst ungnädiges Schicksal erlebt.

Wie gut sich Glücksmöglichkeiten entfalten können und wie viel Platz sie neben anderen Gefühlen, etwa denen der Anstrengung, Erschöpfung oder Sorge haben dürfen, hängt von vielen, besonders aber von zwei Faktoren ab: zum einen davon, ob die Eltern gesunde, nicht zu früh geborene Kinder in Empfang nehmen dürfen, und zum anderen davon, mit wie viel Hilfe die Zwillingsfamilie innerhalb des eigenen Umfelds rechnen beziehungsweise in welchem Umfang sie andere Helfer bezahlen kann. Und natürlich wird die familiäre Gesamtchemie davon bestimmt, wie es dem Paar schon vor der Geburt miteinander und mit bereits vorhandenen Kindern ging, wie zufrieden beide mit der geplanten Aufteilung der Erwerbsarbeit und der Kinderversorgung sind, ob es neben der Zwillingsgeburt noch andere Familienbelastungen wie etwa pflegebedürftige Eltern oder materielle Beschränkungen gibt.

Harte Zeiten

Selbst unter guten Bedingungen werden Mütter und Väter, die mit zwei Neugeborenen nach Hause kehren, einer arbeitsreichen Zeit entgegensehen, und sie werden etwas mehr Talent zum Organisieren und Glücklichsein entfalten müssen als Einlingseltern, damit das Schöne der Neugeborenen- und Kleinkindzeit nicht untergeht. In den USA, wo besondere Phänomene gerne auch knackige Namen tragen, nennt man das, was frischgebackene Zwillingseltern erleben und bewältigen müssen, schlicht »Double Trouble« oder »Double Duty«. Tatsächlich ist sowohl die Alltagswahrnehmung wie auch die sozialwissenschaftliche Forschung an Mehrlingsfamilien in Amerika und Europa – wie schon gesagt – aufs Problematische gerichtet. »Parenting Stress« wird gemessen, Elternbelastung, Probleme in der Mutter-Kind-Beziehung und Depressivität der Mutter. Und kurz gesagt: Zwillingseltern geht es im Durchschnitt nicht ganz so gut wie Eltern, die Einlinge bekommen haben. Die ersten Monate mit zwei Kindern sind häufiger von körperlicher und seelischer Erschöpfung bis hin zu Gedächtnisproblemen, von besonders ängstlichen sowie instabilen Stimmungen und Spannungen in der Partnerschaft sowie Sorgen um die Geschwister der Zwillinge und die Familienfinanzen begleitet. Auch regelrecht depressive Phasen treten bei Zwillingsmüttern häufiger auf als bei Frauen, die nur ein Kind geboren haben – ein Vergleich, der auch fünf Jahre nach der Geburt noch so ausfällt und auch dann noch stimmt, wenn man das Befinden von Zwillingsmüttern solchen Frauen gegenüberstellt, die zwei Einlingskinder sehr kurz hintereinander geboren haben.

Was macht die erste Zeit mit Zwillingen aus? Welche Aufgaben stellt sie den Familien? Was hat sie an sich, dass sie viele Eltern an den Rand ihrer Kräfte bringt? Zuerst vielleicht das Moment der Überraschung. Auch Einlingseltern kennen das Phänomen, dass nichts von dem, was sie vorher gelesen haben oder bei Freunden und Verwandten beobachten konnten, auf den Praxisschock, den sie dann erlebten, vorbereiten konnte. Im Positiven wie im Negativen löst die Erfahrung, dass man mit einem Wesen in seine Wohnung zurückkehrt, das vorher noch nicht da war, das man kaum kennt und ab jetzt 24 Stunden präsent ist, eine Erschütterung aus. Im Fall von Zwillingseltern kann es zu einer besonders harten Kollision kommen zwischen den Vorstellungen, die man sich vom Leben mit den Kindern gemacht hat, und dem, wie sich der Alltag der ersten Monate tatsächlich entwickelt.

Desillusionierend ist vor allem das häusliche Szenario, das entstehen kann, wenn die Mutter sich – nach ersten zwei, drei Wochen gemeinsam mit dem Partner – plötzlich allein um die Kinder kümmern muss und dabei auch von niemand anderem regelmäßig Hilfe hat. Alleingelassen in einer sich endlos wiederholenden Versorgungsroutine kann die Freude an den eigentlich zärtlichen Verrichtungen des Wickelns, Fütterns und Tragens der Kinder leicht vergehen, und der Wunsch nach Hingabe an die Kinder wird unerfüllbar, wenn man sich die Befriedigung eigener elementarer Bedürfnisse –

etwa den Besuch von Dusche und Toilette – jeden Tag hart erkämpfen muss.

Eine stillende Frau, die das Füttern ihrer zwei Kinder außer durch aufwendige Abpumpprozeduren nur schlecht an jemand anderen delegieren kann (und das vielleicht auch gar nicht will), erlebt einen Tag, den eine Zwillingsmutter einmal treffend als »durchgetaktet« bezeichnete: Enge Intervalle zwischen Still- und Fütterungszeiten schränken das Spektrum ihrer Aktivitäten und ihre Mobilität in einem bisher nicht gekannten Maße ein. Das Vorhaben der Einzelkämpferin, mit den Kindern in einer Versorgungspause die Wohnung zu verlassen – die womöglich in einem oberen Stockwerk ohne Lift liegt –, wird an besseren Tagen etwas Slapstickhaftes, an den schlechteren tragische Züge haben.

Eine Stunde Vorlaufzeit sollte die Mutter mindestens einkalkulieren, wenn beide Kinder der Jahreszeit entsprechend und annähernd sauber gekleidet, zudem gewickelt und gefüttert sein sollen, wenn man sie, um all dies zu tun, nicht extra wecken will und auch die Erwachsene selbst gerne geduscht und angezogen wäre, wenn sie alles dabeihaben möchte, was unterwegs gebraucht wird. Diese Aktivitäten, das sollte man nicht vergessen zu erwähnen, werden nicht geräuschlos abgehen, wenn man sie allein meistern muss. Das Abgelegt-Werden, das Warten, vielleicht schwitzen oder schon wieder die Windeln voll haben, sind keine Zustände, die ein Neugeborenes lange unkommentiert lassen wird. Während sich also im Treppenhaus bereits die Türen interessierter Nachbarn öffnen, muss noch der Zwillingskinderwagen aus der Wohnung oder aus einem Abstellraum auf die Straße befördert, eventuell aufgeklappt werden. Wohin derweilen mit den Kindern? Weinend in der Wohnung lassen oder eins ins Tragetuch, das andere auf den Arm? Sollte die Mutter so vermessen sein, unterwegs noch etwas erledigen zu wollen, einen Einkauf vielleicht oder einen Arztbesuch, und womöglich ein weiteres Kleinkind dabeihaben, sich mit öffentlichen Verkehrsmitteln bewegen oder das Auto aus der Tiefgarage holen müssen, dann hat das Ganze den Charakter einer Expedition, die sie nicht alle Tage unternehmen möchte. Und damit wäre man bei dem Faktor, der neben dem noch zu besprechenden Schlafmangel das seelische Gleichgewicht vor allem der Mutter, aber auch mancher Väter am meisten gefährdet, nämlich die drohende soziale Isolation.

Mama allein zu Hause

Viele der Interviews, die für dieses Buch mit jungen Eltern von Zwillingen geführt wurden, schienen ein Déjà-vu-Erlebnis zu sein: Eine Frau sitzt mit zwei Babys oder Kleinkindern umgeben von Spielzeug, Windeln und Flaschen auf dem Boden, der Vater der Kinder ist außer Haus an seinem Arbeitsplatz. Sie hat vor der Geburt aufgehört zu arbeiten, aus einem der hundert Gründe, die es in Deutschland dafür auch für Einlingsmütter zu geben scheint: weil der Mann mehr verdient, weil einer oder beide der Meinung sind, die Mutter sei diejenige, die primär für die Kinderversorgung zuständig ist, weil sich die Familie professionelle Kinderbetreuung in einem nennenswerten Umfang oder ein Au-pair-Mädchen nicht leisten kann, weil kein städtischer Krippenplatz zu bekommen und ein privater mit Kosten von etwa 500 Euro plus Essensgeld im Monat (mal zwei) nicht infrage kommt, weil die Großeltern zu weit entfernt wohnen oder selber Pflege brauchen. Oder weil die Eltern die speziellen organisatorischen Hindernisse, die einer Rückkehr der Zwillingsmutter an den Arbeitsplatz entgegenstehen, auf längere Zeit hinaus für unüberwindbar halten. Und so entscheiden sich Zwillingsfamilien in Deutschland deutlich häufiger für das konventionelle Versorgermodell als Familien mit hintereinander geborenen Kindern. Zwillingsmütter hören bereits früher vor dem Geburtstermin auf zu arbeiten und kehren später als Einlingsmütter sowie häufiger als diese gar nicht mehr an einen Arbeitsplatz außer Haus zurück – insbesondere dann, wenn sie außer den Zwillingen schon ein oder mehr Kinder haben.

Was das Arbeiten und Zu-Hause-Bleiben angeht, hat es für viele Frauen bisher niemand treffender beschrieben als Barbara Sichtermann in ihrem Klassiker der Elternliteratur »Vorsicht Kind« (2002): »Das Haus ist zu klein geworden und die Frau zu groß. Im vorigen Jahrhundert mag das Haus ›eine Welt‹ gewesen sein, die zu verwalten für die bürgerliche Frau sich wirklich gelohnt hat. Was die sozialen und räumlichen Ausmaße, was den ›Welt‹-Charakter des Hauses betrifft, so haben wir alle ... eine Proletarisierung durchgemacht. Im Haus ist nichts mehr los. Von niemand kann im Ernst verlangt werden, dort sein Leben zu verbringen, auch nicht von einem Kleinkind.«

In der Wohnkabine oder -klause, die das Kind mit seiner Mami bewohnt, sieht Sichtermann keinen Platz mehr für die Begegnung mit der Welt. Sie hat das vor fünfundzwanzig Jahren so diagnostiziert; in den Wohnkabinen des neuen Jahrtausends sieht es nicht anders aus. Die Freiburger Journalistin Birgitta Stauber beschreibt dies in ihrem Buch »Elternglück im Doppelpack« (2005) so: Die Autorin hat ihren Job zunächst an den Nagel gehängt und widmet sich den Babys Muriel und Hannah. Ein exemplarischer Tag beginnt um sechs Uhr früh, als der Vater der Mädchen zu seinem Bürotag mit anschließendem Geschäftsessen aus dem Haus geht. Die Vormittagsstunden vergehen zwischen Wickeln, Stillen und Herumtragen der Kinder nur leidlich. Wickeln, Stillen, Herumtragen und Doppelgeschrei. Um 11 Uhr vormittags protokolliert sie: »Noch elf Stunden bis Roland heimkommt«, Wäsche sortieren, dann ein Spaziergang, bis es endlich 15 Uhr ist: »Noch sieben Stunden, dann kommt Roland.« Und weiter mit Stillen, Wickeln, Herumtragen und dem nebenbei zu erledigenden Haushalt. Schließlich 19 Uhr: »Gleich ist es geschafft.« Um 20 Uhr schläft die Mutter erschöpft auf dem Sofa ein und kann dem Eintreffen des Ehemanns um 23 Uhr nicht mehr sehr viel abgewinnen. Sie stillt die Kinder noch einmal, damit die Schlafphase bis zum frühmorgendlichen Füttern und dem nächsten Tag im Doppelglück vielleicht ein wenig länger wird.

An dieser Beschreibung ist nichts überzeichnet, und die Freiheitsgrade des Elternteils, der für die Kinder hauptsächlich zuständig ist, vergrößern sich nicht mit jedem Monat. Zwei Kleinkinder werden zwar irgendwann nicht mehr gestillt und seltener getragen, dafür schlafen sie weniger, sind schwerer, spielen mehr und sind auf einmal mobil. Die Nächte werden besser oder sogar gut, die Tage bleiben für den Alleinzuständigen auf lange Zeit hinaus restlos ausgefüllt.

Wohlgemerkt: Man findet Eltern, denen die Aufgabe, sich um zwei Neugeborene zu kümmern, eben doch groß genug erscheint, und Frauen, die mit der Perspektive, dies sei ja nicht für immer, ganz gut durchhalten. Oder deren Dankbarkeit über die Geburt der Kinder gerade nach längerer Kinderlosigkeit so groß ist, dass sie sich vorgenommen haben und oft in der Lage dazu sind, eigene Bedürfnisse für lange Zeit hintanzustellen. Die sich auf die neue Situation vorbereitet und sie ganz angenommen haben oder sogar eine ausgesprochen positive Sichtweise ihrer Situation entwickeln und denen die Aussicht, irgendwann an den Arbeitsplatz zurückzukehren, reicht. Aber es gibt sehr viele Frauen, die der Mangel an Kontakt mit Erwachsenen, der Mangel an Zeit mit dem Partner und an Zeit für sich selbst schwer zu schaffen macht. Und es ist ein Trugschluss zu glauben, dass nur, weil eine Frau sich die Kinder sehr gewünscht und vielleicht freiwillig ihren Job verlassen hat, sie automatisch besser mit den Belastungen der Zwillingsmutterschaft zurechtkommt und weniger hilfsbedürftig ist als andere Frauen.

Nun haben die meisten Familien hinsichtlich der Frage, wo das Geld herkommt und wer es heranschafft, nicht besonders viel Spielraum. Wer jedoch Gestaltungsmöglichkeiten hat, sollte nicht unterschätzen, was es bedeutet, wenn eine Frau, die einen Beruf erlernt und auch ausgeübt hat, sich für lange Zeiträume nach Hause zurückzieht. Jenseits aller Ideologien zeigen sozialwissenschaftliche Arbeiten, dass Berufstätigkeit ein sogenannter »protektiver Faktor« für die seelische Gesundheit der Mütter ist: Denjenigen, die nach der Geburt ihres Kindes wieder arbeiten, geht es im Schnitt besser als den Zu-Hause-Gebliebenen. Und es gibt kein wissenschaftlich begründetes Argument dafür, warum Männer nicht deutlicher in die frühe Kinderversorgung einbezogen sind. »Die Natur [hat eine] doppelgeschlechtliche Elternschaft vorgesehen … Nach allem, was wir wissen, sind Mütter wie Väter von der Natur für die frühe innige Elternschaft sensitiv gleichermaßen vorbereitet«, brachte es der Hamburger Psychiater Peter Riedesser kürzlich in einem Interview mit der »Zeit« auf den Punkt.

Man kann kaum glauben, dass solche Argumente immer noch nötig sind. Dennoch beobachtet die Familienforschung seit Jahrzehnten das Gleiche, nämlich dass Paare, trotz ihrer Wünsche nach partnerschaftlichen Beziehungen bald nach der Geburt der Kinder tradierte Rollen übernehmen. Das Modell »Vater geht arbeiten, Mutter bleibt zu Hause« kann bei nur einem Neugeborenen für bestimmte Zeiträume funktionieren, weil solche Mütter viel mobiler sind und der häuslichen Isolation je nach Bedürfnis immer wieder ganz gut entgegenwirken können. Die Versorgerin von Zwillingen ist in Gefahr, von der Welt abgeschnitten zu werden, und kann sich all das, was ein Arbeitsplatz an Positivem bietet, nämlich Kontakte, Gespräche, Erfolgserlebnisse, schlecht woanders holen. Und weder in der Literatur noch in der Zwillingswelt lassen sich Belege dafür finden, dass das pausenlose Zusammensein mit zwei Kindern Frauen für den Verlust der restlichen Welt entschädigen kann.

Schlafen, Weinen, Wachen

Das Schlafthema ist für viele werdende Zwillingseltern ein Schreckgespenst. Jeder weiß, wie sich Unterbrechungen und Abkürzungen des gewöhnlichen Schlafpensums anfühlen. Und jeder hört von Schreibabys und von Kindern, die um nichts auf der Welt schlafen wollen – was, wenn womöglich beide Kinder so geraten? Selbst in einer »normalen« Zwillingssituation, das heißt, wenn zwei gesunde, normalgewichtige Kinder mit nach Hause genommen werden, sieht die Schlafbilanz am Anfang nicht rosig aus. In den ersten drei Wochen, so schätzt man, bekommt über die Hälfte der Mütter deutlich weniger als sechs Stunden Schlaf pro Nacht, und die meisten müssen damit fertigwerden, selten mehr als zwei, drei Stunden am Stück zu schlafen. Nach drei Monaten geht es in dieser Hinsicht wieder aufwärts, und Zwillingsmütter kommen im Schnitt auf das gleiche Quantum Schlaf wie Einlingsmütter.

Was die Eltern in der Anfangszeit bewältigen müssen, ist aber nicht nur die Verdoppelung der Nachtarbeit, also das Stillen und Trösten von zwei Kindern statt einem, sondern die allgemein größere Störanfälligkeit des Schlafs von Zwillingsbabys. Viele der Mehrlinge sind zu früh geboren und aus ihrer Zeit auf der Frühchenstation daran gewöhnt, rund um die Uhr berührt und gefüttert zu werden; sie nehmen das Bedürfnis nach Dauerstimulation oft mit nach Hause. Zudem brauchen sie aufgrund ihres niedrigen Körpergewichts und kleineren Magenvolumens eine Zeitlang kürzere Still- beziehungsweise Trinkintervalle von nur zwei bis drei Stunden – und das rund um die Uhr. Häufig tritt auch die Situation ein, dass Eltern erst einmal mit nur einem Kind von der Intensivstation nach Hause kommen, sich daran gewöhnen und es nach der Ankunft des zweiten Zwillings schwierig finden, sich auf zwei Kinder und deren Rhythmen umzustellen.

Im Alltag zu Hause werden Zwillingskinder (auch reif geborene) erfahrungsgemäß häufiger als Einlinge von wechselnden Familienmitgliedern gefüttert, gewickelt und ins Bett gebracht, so dass die Babys manchmal länger brauchen, um sich an die damit verbundenen Variationen in den Abläufen zu gewöhnen. Zu alldem können sich unerwartete Schlafprobleme der älteren Geschwister gesellen, die auf diese Weise ihrer Eifersucht auf die beiden Neuankömmlinge Ausdruck verleihen.

Zusammen schlafen

Eine Besonderheit am Schlaf von Zwillingskindern, die etwas sehr Schönes hat, ist die Möglichkeit, sie miteinander schlafen zu lassen. Viele Eltern finden es ohnehin das einzig Wahre, die beiden, die neun Monate so eng beieinander waren, zunächst in großer Nähe zueinander zu lassen: Mehr als die Hälfte aller Eltern legen die Kinder am Anfang zusammen in ein Bettchen oder Körbchen. Abgesehen von diesem sentimentalen Glück scheint das Zusammenlegen der Kinder den großen Vorzug zu haben, dass sich die Kinder durch Berührung und Nähe gegenseitig beruhigen. In manchen Frühchenstationen werden auch sehr kleine Zwillinge oft zusammengelegt, weil sie offensichtlich in der Nähe ihres Geschwisters besser gedeihen und zunehmen. Man geht davon aus, dass die Biorhythmen der Kinder, also die sich periodisch wiederholenden Schwankungen von Merkmalen wie Blutdruck, Herzfrequenz und Körpertemperatur, noch aus der vorgeburtlichen Zeit aufeinander abgestimmt sind. Vielleicht fällt es deshalb gemeinsam schlafenden neugeborenen Zwillingen leichter, ihre Körpertemperatur zu regulieren sowie stabile Schlaf- und Essrhythmen zu entwickeln, wohingegen die räumliche Trennung den Kindern unnötigen Stress bereitet.

Eltern, die ihre Kinder nicht zusammenlegen, tun dies oft aus der Befürchtung heraus, dass diese sich gegenseitig wecken könnten. Auch haben sie die Sorge, dass das Nahe-Beieinanderliegen die Babys einem erhöhten Risiko für den seltenen, aber gefürchteten plötzlichen Kindstod aussetzt – vor allem, wenn sie bereits wissen, dass diese Gefahr bei frühgeborenen Zwillingen tatsächlich doppelt so hoch ist wie bei einem verfrüht auf die Welt gekommenen Einlingskind. Für eine der möglichen Ursachen des plötzlichen Kindstods hält man das Überhitzen des Babys, wenn es im Bettchen zu warm eingepackt wird. Deshalb hat man nächtliche Temperaturkurven zusammen schlafender Kinder überprüft und dabei herausgefunden, dass sich Schlafstadien und Schlafdauer der Kinder synchronisieren, sie sich aber nicht gegenseitig überwärmen oder am Atmen hindern.

Ansonsten sollten Zwillingseltern dieselben Ratschläge befolgen, die man derzeit allen Eltern international auf den Weg gibt, um das Risiko des plötzlichen Kindstods zu verringern: die Kinder in Rückenlage zu betten (Fuß an Fuß oder nebeneinander), nicht zu warm zuzudecken, im Haus nicht zu rauchen, die Kinder zu stillen und sie das erste halbe Jahr mit im Elternzimmer schlafen zu lassen. Letztere Empfehlung können Eltern, die die Kinder zusammenlegen, ohnehin besser realisieren, weil sich das eine benötigte Bettchen oft leichter im Schlafzimmer unterbringen lässt.

Schlafen lernen

Die Toleranz einzelner Menschen für schlechte Nächte ist sehr unterschiedlich ausgeprägt, viele Eltern werden zu ihrer Überraschung feststellen, dass sich der Schlafmangel besser aushalten lässt als gedacht. Außerdem haben sich in den letzten Jahren eine Menge praktischer Erfahrungen von Zwillingseltern angesammelt, wie man die Schlafmenge aller Familienmitglieder positiv beeinflussen kann. Hinzu kommen Ergebnisse der Forschung über den Schlaf von Säuglingen und Kleinkindern im Allgemeinen, die für Zwillinge genauso nützlich sind. Wie ein roter Faden zieht sich dabei durch alle Experten-Empfehlungen der Grundgedanke, dass Schlaf ein erlerntes Verhalten ist. Babys können schon sehr früh Signale der Eltern und situative Merkmale wie Orte, Zeitpunkte, Lichtverhältnisse, Geräusche et cetera miteinander verknüpfen und ihr Schlafverhalten daran ausrichten.

Vielen Eltern widerstrebt die Vorstellung, sich in den ersten Wochen mit den Neugeborenen statt auf Intuition und Improvisation an Regeln und Routinen zu halten. Die beiden Hauptempfehlungen der Zwillingserfahrenen zum Thema Schlaf gehen aber genau in diese Richtung. Sie raten erstens, sich eine zur jeweiligen Familie passende Schlafroutine auszudenken, an die sich dann alle Personen halten, die für die Kinder sorgen. Dazu gehört, sowohl bei den Bettzeiten wie auch bei allen anderen Aktivitäten rund ums Schlafenlegen sowohl tags wie nachts auf Regelmäßigkeit zu achten. Also zum Beispiel jeden Abend zur gleichen Zeit das Schlafzimmer abzudunkeln und den Babytag mit etwas Schönem wie einer sanften Ölmassage oder einem Lied zu Ende zu bringen. Zum Zweiten hilft es oft, die Schlaf- und Essrhythmen der beiden Kinder zu synchronisieren. Das lässt sich, wie beschrieben, durch das Zusammenlegen der Kinder in ein Körbchen oder Bettchen fördern. Die meisten Neugeborenen gewöhnen sich daran, die Geräusche ihres Geschwisterchens, einschließlich seines Schreiens zu überschlafen, beziehungsweise lernen, nach kurzem Aufwachen trotz Geräuschkulisse in den Schlaf zurückzufinden. Man sollte auch nicht bei jedem kleinen Zeichen von Unruhe ein Kind vorbeugend aus der Schlafgemeinschaft entfernen, in der Sorge, es könnte das andere aufwecken, sondern versuchen, es in seinem Bettchen liegend wieder zu beruhigen . Auch beim Stillen und Trinken sollte der gemeinsame Rhythmus soweit wie möglich eingehalten werden. Dabei hat es sich für viele Eltern bewährt, das zweite, womöglich noch schlafende Kind notfalls aufzuwecken und im Anschluss an das erste zu stillen oder trinken zu lassen. Routine und

Regelmäßigkeit führen idealerweise dazu, dass nach einem halben Jahr beide Kinder einen Rhythmus gefunden und gelernt haben, dass der Tag zum Spielen und die Nacht zum Ruhen da sind.

Wenn in der zweiten Hälfte des ersten Lebensjahres der Schlaf der Kinder nicht deutlich stabiler oder sogar wieder wackliger geworden ist, können die Eltern zum einen überlegen, ob das aus der Neugeborenenzeit stammende Arrangement der Betten, Körbchen und Schlafzimmer noch taugt. Wenn alle in einem Zimmer die Nacht verbringen, kann es zum Beispiel sein, dass die Kinder sich allmählich stärker durch Geräusche der Eltern gestört fühlen. Oder vielleicht mag eines der Kinder nicht mehr in einem Körbchen schlafen und braucht jetzt ein Bett.

Wer morgens um vier Uhr auf dem Wohnzimmerteppich liegt und aus verquollenen Augen zwei Kindern beim Bedienen des Babytrainers zusieht oder abends nach dem letzten Füttern überlange Rituale hinter sich bringen muss, um bei seinen Kindern Müdigkeit zu erzeugen, der nimmt am besten auch das eigene Verhalten noch einmal unter die Lupe. Vermutlich stecken die meisten Eltern beim Schlafthema in einem Dilemma: Einerseits kommt ihnen das, was sie mit ihren Kindern tun, um sie zum Schlafen zu bringen – etwa sie in den Armen zu wiegen, bis sie müde werden –, liebevoll und damit richtig vor. Außerdem haben sie die Erfahrung gemacht, dass es kurzfristig zum Ziel führt, wenn sie die Wünsche des Kindes nach Kontakt oder Aktivität umgehend befriedigen.

Langfristig wird der Erfolg aber ins Gegenteil umschlagen. Insbesondere, wenn Zwillingseltern schon verzweifelt sind, greifen sie mitunter zu immer abwegigeren Maßnahmen, um ihre Kinder in den Schlaf zu bekommen, und sei es mit der vielzitierten Autofahrt um den Block. Kleinkinder, die man seit neuestem ja als »Forschergeist in Windeln« (Gopnik 2000) kennt, lernen rasch, dass es diese und nur diese

Methode ist, die anscheinend zum Schlafengehen gehört und werden zielstrebig jeden Abend und vor allem auch beim nächtlichen Aufwachen nach den jeweiligen elterlichen Bemühungen verlangen. Dem stellen Schlafforscher und Pädagogen die Auffassung entgegen, dass – je mehr sich die Eltern stellvertretend für ihr Kind anstrengen – das Kind umso weniger lernt. Sich auch unter Stress selbst beruhigen und innerlich in den Schlaf wiegen zu können wird in dieser Psycho-Logik als eine elementare menschliche Fähigkeit betrachtet, die man ein Leben lang braucht. Erst, wenn man einem Kind nicht zu sehr unter die Arme greift, hat es überhaupt die Möglichkeit, intuitiv zu erfahren, dass es auch ohne fremde Hilfe einschlafen kann. Auf diesem eigentlich sehr positiven Gedanken fußen fast alle Ratschläge, die sich Zwillingseltern aus den gängigen Ratgeberbüchern für Einlinge holen können und die etwa sechs Monate nach der Geburt bei Zwillingen genauso anwendbar sind. Alles läuft darauf hinaus, möglichst ruhig eine Routine zu durchlaufen, und dann das vielleicht noch wache Kind ins Bettchen zu legen und seinem Schlaf zu überlassen. Kinder, deren Eltern sich eine Zeitlang beim Einschlafen übermäßig in den Dienst ihrer Kinder gestellt haben, werden eine Umstellungsphase durchmachen, in der sie irgendwie damit umgehen müssen, dass die Babys auf die zunächst ungewohnte Anforderung mit Schreien und Weinen reagieren.

Kompromisse

Dieser schwierige Zeitpunkt lässt sich besser meistern, wenn Zwillingseltern sich bewusst machen, dass sie – wie Einlingseltern – vermutlich auch schlafübergreifende Ziele haben, nämlich als Familie im Lot zu bleiben, nicht zu erschöpft zu sein, um mit den Kindern überhaupt noch etwas Positives zu erleben oder arbeiten zu können. Vielleicht ist es das erste Mal, dass Eltern beobachten: Zwilling sein und Zwillinge haben heißt unter anderem auch, Kompromisse schließen zu müssen, in diesem Fall: »Wir sind zu zweit, das ist wunderbar, aber wir müssen uns ein klein wenig zusammenreißen, damit Mama und Papa auch leben können.«

Nun weinen die Babys ja nicht nur, wenn sie eigentlich schlafen sollten oder weil sie schlafen sollten, sondern auch tagsüber zu den Wachzeiten und aus vielen anderen Gründen. Dieses Geräusch scheint stets direkt in das elterliche Herz zu treffen. Zwei in voller Lautstärke schreiende, einige Wochen alte Kinder, die mit nassen, feuerrot verzerrten Gesichtchen aussehen, als könnte sie nichts außer einer zügig eingeleiteten Vollnarkose jemals wieder zur Ruhe bringen, können eine Stressreaktion bei den Eltern auslösen, die sie fast handlungsunfähig macht.

In der Theorie und von außen betrachtet, klingt das gar nicht so existentiell – was soll schließlich passieren? Dann schreien sie eben eine Weile, oder? Die Gefühle des totalen Kontrollverlusts und Versagens, die Zwillingseltern in dieser Situation befallen können, rühren daher, dass man, um ein Kind zu beruhigen, sich ihm völlig zuwenden und widmen muss. Aber wie soll ein Erwachsener allein das bei zwei Kindern bewerkstelligen? »Ich kam nach Hause, und da stand mein Mann mitten im Wohnzimmer und hatte an jedem Arm eine Babyschale mit einem Kind drin, die er hoch und runter schaukelte«, erzählt eine 39-jährige Zwillingsmutter in einem Internetforum von einer solchen Situation. »Er war total verschwitzt und sagte: ›Ich kann nicht aufhören, sonst schreien sie wieder.‹«

Abgesehen von derartigen Verzweiflungstaten bleiben jemandem, der gerade allein Babydienst hat, nicht viele Möglichkeiten. Er kann sich zum einen sagen, dass die Natur es vermutlich so nicht vorgesehen hatte. Ein Erwachsener allein mit zwei Kleinkindern, das ist nicht, wie es gedacht war. Und er kann versuchen, das Schreien zu relativieren. Zwar hört sich das Weinen existentiell an, das jedenfalls war von der Natur genauso gedacht. Aber es hilft, sich zu vergegenwärtigen, dass Weinen nicht gleich Weinen ist und Neugeborene mit der einen ihnen zur Verfügung stehenden Ausdrucksform sehr viele verschiedene und durchaus nicht immer dramatische Sachverhalte ausdrücken müssen: »Mir ist ein bisschen langweilig«, oder: »Ich glaube, ich würde mich gerne etwas hinlegen«, oder: »Ist eigentlich von dieser feinen Milch noch etwas da?«

Also: Wenn keine Hilfe in Sicht ist, sich mit dem letzten Quäntchen Humor und Selbstironie der Situation ergeben und weder auf sich noch die Kinder böse sein. Manchmal helfen Körperhaltungen, die den Kontakt zu beiden Kindern ermöglichen, wie etwa das eine Baby mit dem Gesicht nach hinten auf dem Arm zu tragen und währenddessen dem anderen ins Gesicht zu sehen und ihm das Herz auszuschütten: »Ich weiß, das ist jetzt furchtbar, aber es geht nicht besser. Ich möchte dich so gerne trösten, aber du musst noch ein bisschen warten, ich fange jetzt mal mit deinem Schwesterchen an. Und wir drei werden uns irgendwann wieder beruhigen, und dann wird alles wieder gut.«

Um jedem Missverständnis vorzubeugen: Kein ernstzunehmender Fachmann, weder der für den Schlaf noch für den Zwilling, schlägt vor, ein neugeborenes Kind in pädagogischer Absicht schreien zu lassen: »Schreienlassen stärkt nicht die Lungen, sondern die Angst. … Das Kind lernt [nicht] durch das Fernbleiben des Erwachsenen, dass es durchschlafen soll. … Wenn es nachts schreit und es kommt niemand, so leidet es Angst und Hunger« (Sichtermann 1981). Ein Neugeborenes muss unglaubliche Anpassungsleistungen erbringen, um mit der neuen fremden Welt um sich herum fertigzuwerden. Im Getöse des extrauterinen Daseins gibt es nur einen Halt für das Kind: die körperliche Nähe des Erwachsenen. Manche Autoren, die über die Neugeborenenzeit schreiben, brechen deshalb eine Lanze für gemeinsame Betten von Eltern und Baby, für glücklich am Leib getragene anstatt »weggelegte« Säuglinge und für den Liebesakt des

Stillens. Und sie glauben an Neugeborene, die unter solchen Bedingungen weniger schreien und besser schlafen. Das kann so stehenbleiben, zumindest für viele Einlingsmütter und fürs erste halbe Jahr. Ab dann dürfen Zwillingseltern, die sich nach mehr Schlaf sehnen, doch etwas mehr auf die Lernfähigkeit ihrer Kinder bauen, darauf, dass diese die Signale und Botschaften der Eltern zunehmend besser verstehen und die Nächte ohne Fütterung und persönliche Begleitung meistern können.

Was ist, wenn trotz aller Mühen ein Zustand der totalen Übermüdung entstanden ist, negative Empfindungen auch den Kindern gegenüber dominieren und das Gefühl wächst, einfach nicht mehr zu können? Als Notlösung kann hier helfen, dass die Eltern sich für eine Weile Nachtschichten zuteilen, das heißt einer zieht aus dem Schlafzimmer aus, damit er wenigstens eine Nacht durchschläft. Alles in allem wird es aber kein noch so ausgeklügelter Schlafplan verhindern, dass »die meisten Erwachsenen … das köstliche Zusammenleben mit einem Neugeborenen durch viele Stunden Schlaf [bezahlen], die ihnen entgehen. Es gibt offenbar kein probates Mittel, den Preis zu drücken oder gar ganz um ihn herumzukommen«, so wiederum formuliert es treffend Barbara Sichtermann.

Wenn alles zusammenkommt

Leider brauchen viele Zwillingsfamilien mehr als nur ein bisschen Gelassenheit, um die Anfangszeit zu bewältigen, und Schlaf ist für diese Elternpaare nur eines von mehreren schwierigen Themen. Eine ganze Welt liegt beispielsweise zwischen der gesunden Einlingsmutter mit dem reif geborenen Baby, das sie stillen kann, und einer Frau, die nach einem Kaiserschnitt körperlich angeschlagen mit zu früh auf die Welt gekommenen Zwillingen, die vorher längere Zeit auf der Intensiv- oder der neonatologischen Station lagen, endlich nach Hause kommt. Da können Mutter und Vater schon ziemlich beansprucht sein, bevor das Leben mit Kindern zu Hause überhaupt losgeht. Vor allem das für den Start ins Elternsein so wichtige Zutrauen in die Fähigkeit, für die Kinder sorgen zu können, ist oft schwer angeschlagen.

Frühchen

Der Schock von Frühcheneltern darüber, dass ihre Kinder bereits unmittelbar nach der Geburt Schmerz und Leid erdulden mussten und sie das nicht verhindern konnten, ist mit dem Begriff Trauma durchaus angemessen beschrieben. Wochen oder Monate der Sorge um die niedriggewichtigen Säuglinge sind gekennzeichnet von einem Auf und Ab des Schreckens und der Hoffnung. Wenn der Hauptverdiener seinen Urlaub aufgebraucht hat und an den Arbeitsplatz zurückkehren muss, übernimmt meist die Mutter, wenn sie Glück hat mithilfe eines Großelternteils, die Schichten auf der Kinderintensivstation. Für Zwillingseltern wird es dann besonders schwierig, wenn ein Kind zu gesund ist, um es noch länger mit seinem Geschwister im Krankenhaus zu behalten, das andere aber nicht nach Hause darf. Egal, wo die Mutter gerade ist, zu Hause oder in der Klinik, immer muss sie ein Kind zurücklassen – und das ist mehr als nur ein organisatorisches Problem. Wenn dann irgendwann die langersehnte Heimkehr mit beiden möglich ist, die Körperfunktionen der Kinder aber möglicherweise weiterhin per Heimmonitor überwacht werden müssen, kann das sehr zwiespältig erlebt werden. Zwar darf man endlich heim, man muss aber auch den schützenden Rahmen der Klinik verlassen. Frühgeborene und niedriggewichtige Kinder sind zudem in den ersten Lebensmonaten – eventuell auch Jahren – anfälliger für Infekte, so dass, auch wenn sich die Kinder längst aus der akuten Gefahrenzone herausbewegt haben, die Anstrengungen für die Eltern oft erhöht bleiben.

»Glücksmütter«

Ein anderer Belastungsfaktor betrifft etwa die Hälfte aller Zwillingseltern, wird aber in seiner Bedeutsamkeit vor allem deswegen unterschätzt, weil er sich scheinbar mit der Geburt der Kinder erledigt: Es geht um die Frauen, die die Schwangerschaft gemeinsam mit ihren Partnern und Ärzten durch eine künstliche Befruchtung erreicht haben. Sie trugen dabei die größte Last. Wenn es dann endlich geklappt hat, wird die Erschöpfung und die jahrelange Kränkung darüber, nicht von allein schwanger geworden zu sein, oft abgelöst von einem Zustand der Euphorie. Künstlich mit Zwillingen schwanger gewordene Frauen freuen sich, das ist in Untersuchungen belegt worden, mehr über den zu erwartenden Doppelnachwuchs als Frauen, die zufällig mit Zwillingen schwanger wurden. Und sie machen sich weniger Sorgen über die psychischen und finanziellen Belastungen, die auf sie zukommen könnten. Nicht nur sie selbst, sondern auch andere sehen sie ab dem Zeitpunkt des Schwangerschaftseintritts als ausgemachte Glücksmütter. Das kann dazu führen, dass die Frauen unterschätzen, was es für ihren Kräftehaushalt bedeutet, dass die Zumutungen der Kinderwunschbehandlung nahtlos von den Anstrengungen der Geburt und der doppelten Mutterschaft abgelöst werden. Eine uneingeschränkt positive Einstellung der Mehrlingsschwangerschaft gegenüber macht die ehemaligen Kinderwunschpatientinnen anfälliger für spätere Enttäuschungen und verleitet dazu, sich für die Zeit nach der Schwangerschaft kaum Unterstützungsmöglichkeiten zu organisieren.

Für manche dieser Mütter kommt noch mehr hinzu: Ihre Zwillingsschwangerschaft ist nicht die erste Schwangerschaft überhaupt, sondern die erste, die zu halten scheint, nach einer oder mehreren Fehl- und Totgeburten. Oder manchmal ist die künstlich erzeugte, dabei scheinbar so glückliche Zwillingsschwangerschaft das, was von einer höhergradigen Mehrlingsschwangerschaft übrigblieb, nachdem andere Embryonen abgestorben sind oder abgetrieben wurden. Das bedeutet, dass die Eltern lange mit der Sorge um die Intaktheit der Schwangerschaft gelebt haben oder immer noch die psychischen Folgen des selektiven Aborts verarbeiten. Insgesamt sind unter den mittels reproduktionsmedizinischer Technik zu Zwillingsmüttern gewordenen Frauen überdurchschnittlich viele Erstgebärende und überdurchschnittlich viele ältere Frauen. Sie müssen zu einem späten Zeitpunkt im Leben den Übergang von der Kinderlosigkeit zur Elternschaft meistern und zwar gleich mit zwei (oder gar mehr) Kindern auf einmal. Und es sind mehr Eltern unter ihnen, die ein Kind mit Gesundheitsproblemen auf die Welt bringen.

Auch wenn alle, einschließlich der werdenden Eltern, bemüht sind, es nach dem Motto »Hauptsache schwanger« ganz sachlich zu sehen: Die künstliche Befruchtung ist immer noch verbunden mit Vorurteilen aller Art, und Frauen, die künstlich schwanger geworden sind, erleben mehr oder weniger subtile Formen der Stigmatisierung. Wenn gar ein behindertes Kind dabei entstanden ist, liegt häufig ein »Selber schuld« in der Luft. Und das taucht, vielleicht sogar im Kopf der Mutter selbst, auch dann wieder auf, wenn sie mit den Anstrengungen der zweifachen Neugeborenenbetreuung konfrontiert ist. Sich oder anderen einzugestehen, dass man sich überfordert fühlt und Hilfe herbeisehnt, wenn man sich vorher gezielt für die Übertragung mehrerer Embryonen entschieden hat – das traut sich kaum eine IVF-Mutter. Wer will in dieser Situation riskieren, ein »Hast du das nicht alles so gewollt?« zu hören?

Medizinpsychologische Studien an Kinderwunschmüttern zeigen, dass sie nach der Geburt der Zwillinge anfälliger für depressive Verstimmungen sind, sich gestresster und weniger gesund fühlen, häufiger das Gefühl haben, ein oder zwei schwierige Kinder zu haben und weniger zufrieden mit der Mutter-Kind-Beziehung sind als andere Zwillingsmütter. Im Vergleich zu diesen haben sie ein geringer ausgeprägtes elterliches Selbstbewusstsein und nehmen ihre Kinder als verletzlicher wahr.

Rückblickend geben die meisten der nach einer IVF-Behandlung mit Mehrlingen schwanger gewordenen Eltern an, die mit und nach der Geburt der Kinder erlebten Risiken und Belastungen vollkommen unterschätzt zu haben. Aus all dem lässt sich ableiten, dass man als Arzt oder Angehöriger diesen vermeintlichen Glücksmüttern oft nicht gerecht wird, wenn man nicht auch Auge und Ohr für die Schattenseiten dieses besonderen Weges hat.

Teure Familie

Bei all der Aufmerksamkeit, die den möglichen psychischen Belastungen der Zwillingseltern neuerdings zuteil wird, werden ökonomische Faktoren demgegenüber oft vernachlässigt. Allzu oft hat man die Mittelschichtsfamilie im Blick, die sich ein wenig nach der Decke strecken muss, wenn Mehrlinge geboren werden, die beim nächsten Autokauf mehr auf den Preis und die Anzahl der Sitze achtet und den Urlaub für ein paar Jahre von drei auf zwei Wochen kürzt. Und die auch noch den Humor behält, wenn es heißt: »From dink to sink«, wenn also aus den Doppelverdienern ohne Kinder (»double income no kids«) ein Ernährer mit vielen Kindern (»single income numerous kids«) wird. Dabei gibt es viele Familien, die innerhalb weniger Monate nach einer Mehrlingsgeburt in echte materielle Bedrängnis geraten. Fast alle unumgänglichen Ausgaben wie die für Kleidung, Babynahrung, Autositze, Hochstühle, Windeln und so fort verdoppeln sich. Wohnverhältnisse sind plötzlich unerträglich beengt und lassen sich doch nicht ändern. Auch die Kosten für Ferien und Baby-Sitting, wenn solcher Luxus überhaupt vorkommt, erhöhen sich deutlich. Der normale Teenager-Babysitter schafft selten zwei Babys plus eventueller Geschwisterkinder, und auf Reisen steigen die Ausgaben für Transport und Unterkunft deutlich. Für Mehrlingsfamilien, die finanziell unter

Druck geraten, ist es besonders wichtig, unnötige Ausgaben in Form von technischem Firlefanz zu vermeiden und den blühenden Second-Hand-Markt für Zwillingsartikel zu nutzen, auf dem auch Erstklassiges günstig zu haben ist.

Traurige Mütter
Es dürfte mittlerweile deutlich geworden sein, dass sich Belastungen für Zwillingseltern addieren, potenzieren und vermengen können. In der englischsprachigen Literatur taucht in diesem Zusammenhang der Begriff der »double jeopardy«, der doppelten Gefährdung, auf. Mit diesem Wortspiel ist gemeint, dass sich durch die Häufung von Belastungen bei Zwillingseltern regelrechte Gefährdungen ergeben können und zwar sowohl für die Mutter wie für den Nachwuchs. Auf welche Weise der elterliche Stress gefährlich für die Kinder werden kann, ist im folgenden Kapitel über Familienbeziehungen nachzulesen. Für eine Zwillingsmama, bei der nicht nur viel, sondern vielleicht zu viel zusammenkommt, besteht die Hauptgefahr darin, an einer Depression zu erkranken. Verzweifelte Momente und vorübergehende Stimmungstiefs in den anstrengenden Monaten nach der Geburt sind kein seltenes und auch kein krankhaftes Phänomen. Man möchte jeder Zwillingsmutter nur wünschen, sich diese Augenblicke zugestehen zu können und sich nicht von der Vorstellung imaginärer Supermütter ins Bockshorn jagen zu lassen.

Was dagegen nicht zwangsläufig zu einer Mehrlingsgeburt gehört, ist eine Wochenbettdepression, an der beispielsweise etwa zehn Prozent aller Einlingsmütter im ersten Jahr nach der Geburt der Kinder seelisch so schwer erkranken, dass sie oft nicht mehr in der Lage sind, ihr Kind oder ihre Familie zu versorgen. Man weiß mittlerweile sehr genau, was neben einer möglichen Veranlagung anfällig für diese Erkrankung macht: ein komplizierter Schwangerschaftsverlauf, stationäre Krankenhausaufenthalte und medizinische Probleme vor oder nach der Geburt, die Angst, das Kind nicht stillen zu können, eine schlechte Geburtserfahrung (zum Beispiel ein nicht erwünschter Kaiserschnitt), eine belastete Partnerschaft und schließlich hohe Erwartungen des Umfeldes an die Mutter – all diese Faktoren können zum Entstehen der nachgeburtlichen Depression beitragen. Die Aufzählung klingt eigentlich wie eine Liste, die vielen Zwillingsmüttern auf den Leib geschneidert ist. Ob sie deshalb häufiger erkranken als Einlingsmütter ist schwer zu sagen. Depressionsforscher vermuten, dass in der Praxis die Diagnose bei diesen Müttern zu selten gestellt wird, weil sie oft zu Hause so isoliert sind, dass außer dem Partner nicht besonders viele Leute sie zu Gesicht bekommen, und weil die betroffenen Frauen vor lauter Erschöpfung gar nicht auf die Idee kommen, einen Arzttermin zu vereinbaren. Außerdem gehören körperliche Beschwerden wie Erschöpfung bei der Wochenbettdepression zu den Hauptsymptomen, und die werden auch von vielen Ärzten bei einer Zwillingsmutter für ganz normal gehalten.

In Studien, in denen man die psychische Gesundheit von Einlings- und Zwillingsmüttern für die Monate nach der Geburt vergleicht, finden sich fast immer höhere Raten an Depressivität und Angstsymptomen bei den Zwillingsmüttern, aber andere zur Diagnose Wochenbettdepression gehörende Symptome wie Weinerlichkeit und übersteigerte Selbstkritik treten bei ihnen selten auf. Auf der Suche nach Auslösern für die Erkrankung bei Mehrlingsmüttern fand man heraus, dass Mütter von Zwillingen, die zum Beispiel aufgrund der Frühgeburtlichkeit ihrer Babys zunächst ohne die Kinder oder nur mit einem von ihnen nach Hause gehen dürfen, deutlich anfälliger für dieses seelische Ungleichgewicht waren.

Während man dem Elternstress auf verschiedenen Ebenen selbst begegnen kann, ist im Fall einer Depression der Mutter eindeutig ärztliche Hilfe vonnöten. Mütter, die den Eindruck haben, nach der Geburt der Kinder in einem nicht enden wollenden Stimmungstief zu leben oder außer Erschöpfung kaum mehr etwas anderes empfinden können, sollten dies nicht als Niederlage oder Schwäche werten und auch nicht allzu lange darauf warten, dass alles von selbst besser wird. Wenn sie tatsächlich an einer Depression leiden, ist es diesen Frauen bisweilen unmöglich, zwei oder mehr kleine Kinder noch angemessen zu versorgen. Neben psychotherapeutischen und beratenden Hilfestellungen muss die Notwendigkeit einer medikamentösen Behandlung mit einem der nebenwirkungsarmen und nicht süchtig machenden Antidepressiva geprüft werden.

Licht im Tunnel

Nach all dem potentiell Problematischen drängt sich die Frage auf, wann es für Zwillingseltern allmählich bergauf geht. Es hat sich ja irgendwie in den Köpfen festgesetzt, dass die ersten Wochen mit einem Neugeborenen die schwierigsten und anstrengendsten sind. Die Familienpolitik stiftete bisher mit Konstrukten wie Erziehungsurlauben, Elternzeiten für einige Wochen oder Monate, das Gefühl, Babys seien nach ein, zwei Monaten intensiven partnerschaftlichen Windelwickelns aus dem Gröbsten raus, so dass man(n) getrost und womöglich erholt – schließlich hatte man Erziehungs*urlaub* – an den Arbeitsplatz zurückkehren kann. Und als Zäsur, nach der angeblich alles leichter wird, taucht immer wieder »das erste Jahr« auf. Solche Grenzziehungen sind schon für Eltern von Einlingen von fragwürdigem Nutzen, weil die individuellen Unterschiede in der nachgeburtlichen Familiensituation und im Erleben so groß sind. Wenig hat die verzweifelte, total schlafdeprivierte Mutter eines sogenannten Schreibabys gemeinsam mit der zufriedenen Mama, bei der alles gut läuft und die erst einmal ein paar Wochen in glückseliger Symbiose mit ihrem Kind im Bett herumkugelt.

Wen wundert es also, wenn auch Zwillingseltern den Zeitraum, nachdem sie, wenn schon nicht aus dem Gröbsten, so doch wenigstens aus dem Allergröbsten heraus sind, sehr unterschiedlich definieren – irgendwo zwischen sechs Wochen und drei Jahren. Profis werden in der Hinsicht ein wenig konkreter. In Familienberatungsstellen wie *pro familia* hat man die Erfahrung gemacht, dass sich emotionale und körperliche Durchhänger bei Zwillingsmüttern im zweiten Halbjahr nach der Geburt häufen. Hormonelle Veränderungen nach dem Abstillen und lange Zeiten des Schlafentzugs führen dazu, dass, wie es eine Beraterin dort formuliert, »der Akku irgendwann leer ist«. Untersuchungen, die Zwillingseltern in den Wochen unmittelbar nach der Geburt und dann noch einmal ein Viertel Jahr später nach Stimmungstiefs befragten, zeigten, dass es den Müttern zum zweiten Zeitpunkt schlechter ging. Die Forscher erklären sich die abfallende Stimmungskurve unter anderem damit, dass die Kinder zunehmend fordernder werden, gleichzeitig die Hilfe und Aufmerksamkeit, die eine Mehrlingsmutter am Anfang erfährt, abzunehmen beginnt.

Mehr Milch!

Beim Stillen geht es ans Eingemachte, so viel steht fest. Und zwar bei allen Müttern unabhängig von der Kinderzahl. Man braucht kein Psychoanalytiker zu sein, um zu spüren, dass die Frage, wie eine Frau zum Stillen steht, mit den allertiefsten Schichten ihres – nicht unbedingt verbalisierbaren – Erfahrungsschatzes als Tochter, Frau und Mutter verknüpft ist. Wenn Zwillinge oder gar mehr Kinder auf einmal geboren werden, wird es noch ein wenig komplizierter: Zwei Kinder an zwei Brüsten, das weckt eine Fülle von Assoziationen, und niemand kann einem anderen Menschen vorschreiben, was unwillkürlich vor seinem geistigen Auge auftaucht. Das können Bilder von überströmender Mütterlichkeit, von Üppigkeit und Glückseligkeit sein, aber ebenso von ausgezehrten Katzenmüttern, Hängebrüsten und Aliens.

»Experten«-Meinung

Als wäre das, was es da gefühlsmäßig auszusortieren gibt, für eine werdende Zwillingsmutter nicht schon genug, wird sie sich zum Thema Stillen ungefragt einiges anhören müssen, von ihren Ärzten, Hebammen, Krankenschwestern, Mutter und Schwiegermutter, von Personen mit und ohne persönlicher Stillerfahrung. Vielleicht spürt sie dabei, dass Frauen, die dem Stillen grundsätzlich nicht so zugeneigt sind, neuerdings ein eisiger Wind entgegenweht. Stillen ist zur moralischen Pflicht geworden, »Breast is best« lautet das Dogma. Und so tönt es aus verschiedenen Ecken »Rabenmutter!«, wenn die Mutter sich für die Flaschennahrung entscheidet.

Es ist ohne Zweifel entnervend, wenn statt vom Stillen nur noch vom Stillerfolg die Rede ist. Im Falle von Zwillingsmüttern richtet aber mit Sicherheit die Stillunfreundlichkeit und -unkenntnis mehr Unglück an als eventueller moralischer Druck auf die Nicht-Stillerin. Diese hat im Fall einer Mehrlingsgeburt ja ein von den meisten akzeptiertes Argument (zu kompliziert, zu aufwendig) gegen das Stillen parat. Schwerer hat es immer noch die Zwillingsmutter, die sich das Stillen wünscht. Sie wird es sicher mit Kommentaren von Frauen einer weniger stillfreudigen Generation zu tun bekommen, die beim Anblick einer doppelt stillenden (Schwieger-)Tochter wohl alles Mögliche empfinden können: Traurigkeit über etwas Nicht-Erlebtes, ein schlechtes Gewissen oder nachträglichen Neid. Dieses Gefühlsgemisch scheint gerade im Falle von Zwillingskindern dazu zu verleiten, das Selbstvertrauen der Stillenden zum Beispiel mit der oft geäußerten Skepsis über die produzierte Milchmenge zu unterminieren.

Genug für beide

Dabei gibt es zum Thema Stillen von Zwillingen eine zentrale Botschaft und die heißt: Es geht. Wer es möchte, kann seine Zwillingskinder stillen, und sie werden satt werden und gedeihen wie jedes andere Stillkind auch. Nur in seltenen

Fällen muss auf das Stillen aus – zum Teil schwerwiegenden – Gründen verzichtet werden, die es auch einer Einlingsmutter unmöglich machen würden. Dazu gehört zum Beispiel die Einnahme von bestimmten, in die Milch übertretenden Medikamenten oder ein Tumor in der Brust. Obwohl es also für die meisten grundsätzlich möglich wäre, entscheiden sich weniger Zwillingsmütter fürs Stillen, sie geben in den ersten Wochen häufiger auf, füttern eher zu und stillen deutlich früher ab als Einlingsmütter. Nach acht Wochen stillen einer englischen Umfrage zufolge nur noch 16 Prozent aller Zwillingsmütter.

Hauptbefürchtung der Mütter, die das Stillen gar nicht erst wagen oder rasch aufgeben, ist es, nicht genügend Milch zu haben – was im Übrigen auch bei Einlingsmüttern der häufigste Grund für frühzeitiges Abstillen ist. Dass die Ernährung über die Mutterbrust an solchen Ängsten scheitert, ist ausgesprochen schade, denn sie sind unbegründet. Für die Milchproduktion gilt grundsätzlich, dass sich das Angebot an der Nachfrage orientiert; es besteht ein direkter Zusammenhang zwischen der Häufigkeit des Anlegens beziehungsweise Abpumpens und der sich bildenden Milchmenge. Wenn also zwei Kinder trinken beziehungsweise für zwei abgepumpt wird, bildet sich durch einen überaus robusten Rückkoppelungsmechanismus genug Milch für beide Säuglinge. Bei ausreichender Stimulation kommt die Zwillingsmutter rasch auf die erstaunliche Menge von ungefähr einem Liter Milch innerhalb von 24 Stunden, was natürlich mit einem zusätzlichen Energieverbrauch bei der Mutter einhergeht, nämlich etwa 500 bis 700 Kalorien pro Kind und Tag. Das Stillen von Zwillingen über mehrere Monate hinweg ist also eine ganz realistische Möglichkeit.

Nun hat die Situation rund um die Zwillingsgeburt aber einige Merkmale an sich, die nicht gerade stillfördernd wirken und sich ungünstig sowohl auf die Milchproduktion wie die mütterliche Moral auswirken können. Dazu gehört die höhere Rate an Kaiserschnittentbindungen, die Frühgeburtlichkeit vieler Zwillinge, ihre häufiger nötige intensivmedizinische Versorgung sowie Trennung von der Mutter und – als Folge solcher Umstände – ein verzögerter Stillbeginn überhaupt. Paradoxerweise können aber genau die Kinder, deren Geburt von diesen ungünstigen Faktoren geprägt ist, von den Vorteilen des Stillens am meisten profitieren: Frühgeborenen hilft die Muttermilch, ihr unreifes Immunsystem aufzubauen, Mütter und Kinder, die mit der Abruptheit eines Kaiserschnitts voneinander getrennt wurden, finden in der Zärtlichkeit und Intimität des Stillaktes besonders gut zueinander.

Anfangen

Wie kann die Zwillingsmutter, die sich das Stillen ihrer Kinder sehr wünscht, gegen die bereits am Anfang der potentiellen Stilbeziehung auftauchenden Hindernisse und Schwierigkeiten ankommen?

Sowohl die »La Leche Liga«, eine internationale Fachorganisation und höchste Instanz in Fragen des Stillens, wie auch Geburtshelfer und Hebammen mit Zwillingserfahrung sind sich einig, dass Zwillingsmütter, die noch nie gestillt haben, dieses Thema nicht einfach auf sich zukommen lassen sollten. Die werdende Mutter sollte konkret wissen, wer sie nach der Geburt im Krankenhaus oder zu Hause beim Doppelstillen beraten kann (nicht jede Hebamme kennt sich gut mit dem Zwillingsstillen aus), und sie sollte, wenn es irgendwie geht, vorher schon einmal gesehen haben, wie ein Kind gestillt wird – wenn nicht im eigenen Umfeld, dann beispielsweise in einer Stillgruppe. Dabei geht es nur zum Teil um die Technik des vielleicht sogar gleichzeitigen Anlegens, sondern vielmehr um die Zuversicht, die sich in der Begegnung mit einer zufrieden stillenden Frau – am besten natürlich einer Zwillingsmutter – vermitteln kann. Das Vertrauen, zwei Kinder sattkriegen zu können, scheint sogar das zentrale Moment der gelingenden Stillbeziehung von Zwillingsmüttern zu sein.

Viele mit Zwillingen Schwangere wissen, dass ihr Risiko für einen Kaiserschnitt höher ist als das von Einlingsmüttern. Von da scheint der Weg zu der Annahme nicht weit, dass das mit dem Stillen nichts wird. Dabei ist es durchaus möglich, unmittelbar nach dem Erwachen aus der Narkose damit zu beginnen, wenn man ein wenig Unterstützung bekommt. Schmerzen und Unwohlsein als Folgen des Eingriffs erfordern es meist, in abgewandelten Positionen, zum Beispiel in Seitenlage, die Brust zu geben, zum anderen einen ausgewogenen Umgang mit Schmerzmitteln zu suchen. Da starke Schmerzen ein echtes Stillhindernis sind und die Milchmenge mit der Intensität des erlebten Schmerzes abnimmt, kann der Einsatz bestimmter Schmerzmittel durchaus sinnvoll sein. Wenn ein Kind auf der Intensivstation weiterversorgt werden muss, wird das Stillen in der Betriebsamkeit dieser Umgebung der Zwillingsmutter einen Kraftakt abverlangen. Sie muss, wenn die Kinder noch nicht selbst trinken können, ständig pumpen, um die Milchproduktion zu fördern und aufrechtzuerhalten. Sie wird, wenn ihre Kinder Frühchen sind, die Möglichkeit zum »Känguruen« (Haut auf Haut an der Brust von Vater oder Mutter liegen) nutzen und die ganz normalen Verrichtungen wie Füttern, Wickeln oder Baden möglichst oft selbst übernehmen wollen.

Wenn die Mutter Glück hat oder vorgesorgt, findet sie in dieser Situation erfahrene Menschen, die ihr helfen, sich auf das Wesentliche zu konzentrieren, und die ihre Stillanstrengungen würdigen, zum Beispiel durch einen sorgfältigen Umgang mit kleinen Milchmengen und durch Lob für fleißiges Abpumpen. Besonders lästig sind dagegen nach wie vor falsche und nachlässige Ratschläge von Krankenhauspersonal und Ärzten. Die La Leche Liga beklagt zurecht, dass zu viele Mitarbeiter von Geburtsklinken, die es eigentlich besser wissen müssten, anhaltend schlechtinformiert über das Stillen im Allgemeinen sind – vom Mehrlingsstillen gar nicht zu reden. Zum Beispiel werden in vielen Abteilungen die Frauen mit der Empfehlung, einen vierstündigen Stillrhythmus einzuhalten, entlassen. Der ist aber nach Ansicht der Fachfrauen von La Leche für Zwillingsmütter zur Stimulation der Milchproduktion nicht ausreichend. Auf diese Frequenz eingestellt, haben die Mütter zu Hause auf einmal nicht genügend Milch für die wachsenden Bedürfnisse der beiden Kinder – genau das, was sie vielleicht von vornherein befürchtet hatten.

Wenn in der Klinik zusätzlich viel mit Flasche und Schnuller hantiert wurde, kann das bei manchen Babys dazu geführt haben, dass sie sich nur schwer auf die unterschiedlichen Saugtechniken ein- und umstellen können. Zu Schnullern wird bei Zwillingen und Frühchen besonders rasch gegriffen, um Ruhe herzustellen und das Saugbedürfnis zu befriedigen. Das mag für diese Zwecke hilfreich sein, dem Stillen ist es aber nicht zuträglich. Kinder, die es gewöhnt sind, durch den Sauger beruhigt zu werden, scheinen sich seltener zu melden, trinken dann womöglich nicht genug und nehmen nicht ausreichend zu. Außerdem, so argumentiert die La Leche Liga, wird bei Schnullerkindern die Brust der Mutter zu wenig stimuliert, da die stimulierenden Saugsignale des Babys stattdessen an das Ersatzobjekt abgegeben werden.

All diese Mühseligkeiten der ersten Tage zu verniedlichen nützt nichts, denn für viele Frauen werden hier die entscheidenden Weichen gestellt. Es ist unbestritten, dass der spätere Stillerfolg mit der Häufigkeit des Anlegens und Pumpens in den ersten Tagen und mit dem Umfang und der Qualität der Unterstützung, die die Frau in dieser Zeit durch das Pflegepersonal erfährt, zusammenhängt.

Stillalltag

Für den Alltag nach dem Krankenhaus befürchten viele Zwillingsmütter, dass das Stillen sie zu viel Zeit kosten und sie zu unfrei machen wird. Und in der Tat wirken nüchterne Zeitkalkulationen für den Stillalltag, wie sie eine junge Mutter von zwei Buben anstellt, zunächst entmutigend: »Wenn die Kinder bereits einen Vier-Stunden-Rhythmus haben, dann trinken sie sechsmal in 24 Stunden. In den ersten Wochen oder auch Monaten können das aber auch acht Mahlzeiten am Tag sein. Ich brauchte für Stillen, Bäuerchen und Wickeln immer bis zu eineinhalb Stunden, später weniger. Das heißt, ein Mama-Arbeitstag dauert locker neun Stunden, meistens aber länger. Und in dieser Zeit ist noch kein einziger Handstreich im Haushalt eingerechnet, kein Spielen und Schmusen mit den Babys, weder Rückbildungsübungen noch Kochen und Essen.«

Trotzdem halten Stillbefürworter dagegen und argumentieren, dass das Wochenbett, bei dem man wirklich überwiegend liegt, schläft, stillt und schmust, in unserer Kultur in seiner Bedeutung heruntergespielt wird. Was ist so abwegig und abschreckend daran, tatsächlich eine Zeitlang überwiegend zu stillen?

Die Beraterinnen der Milchliga räumen ohne weiteres ein, dass einem »das Stillen von Zwillingen am Anfang wie der Wahnsinn vorkommen kann«, betonen aber, dass, wenn man eine Routine gefunden hat, es gerade für Frauen, die gerne länger stillen wollen, letztlich ökonomischer ist als die alternative Flaschenfütterung. Sie rechnen vor, dass die stillende Zwillingsmutter sich acht bis zehn Arbeitsstunden in der Woche spart und dass das Stillen die Frauen letztlich mobiler macht: Sie haben ihre Milchquelle immer dabei und brauchen sonst keinerlei Ausrüstung. Sie müssen nicht Flaschen sterilisieren, Mengen abmessen, Milch erwärmen – und all das für zwei. Und wenn Stillkinder gut gedeihen, braucht es auch keine Buchhaltung, müssen keine Zeiten, Mengen und Windelgewichte grammweise notiert werden. Allerdings kann die stillende Zwillingsmutter nicht so gut in der Versorgung ihrer Kinder abgelöst werden wie eine Frau, die sich für die Flaschenfütterung entschieden hat. Wenn sie auch einmal allein unterwegs sein oder eine Nacht durchschlafen will, lässt sich das nur durch Abpumpen und Einfrieren der Milch, die dann in einer Flasche gegeben werden kann, erreichen.

Wie funktioniert's?
Wie soll es aber praktisch überhaupt funktionieren, das Stillen von zwei Babys? Die Mutter kann ihre Kinder gleichzeitig oder nacheinander trinken lassen, beide Methoden sind möglich und haben Vor- und Nachteile. Gleichzeitiges Füttern spart natürlich Zeit, befriedigt beide Kinder zugleich und scheint die Milchproduktion noch ein wenig mehr anzukurbeln (ein schwächerer Zwilling kann dabei von der Hormonausschüttung profitieren, die sein stärkeres Geschwister an der anderen Brust auslöst). Aber das simultane Anlegen erfordert ein wenig mehr Koordination beim Positionieren der Kinder. Und die Simultanstillerin braucht etwas mehr Geschick im Umgang mit kleinen Irritationen: Wenn beispielsweise ein Kind beim Saugen innehält und die Brustwarze loslässt, muss die Mutter es wieder neu anlegen und gleichzeitig mit dem Unmut des zweiten Kindes darüber, dass es währenddessen nicht weitertrinken kann, umgehen. Welche Griffe die Mutter zum Doppelstillen benutzt, ob den sogenannten Rücken- oder den Wiegegriff, ob sie im Liegen oder Sitzen die Brust gibt und wie sie die Kinder um sich herum auf den Kissen lagert, ist eine Frage persönlicher Vorlieben.

Nacheinander zu stillen, ist für die unerfahrene Frau am Anfang bestimmt einfacher und ermöglicht es ihr, sich ganz auf ein Kind zu konzentrieren – für Zwillingsmütter eine besonders schöne und seltene Erfahrung. Allerdings kommt sie dann aus dem Stillen buchstäblich nicht mehr heraus und der Milchspendereflex kann durch das jeweils wartende und womöglich weinende Baby behindert werden. Die Mutter bräuchte dann unter Umständen eine zweite Person, die das andere Kind in der Zwischenzeit beruhigt oder aus der Flasche mit abgepumpter Milch füttert. In den seltenen Fällen, in denen ein Kind noch nicht oder grundsätzlich nicht gestillt wird, ist es durchaus möglich, das Stillen und Pumpen (für das zweite Kind) miteinander in Einklang zu bringen.

Das Stillen nach Bedarf ohne einen festen Zeitplan ist auch bei Zwillingen theoretisch möglich. Praktikabel wird es für die wenigsten Mehrlingsmütter sein – es sei denn, sie wollen wirklich rund um die Uhr stillen. Die meisten Mütter legen das zweite Kind gleichzeitig an oder direkt, nachdem das erste Kind sich gemeldet hat, und streben langfristig einen festen Rhythmus an.

Gegen das feste Zuteilen einer bestimmten Brust an ein bestimmtes Kind spricht, dass die Milchproduktion auf einer Seite nachlassen kann, wenn eines der beiden Kleinen nicht so energisch saugt wie das andere. Trotzdem finden manche Mütter, dass es so besser funktioniert und eben jedes Kind seinen eigenen Milchbedarf regelt. Ungünstig ist es auf jeden Fall, wenn das sich jeweils am vehementesten zu Wort meldende Kind immer an beiden Brüsten zuerst trinkt, da sonst die unterschiedlich fetthaltige Vorder- und Hintermilch ungleich auf die Kinder verteilt wird.

Egal, auf welche Weise man stillt, es hilft, sich einen guten Ort dafür zu suchen. Nachts kann das so aussehen, dass man zunächst gemeinsam mit den Kindern in einem Bett oder Seite an Seite mit dem Kinderbettchen schläft. Oder man hat einen bequemen Sessel im Schlafzimmer und eine milde Lichtquelle, so dass man die zahllosen stillend verbrachten Nachtstunden wenigstens bequem und gemütlich sitzt. Für tagsüber ist es hilfreich, sich einen schönen Stillplatz zu schaffen, wo man das zweite Kind gefahrlos ablegen kann, wo man vielleicht kleine Snacks, Getränke und genügend Lagerungskissen griffbereit hat.

Abstillen

Was das Ende der Stillzeit angeht, zählen wie bei Einlingsmüttern vor allem individuelle Wünsche. Jenseits des ersten

Jahres gibt es kaum noch wissenschaftlich belegbare Vorteile, die für das Stillen sprechen. Zwillingsmüttern wird allerdings notorisch zum ganz frühen Abstillen geraten. Von ihren Frauenärzten hören sie Ratschläge wie: »Stressen Sie sich nicht. Wenn Sie sechs Wochen schaffen, reicht es doch.« Sich nicht zu überfordern ist eine freundlich klingende Empfehlung, die niemals zu schaden scheint. Im Falle des Zwillingsstillens wird dabei von den freundlichen Ratgebern, die meist wenig bis keine Erfahrung mit dem Doppelstillen haben, übersehen, dass ein wenig Durchhaltevermögen unter Umständen reich belohnt wird. Wenn die Mutter die ersten Wochen geschafft hat, in denen es mitunter ein harter Kampf ist, in eine gute Stillroutine hineinzufinden, dann kann sie die Früchte ihrer Anstrengung ernten: Ein entspanntes inniges Stillen, das zur Kraftquelle für die Stillende und ihre Kinder geworden ist und an das die Mutter zeitlebens besondere Erinnerungen behalten wird.

Was hilft (nicht)

Das Ganze ist ein Lehrstück zum Thema »Wie erzeuge ich Nachfrage?« Man hämmert Zwillingseltern als Erstes ein – am besten in der Zeit, während der sie am verletzlichsten sind, nämlich in der Schwangerschaft –, dass das ganze Zwillingsprojekt so schwierig und gefährlich ist, dass es ohne kompetente Führung nicht zu schaffen ist. Man erzählt von all den unsensiblen Ärzten, die einem garantiert die vaginale Zwillingsgeburt vermiesen, von gedankenlos hergestellten Produkten, die einem das Leben in einer kalten Welt, in der einfach keiner die Haustüren auf die Breite eines Doppelkinderwagens normieren will, schwermachen. Wer würde da nicht nach der rettenden Hand greifen, die einem von Ratgeberzeitschriften und Internetseiten entgegengestreckt wird, welche sich auf die möglichen Besonderheiten und

Schwierigkeiten der Zwillingselternschaft konzentrieren. Meist durch die eigenen Zwillinge mit den höheren Expertenweihen versehen, bieten die Unternehmer der Zwillingsbranche Tipps und Tricks insbesondere auf der praktisch-organisatorischen Ebene an.

Nun soll nicht infrage gestellt werden, dass der ein oder andere praktische Hinweis in einem erleichterten »Ach, so geht's also auch« resultiert und dass manchen Eltern diese Medien helfen. Viele aber fühlen sich verwirrt und geschwächt durch detailversessene Diskussionen über Sicherheitsbügel von Hochstühlen oder darüber, ob man die Kinder in einem Wagen von hinten schiebt oder lieber ein Modell wählt, dass es ermöglicht, den Kindern ins Gesicht zu sehen. Dieser Kult ums Praktische hilft den Eltern jedenfalls nicht, die Prioritäten richtig zu setzen. Ein Blick ins Internet, ein Telefonat mit einem anderen Elternpaar und ein anständiger Verkäufer sollten eigentlich reichen, um die wenigen wirklich wichtigen Kaufentscheidung zu treffen. Vielleicht eröffnen aber manche Eltern, gerade Väter, selbst gerne technisch-organisatorische Nebenkriegsschauplätze, auf denen sie sich etwas sicherer fühlen als an der echten Front. Ein unpraktischer Zwillingskinderwagen mag so etwas wie ein Sargnägelchen im Versorgungsalltag sein. Aber selbst das schnittigste Modell wird den Chefbetreuer der Kinder – in der Regel die Mutter – nicht um die wirklich gefährlichen Kurven lotsen, zum Beispiel die Frage, wie sich die Arbeit in der Familie verteilt, wo Hilfe herkommt oder wie es dem Elternpaar als Mann und Frau miteinander geht.

Wovon es genau abhängt, welche Eltern in den ersten ein, zwei Jahren mit der Mehrlingssituation am besten zurechtkommen, ist nicht ausreichend wissenschaftlich untersucht. Fragt man Menschen, die in ihrem Beruf sehr viele Zwillingseltern an sich vorüberziehen sehen, zum Beispiel in Beratungsstellen oder in manchen Kliniken, nach dem Erfolgsrezept für die Zwillingsmutter, dann hört man immer wieder von einer bestimmten »inneren Einstellung«. Von einer Haltung, die diejenigen Frauen und Eltern auszuzeichnen scheint, die einer Mehrlingsgeburt gutgewachsen sind. Sie werden beschrieben als Mütter und Väter, denen es leichter fällt, Ansprüche und Werte aus der Zeit vor der Geburt der Kinder zu relativieren und zu akzeptieren, dass sich ihr Leben dramatisch verändert hat.

Wer von dieser Art der Gelassenheit nur träumen kann, wird sich sehr verstanden fühlen von der Elterngeschichte der New Yorker Journalistin Judith Newman, einer »Vogue«-Kolumnistin, die nach künstlicher Befruchtung Zwillinge bekommen hat. Sie gehört zur Kategorie der älteren Mutter mit erfolgreichem Berufsleben, und sie pfeift zunächst auf innere Reife: »Was nervt mich eigentlich am Muttersein am allermeisten? Die körperliche Erschöpfung, die Langeweile nach fünf Minuten auf dem Spielplatz? Oder eher die Tragik, mich selbst aus dem Paradies vertrieben zu haben, in dem ich meine Dreißiger genoss, als ich dem Höhepunkt meiner Freiheit und meiner Karriere entgegenging?« (Newman 2004). Gut geht es dieser Mutter nicht, und ohne ihre professionelle Kinderpflegerin zum Preis von 250 Dollar am Tag ist bei ihr »Land unter«.

Die meisten Eltern dürfen sich allerdings darauf verlassen, dass – auch wenn sie sich das nicht bewusst vornehmen – ein paar gesunde Anpassungsprozesse stattfinden und sich Erwartungen verschieben. In einer Lokalzeitung berichtete kürzlich ein Vater von neugeborenen Vierlingen stolz, dass seit der Rückkehr nach Hause alles schon ganz gut klappen würde: »Manchmal schlafen wir nachts auch ein wenig«, fügte er zufrieden hinzu.

Für Zwillingseltern, die an ihren Ansprüchen aus kinderlosen Zeiten festhalten, was ihren Lebensstil oder die Gepflegtheit ihres Haushalts betrifft, oder die vom Glamour-Virus befallen sind, der neuerdings in der Babywelt die Runde macht, kann es sehr schwierig werden. Aus peinlichen Umständen ist »Expect-in-Style« geworden, Spielzeug und sonstiges Zubehör bekommt man jetzt in Trend-Läden mit angeschlossener Bar. Auch ins Kinderzimmer stellt man nicht mehr irgendetwas, sondern neuerdings gerne Antikes, erworben bei »Nostalgie im Kinderzimmer«. So schick das auch alles daherkommen mag – diese schöne saubere Kinderwelt kostet Geld und Mühe, und eine Zwillingsmutter kann eigentlich jede Minute und jeden Euro für etwas anderes gebrauchen.

Schutzräume

Von viel Problematischem war die Rede in den vorangegangenen Abschnitten, auch von Belastungen mit ernstem Charakter wie etwa der Frühgeburtlichkeit vieler Zwillingskinder. Eltern, die davon betroffen sind, werden aber auch die Erfahrung machen, dass man diesen nicht passiv ausgeliefert ist, dass es auch in schwierigen Zeiten Wege gibt, Verletzungen und Verlusterfahrungen zu kompensieren und zu heilen. Gerade Hebammen, die Frauen in der Zeit nach der Geburt von Zwillingen zu Hause betreuen, betonen, wie wichtig Zonen sind, in denen angeschlagene Eltern und Kinder wieder zu sich kommen können. Sie empfehlen der Familie für den Anfang, sich wie in eine Höhle zurückzuziehen, ruhig mal Räume abzudunkeln, viel im Bett zu kuscheln, zu streicheln und zu riechen, also mit allen fünf Sinnen zu arbeiten, um mit den beiden Neuankömmlingen vertraut zu werden. Da sich in der ersten Zeit sehr viel zu Hause und viel am Boden abspielen wird, tut es gut, sich die besagte schöne Ecke zu schaffen, in der man spielen und stillen kann, wo es Decken und Kissen gibt und kleine Annehmlichkeiten wie etwas zum Naschen oder eine Illustrierte zur Hand sind.

Und dann gibt es noch die Schutzräume im Kopf, also die kleinen Pausen, die in die Routine des Tages irgendwo eingebaut sein sollten, damit er nicht eine einzige Abfolge von Wickeln, Füttern und Herumtragen ist. »Heilige fünf Minuten« sollte man sich schaffen, rät die Mehrlingsberatung der *pro familia*, also Vorsätze bilden und einhalten wie: »Die Dusche am Morgen lasse ich mir nicht nehmen.« Damit solche kurzen Auszeiten überhaupt möglich sind, muss die Mutter Bedingungen herstellen, unter denen sie in ihrer Wohnung die Kinder auch einmal kurz allein lassen kann, das heißt, es sollte eine sichere Krabbelecke mit Laufstall geben.

Für die Zeiten, in denen der Nachtschlaf knapp ist, gibt es die Empfehlung, tagsüber grundsätzlich mit den Kindern mitzuschlafen. In den Schlafpausen schnell noch mal die Böden wischen zu wollen, anstatt möglichst rasch ein wenig Schlaf zu ergattern, bevor die nächste Versorgungsrunde kommt, gilt in der Beratung von Mehrlingseltern als Kardinalfehler der unerfahrenen Zwillingsmutter. Wenn der Nachtschlaf sich normalisiert, werden viele Mütter – sofern es die Kräfte zulassen – die wenigen freien Zeitintervalle auch einmal für etwas anderes Schönes nutzen, anstatt zu schlafen.

Teamarbeit

In den Zeiten, in denen Eltern mit wenig Schlaf und viel Geschrei zurechtkommen müssen, liegen natürlich die Nerven oft blank. Studien an jungen Zwillingseltern zeigen, dass unter dem Stress der ersten Wochen eines oft nicht mehr funktioniert: das Sich-gegenseitig-Unterstützen. Eltern fühlen sich, obwohl sie sehr viel Zeit mit- und nebeneinander verbringen, oft nicht nur überlastet, sondern auch einsam. Dann ist alles nützlich, was die Eltern als Team stärkt.

Es hilft beispielsweise, sich auf die Nächte vorzubereiten, indem man vorher möglichst genau klärt, wer nachts was wann macht. Nichts ist trostloser und destruktiver, als wenn zwei völlig übermüdete Erwachsene, von denen jeder ein weinendes Kind auf dem Arm hat, sich im Dunkeln zwischen Garderobe und Badezimmer über Aufgabenverteilung und Versorgungsstrategien streiten. Hier gilt: »Lass' uns reden« –

aber nicht nachts. Auch sollten Frauen und Männer nicht unterschätzen, dass ein Partner, dem am anderen etwas liegt, allein schon dadurch gestresst ist, seine(n) Liebste(n) in einem Zustand der Auflösung und Erschöpfung zu erleben, ohne ihm in dieser Situation wesentlich beistehen zu können – weil er nämlich selbst ein Kind auf dem Arm hat.

Gegenseitige Wertschätzung ist ein anderes wichtiges Stichwort für die beiden Teamplayer: Bei der *pro familia* hat man die Erfahrung gemacht, dass Eltern im Alltagsstress oft nicht mehr achten können, welche Leistung der andere Tag für Tag erbringt – oder zumindest versäumen, es mal wieder deutlich zu sagen. Außer Haus arbeitende Männer unterschätzen die Tagesleistung der Frauen, die sich um zwei Neugeborene und eventuell sogar weitere Kinder kümmern, und viele Frauen übersehen in ihrem täglichen Überlebenskampf die seelische und vielleicht körperliche Belastung des Mannes. Er muss auf einmal eine Familie mit mehreren Kindern materiell versorgen, und wenn er deshalb mehr arbeiten muss als vorher, hat er vielleicht noch ein schlechtes Gewissen, weil er nicht genug daheim hilft. In einer Elternumfrage zeigte sich im Besonderen, dass Zwillingsväter glauben, zusätzlich zu ihrem Brotjob zu Hause sehr viel Hilfe zu leisten, dass aber die Frauen das Gefühl haben, nicht genug Unterstützung zu bekommen. Die Tatsache, dass beide guten Willens sind und ihr Bestes geben, scheint bei mangelnder Kommunikation zwischen den Partnern nicht auszureichen. Motto der beiden Helden der Arbeit sollte deshalb unbedingt sein, dem anderen immer wieder zu signalisieren: »Ich kann mir deinen Tag vielleicht nicht richtig vorstellen, aber ich habe einen Heidenrespekt davor.«

Hilfe! Holen!

Wenn es, wie es in einem oftzitierten afrikanischen Sprichwort heißt, ein ganzes Dorf braucht, um ein Kind zu erziehen, dann sieht es für uns, die wir meist nicht in Dörfern und mit der Tatsache atomisierter Familienverbände leben, schlecht aus. Das Bild vom Dorf, welches den Eltern beim Aufziehen der Kinder hilft, legt nahe, dass Kinder besonders gut gedeihen können, wenn sie eine Vielfalt von Begegnungen und Anregungen haben und wenn für die Erwachsenen die Möglichkeit besteht, sich in der Betreuung von Kindern abzuwechseln. Dass wir und unsere Kinder zu wenig greifbare Großeltern, Tanten, Onkel, Cousinen und Cousins haben, dass viele soziale Kontakte außerhalb der Kernfamilie mittlerweile geplant und verabredet werden, spontane Begegnungen auch für Kinder immer weniger werden, ist hinreichend beschrieben worden, und es liegt nahe, dass sich das für eine Familie mit zwei Kleinkindern besonders deutlich bemerkbar machen wird. Denn selbst, wenn der Mama allein zu Haus noch ein engagierter Vater zur Seite steht, der abends und am Wochenende alles gibt: Die Versorgung von zweien schreit nach mehr. Manche Familien können sich ein Dorf in Form von Au-pair-Mädchen und Kinderfrauen – vielleicht sogar mittels eines für das erste Jahr der Kinderbetreuung aufgenommenen Kredits – erkaufen; ihnen bleibt dann noch die Aufgabe, mit manch missgünstigem Blick fertigzuwerden sowie damit, dass »Fremdbetreuung« in vielen (deutschen) Milieus ein Begriff ist, den die gute Mutter nur mit Schaudern in den Mund nimmt.

Was macht der Rest der Zwillingseltern, der über weniger Kaufkraft verfügt und sich auf die Schnelle keine andere Welt schnitzen kann? In der Beratungsarbeit mit Mehrlingsfamilien hat man die Erfahrung gemacht, dass Eltern das Hilfspotential in ihrer Umgebung oft nicht richtig erkennen oder ausschöpfen. Zunächst fällt es manchen Müttern schwer, ihre Kinder überhaupt zur Betreuung – auch für kürzere Zeiträume – an jemand abgeben zu können. Andere können sich schlecht überwinden, um Hilfe zu bitten. Sie bleiben oft in einer Enttäuschungshaltung hängen. Enttäuschung erleben sie darüber, dass in ihrem Umfeld kaum jemand aktiv und konkret Hilfe anbietet. Zwar erleben fast alle Zwillingseltern, dass ihnen während der Schwangerschaft aus dem Freundeskreis euphorische Angebote gemacht werden. Nach der Geburt der Kinder wird es dann eher still um die Familie, und es bleibt oft nichts übrig, als selbst darauf zurückzukommen und konkret um das Einlösen der vorher gemachten Versprechen zu bitten.

Auch Missverständnisse auf Helferseite tragen dazu bei, dass die Zwillingsfamilie mit ihrer Arbeit allein bleibt: Freunde und Verwandte, die keine Mehrlinge haben, können sich die eingeschränkte Mobilität der Zwillingsfamilie oft gar nicht vorstellen. Angebote wie »Bring' mir die Kinder doch einfach mal vorbei« entlasten die Eltern kaum, weil allein der Transport der Babys so mühsam ist. Auch unterschätzen Außenstehende oft, wie schwer Kinder, die bereits in der Fremdelphase sind, in einer ihnen unbekannten Wohnung zu betreuen sind. Hilfe ist einfacher zu leisten und bringt den Eltern mehr, wenn sie in der vertrauten Umgebung angeboten wird. Auch neigen Menschen allgemein dazu, ihre Leistungsbereitschaft zu überschätzen. Angebote von Freundinnen à la »Ich komme einmal in der Woche und helfe« sind meist völlig unrealistisch und führen dazu, dass am Ende gar nichts passiert. Mehrlingseltern bringt diejenige Unterstützung am meisten, die kontinuierlich geleistet wird, und wenn es zum Beispiel die Bekannte ist, die verlässlich wenigstens einmal im Monat für zwei Stunden das Kinderhüten übernimmt, damit man zum Friseur kann.

Die Erfahrung zeigt zudem, dass Eltern dann, wenn sie Hilfe eigentlich am nötigsten bräuchten, oft schon zu erschöpft sind, um sie sich zu organisieren. Dem sollte man vorbeugen, unter anderem dadurch, dass man bei Freunden und Familienmitgliedern schon vor der Geburt um Verständnis dafür wirbt, dass man in den ersten Monaten oft nicht die Zeit haben wird, ein Telefonat zu beantworten, und dass man Unterstützung wahrscheinlich immer spontan brauchen wird. Wenn zum Beispiel beide Kinder kränkeln und zahnen, eines oder beide fast dauernd schreien und man schon fünf schlechte Nächte am Stück hatte, wenn man nur noch denken kann »Noch so einen Tag schaffe ich nicht mehr«, dann zählt das Jetzt und Hier und eine Person, die beherzt sagen kann: »Ich komme und löse dich in einer Stunde ab.«

Neben der praktischen Zuwendung gibt es natürlich noch die emotionale, und die finden Zwillings- und Mehrlingseltern manchmal besonders in der Begegnung mit anderen Müttern und Vätern, die mehrfachen Nachwuchs bekommen haben. Zumindest in den größeren Städten gibt es mittlerweile Orte der Begegnung für Eltern mit allen möglichen speziellen Anliegen. Im Internet findet man auch abseits der Großstadt oft Zwillingsstammtische und ähnliche Treffs. Es tut einfach gut, einmal nicht der Schwiegermutter mühsam erklären zu müssen, warum genau man auf dem Zahnfleisch geht, sondern zur Abwechslung ein wortlos verstehendes Gegenüber zu haben. Aber, wie bereits gesagt, macht die Zwillingselternschaft nicht automatisch alle Menschen zu Brüdern und Schwestern, und es empfiehlt sich, wenn man nach Seelenverwandten und Menschen sucht, mit denen man sich übers Kinderkriegen und -haben austauschen will, die Augen über den ganzen Spielplatz schweifen zu lassen, anstatt ausschließlich nach anderen Mehrlingseltern zu gucken.

6 Mit Zwillingskindern leben

Zarte Bande: Die Eltern-Kind-Beziehung in Zwillingsfamilien

Eine Mutter mit Zwillingskindern im Säuglings- oder Kleinkindalter muss wohl von jeher als reizvoller Anblick empfunden worden sein. Bildende Künstler haben immer wieder versucht, das Besondere dieser Beziehung in Porträts einzufangen. Viele der Darstellungen erinnern an Marienbilder, auf denen der Maler oder Bildhauer mit der Gottesmutter und dem Jesuskind sein Ideal von Mütterlichkeit feiert. Wenn sich dann auf einmal in den Armen der Mutter ein zweites, ähnlich oder gleich aussehendes Kind findet, entsteht etwas ganz Neues: ein spannendes Mutter-Kinder-Dreieck, das die Sehgewohnheiten des Betrachters irritiert und dazu herausfordert, die Triade zu enträtseln. Wer sind die drei eigentlich? Wem sehen die Kinder ähnlich? Wer ist wem näher?

Es gibt in der Menge der Abbildungen von Mutter mit Zwillingen durchaus Muster zu entdecken: Die Mutter ist meist einem Kind zugewandt, beide blicken sich in die Augen; das zweite Kind schmiegt sich von der Seite an oder hat auf eine andere Weise Körperkontakt zur Mutter, sieht dabei aber oft aus dem Bild zum Betrachter hin oder beobachtet seine Mutter mit dem Bruder oder der Schwester. Die Mutter, das spürt man beim Betrachten des festgehaltenen Moments, kann nicht mit beiden Kindern zur gleichen Zeit in intensivem Kontakt sein. Es bleibt ihr nur, sich abwechselnd zuzuwenden oder zu versuchen, sich mit ihren Kindern auf verschiedenen Sinneswegen zu verbinden, also einem in die Augen zu sehen, das andere derweilen zu berühren.

Das heißt nicht, dass den Abbildungen etwas Negatives anhaftet, im Gegenteil. Es sind viele Szenen dargestellt, in denen die drei ihre Balance gefunden zu haben scheinen. Lediglich etwas Zerbrechliches liegt manchmal darin, eine Spannung, die fragen lässt: Wie könnte wohl der nächste Moment aussehen? Und manchmal ahnt man ein Geheimnis, von dem nur die drei Porträtierten wissen.

Dreiecksverhältnisse

Das Dreieck ist die grundlegende Beziehungserfahrung der Zwillingsmutter und ihrer Kinder schon am Tag der Geburt. Beziehungstheoretiker haben stets darüber spekuliert: Wie kann das funktionieren, eine Mutter mit zwei gleichzeitig geborenen Kindern? Wie entwickelt sich unter diesen speziellen Bedingungen die Bindung zwischen Mutter und Kind? Welche Rolle spielt der Vater dabei? Und welche Beziehung entsteht zwischen den beiden Kindern, die sich von Anfang an eine Mutter teilen müssen?

Wie es sich für ein ordentliches Dreiecksverhältnis gehört, lassen sich unterschiedliche Perspektiven einnehmen. Eltern schildern aus ihrer Sicht, dass sie es nicht selbstverständlich finden, sich in zwei Babys gleichzeitig zu verlieben, und dass die Sorge, beide Kinder nicht gleich gut versorgen zu können, von Anfang an da ist. In Psychologie und Ethnologie hat man traditionell vermutet, dass das auch gar nicht geht, dass eine Menschenmutter am Ende der Schwangerschaft nur zur Bindung an ein Kind vorbereitet ist. Und dass die Mutter beim besten Willen nicht zwei intensive Zweierbeziehungen gleichzeitig aufbauen kann: »Während sich die Mutter einem ihrer Mehrlinge zuwendet, sind die anderen physisch oder in ihrer Phantasie immer präsent und mit sehr ähnlichen Bedürfnissen und Ansprüchen in Warteposition. Die ideale Zweisamkeit mit einem Baby ist nicht realisierbar, und dieser Umstand stellt eine Quelle von Schuldgefühlen und Versagensängsten bei den Müttern dar« (Bindt 2001).

Was ist – zunächst einmal rein quantitativ betrachtet – in der Anfangszeit möglich zwischen Mutter und Kindern? Die in mehreren sorgfältigen Studien erhärteten Fakten sind die, dass neugeborene Zwillinge weniger ungeteilte Aufmerksamkeit erhalten und weniger intensive, direkte Kommunikation mit den Eltern erleben als Einlinge. »Auch bei einer sehr präsenten liebevollen Mutter [erzwingt die Zwillingssituation anfänglich eine] bis um das 10-Fache reduzierte sprachliche und nichtsprachliche Interaktion« (Krauss 1994). Zwillingseltern schaffen es weniger häufig, Blick- und Hautkontakt zu den Kindern aufzunehmen und reagieren weniger auf kindliches Verhalten, zum Beispiel lächeln sie ihre Babys seltener an und sprechen seltener in Babysprache mit ihnen. Zwillinge im Kleinkindalter erfahren weniger als die Hälfte der Schmuse- und Spielzeit, die ein Einlingskind unter normalen Umständen bekommt. Es ist unvermeidbar so, dass kein noch so ausgeklügelter Versorgungsalltag der Mutter ein zusätzliches Augen- oder Händepaar wachsen lässt und auch die größte Anstrengung von Mutter und Vater nicht verhindern kann, dass die frühe Interaktion von Zwillingen mit ihren Eltern sich anders gestaltet als die eines Einlingskindes mit seinen Bezugspersonen.

Konkurrenz

Dass zwei Kinder da sind, heißt aber nicht nur, dass die Mutter sich zweiteilen muss, sondern dass sie von Anfang an einen Nebenbuhler in ihrer jeweiligen Mutter-Kind-Beziehung hat, nämlich das andere Kind. Das mag zunächst befremdlich klingen, aber es ist eine Tatsache, dass die Mutter mit dem bereits bestehenden Band zwischen ihren Kindern konkurrieren muss, die noch aus dem Mutterleib die Fähigkeit besitzen, sich allein durch ihre Anwesenheit gegenseitig zu beruhigen. Je älter die Kinder werden, desto häufiger wird es der Mutter passieren, dass in Situationen, in denen sie gerade Liebe und Aufmerksamkeit geben will, die beiden

Kinder eine kraftvolle Einheit bilden, die sie gerade gar nicht braucht und womöglich auch einmal abweist. Sich streckenweise aus der Zwillingsbeziehung ausgeschlossen zu finden, ist ein Gefühl, mit dem fast alle Zwillingseltern Bekanntschaft machen werden.

Ihre starke Verbundenheit innerhalb der Dreieckssituation spüren die Zwillinge selbst oft deutlich: »Manchmal sagt unsere Mutter: ›Also, ich kenne euch seit ihr Babys wart; ich sollte eigentlich mehr über euch wissen, als ihr voneinander wisst.‹ Aber uns beiden ist klar, dass sie das eben nicht kann«, so beschreiben zwei heranwachsende Zwillingsmädchen ihre Position der Mutter gegenüber (McLaughlin 1980). Zudem ist in einer Dreierbeziehung selten irgendetwas exklusiv, diese Erfahrung machen in Zwillingsfamilien alle früher oder später. Die Mütter von Zwillingskleinkindern beschreiben es entsprechend als durchaus ambivalent, wenn ihre beiden so toll miteinander spielen, dass jede Mutter eines Einzelkindes vor Neid erblasst. Denn manchmal tut es auch weh, wenn man nicht gebraucht wird.

Bindungen

Der Vergleich mit Einlingskindern bringt für die Lebens- und Erziehungspraxis der Zwillingseltern oft wenig. In der Forschung über menschliche Bindungen hat man ihn trotzdem oft angestellt, nicht zuletzt, weil man den Spezialfall Zwilling nutzen wollte, um mehr darüber herausfinden, welche Arten von Bindungen es überhaupt zwischen Eltern und ihren Kindern gibt und wovon die Qualität dieser Bindung abhängt. Eine von Sozialforschern vielfach benutzte Kategorisierung ist die in sogenannte sichere und unsichere Bindungen zwischen Mutter und Kleinkind. Im Falle von Kleinkindern würde das (sehr vereinfacht) bedeuten, dass sich ein sicher gebundenes Kind in vielen Situationen erstens leichter von der Mutter trennt, weil es sich gemäß seiner bisherigen Erfahrungen auf das Wiedersehen verlassen kann, und dass es sich, zweitens, über die Rückkehr seiner Bezugsperson freut. Unsicher gebundene Kinder dagegen klammern sich in Trennungssituationen an die Mutter, oder sie zeigen bei mütterlicher Abwesenheit oder Rückkehr kaum mehr Gefühle, weil sie gelernt haben, dass diese ohnehin nicht feinfühlig registriert oder gar missachtet werden.

Zu den Faktoren, die als Hindernisse auf dem Weg zu einer innigen, stabilen und damit später sicheren Mutter-Kind-Bindung gesehen werden, rechnet man eine schwere Geburt, die frühe räumliche Trennung von Mutter und Neugeborenem, verzögerten Körperkontakt zwischen Mutter und Kind nach der Geburt sowie mangelnde Hilfestellung beim Versorgen des Neugeborenen. Da genau diese Bedingungen bei Mehrlingsgeburten gehäuft vorliegen, ging man davon aus, es bei Zwillingsfamilien mit sehr verletzbaren Mutter-Kind-Beziehungen zu tun zu haben.

Vorlieben

Es gibt eine Reihe von Vermutungen und Studien dazu, wie Eltern und Kinder versuchen, unter den Zumutungen dieses Dreiecksverhältnisses Bindung aufzubauen. Eine Annahme geht dahin, dass, wenn Zwillinge geboren werden, die Bindung der Mutter zu einem Kind auf Kosten der Bindung zum anderen deutlich stärker wird. Die israelische Psychologin Esther Goshen-Gottstein hat in den 1980er Jahren beobachtet, dass sich Frauen, die gerade Zwillinge bekommen haben, beiden Kindern warmherzig zuwenden, und protokollierte, dass die Mütter angaben, ihre zwei Kinder gleichermaßen zu lieben – beides eigentlich Hinweise darauf, dass sich doch eine positive Beziehung zu zweien etablieren lässt. Goshen-Gottstein beschrieb aber auch, dass die frühen Vorlieben der Mutter schwankten, dass sie, ohne es zu merken, oft auf eines der Kinder rascher reagierte und ihm mehr Aufmerksamkeit schenkte sowie positivere Begriffe und Namen für dieses Kind benutzte. Insbesondere fiel der Psychologin (und anderen Untersuchern dieser Frage) auf, dass in den Fällen, in denen ein Kind schwächer oder kränker als das andere war, die Mutter zu Beginn eine stärkere Gefühlsbindung an das gesündere Kind beziehungweise das schwerere und größere entwickelte, manchmal aber auch an das, das zuerst aus dem Krankenhaus heimgenommen werden konnte.

Diese Befunde lassen Eltern mit ihrem Ideal der Gleichbehandlung garantiert die Haare zu Berge stehen. Aber zum einen beschreiben diese Beobachtungen nur die unmittelbar nachgeburtliche Zeit; man weiß, dass sich ursprüngliche Präferenzen im Laufe des ersten Lebensjahres verändern und sich dann häufiger auf das niedriggewichtigere Zwillingsbaby richten. Zum anderen – und das leuchtet auf Anhieb überhaupt nicht ein – stellte sich heraus, dass Mütter, die zunächst intuitiv eines der beiden Zwillinge bevorzugten, insgesamt ein stärkeres emotionales Engagement für beide Kinder zeigten und diese Babys im Alter von einem Jahr sicherer an ihre Mutter gebunden waren als die Kinder der Mütter, bei denen keine Präferenzen für eines der beiden Kinder zu erkennen waren.

Die anfängliche Bevorzugung eines Kindes scheint also keine Katastrophe zu sein. Vermutlich ist es einfach mütterlich-menschlich, dass das Verhältnis der Eltern zu ihrem unreif oder zu früh geborenen Säugling mühsamer aufgebaut werden muss. Es ist gut erforscht, dass Frühchen weniger positiv auf die Zuwendung ihrer Eltern reagieren, den Blickkontakt eher vermeiden und weniger Laute von sich geben. Zudem sind diese Babys in ihrem Wach- wie Schlafverhalten irritierbarer, schlechter zu beruhigen und können ihr Befinden und Verhalten weniger gut selbst regulieren. Es ist nur verständlich, dass Eltern in der Fürsorge für diese schwierigeren Kinder leichter verunsichert und enttäuscht werden, und dass ein Frühchen ihnen weniger Befriedigung sowie Bestätigung ihrer elterlichen Kompetenz schenkt. Wenn dann ein zweites Kind vorhanden ist, kann es leicht sein, dass die

Mutter sich aus diesem eher frustrierenden Kontakt etwas zurückzieht und stärker mit dem reagibleren Kind in Beziehung tritt.

Bindungsforscher haben sich außerdem damit beschäftigt, wie ähnlich oder unähnlich Zwillingskinder von ihren Eltern empfunden werden und was das mit der Versorgungsaufgabe und der Beziehung zu ihnen zu tun hat. Man kann immer wieder beobachten, dass manche Mütter oder Väter ihre neugeborenen Zwillinge als eine Einheit erleben und behandeln, das heißt, sie negieren, dass sie den Bedürfnissen von zwei Individuen gerecht werden müssen. Man vermutet darin einen ersten unbewussten Versuch, die Versorgungsaufgabe überschaubarer zu gestalten. Etwas anderes sind die realen Schwierigkeiten mancher Eltern, ihre extrem ähnlich aussehenden eineiigen Babys immer auseinanderzuhalten. Über einem Drittel aller Eltern von Eineiigen passiert es ab und zu, dass sie die Neugeborenen verwechseln.

Zwillingssymbiose

Wie reagieren Zwillingskinder auf die nicht immer glückenden Bemühungen der Eltern, ihnen ausreichend Zuwendung zu geben? Es gibt Beobachtungen, dass Zwillingskinder in ihrem ersten Lebensjahr »auf die mangelnde Verfügbarkeit ihrer Mutter [reagieren], indem sie sich früher als Einlinge unbelebten Objekten zuwenden und häufiger in Zuständen des Dösens und der Inaktivität verharren« (Bindt 2001).

Die Tiefenpsychologie vermutet, dass die beiden Kinder – frustriert von der knappen emotionalen Versorgung durch ihre überforderte Mutter – sich verstärkt einander zuwenden und in ein frühreifes pseudo-intimes Verhältnis, genannt Zwillingssymbiose, geraten. Eine solche Zwillingsintimität würde es der Mutter noch mehr erschweren, Zugang zu ihren Kindern zu finden und so den symbiotischen Prozess weiter vorantreiben. Dass die Kinder sich gegenseitig die Intimität einer Mutter-Kind-Beziehung ersetzen, wird in dieser Sichtweise eher als ein pathologischer Prozess betrachtet. Aber vielleicht ist das eine Frage der Dosis.

Es gibt auch Forscher, die zumindest im Hinblick auf die Kleinkindzeit der Auffassung sind, dass die Gegenwart und Verfügbarkeit eines gleich alten Kindes in Gestalt des Zwillingsgeschwisters im positiven Sinne als etwas betrachtet werden kann, dass eventuelle Defizite in der mütterlichen Versorgung und damit auch drohende Entwicklungsmängel ausgleichen und kompensieren kann.

Trotz all der beschriebenen Befürchtungen hat keine Studie je beweisen können, dass die Bindungsqualität zwischen Zwillingsmüttern und ihren Kinder anhaltend und grundsätzlich schlechter, schwächer, unsicherer oder dergleichen wäre, dass also die obenbeschriebenen Anfangsschwierigkeiten und die quantitativen und qualitativen Defizite der Bemutterung von Zwillingen die Beziehung der Eltern zu ihren Kindern auf Dauer weniger intensiv und weniger verlässlich machen würde. Bindungsforscher, die die verletzlichsten aller Dreierteams, nämlich frühgeborene Mehrlinge und ihre Mütter beobachtet haben, sind eher zu dem Schluss gekommen, dass die menschliche Fähigkeit, eine feste Bindung zu den Eltern aufzubauen, ein sehr robustes Phänomen ist und dass die Gefahr einer schlechten Mutter-Kind-Beziehung bei Zwillingen wohl eher überschätzt wird.

Väter

In der bisherigen Betrachtung der frühen Eltern-Kinder-Beziehung blieb der Vater der Zwillingskinder fast unberücksichtigt. Dass überwiegend von der Mutter die Rede ist, hat damit zu tun, dass sich die Forscher an der sozialen Realität orientieren und das beforschen, was im Alltag passiert. Und da ist in der Mehrlingsfamilie wie in anderen Familien meist die Mutter die erste Bezugsperson. Aber man weiß auch, dass – gemessen an Einlingsfamilien – der Vater von Zwillingen vom ersten Tag an eine deutlich größere Rolle in der Versorgung der Kinder spielt. Das spiegelt sich in einem interessanten Detail: Mehr zweijährige Zwillingsjungen als Einlingsjungen wählen den Vater als erste Bezugsperson.

Für die Entwicklung von Zwillingskindern scheint es nicht so günstig zu sein, wenn die Versorgung eines der beiden Zwillinge fest an den Vater delegiert wird, wenn also in der Familie eine starre Aufteilung in »Mamas Zwilling« und »Papas Zwilling« vorgenommen wird. Manche Forscher vermuten, dass sich zwischen Zwillingsvätern und einem oder beiden Kindern grundsätzlich andersgeartete Beziehungen herstellen als zwischen Einlingsvater und Kind. Zwillingsväter übernehmen vermutlich stärker im konventionellen Sinne »mütterliche« Aufgaben wie etwa zärtliche Fürsorge und besetzen weniger die traditionelle Vaterrolle, die mit Autorität, Macht oder strafendem Verhalten zu tun hat. Gleichzeitig haben sie weniger Zeit für das, was klassischerweise den Vätern überlassen bleibt, nämlich die körperliche Aktivität, das Herumraufen und Tollen. Auch die Aufgabe, die ihnen von der Psychoanalyse stets zugeschrieben wurde, nämlich das enge symbiotische Verhältnis zwischen Mutter und Kind irgendwann zu lockern und zu einem Dreieck zu erweitern, können sie möglicherweise weniger gut erfüllen, da es ja noch ein zweites Kind gibt, mit dem sie beschäftigt sind.

Die stärkere väterliche Präsenz könnte auch der Entwicklung der sexuellen Identität von Zwillingskindern guttun. Entwicklungspsychologische Forschung sagt, dass in Familien, in denen der Vater deutlich anwesend ist, die Kinder eindeutiger und sicherer mit ihrer Geschlechtsrolle identifiziert sind. Das sind aber alles überwiegend Vermutungen und Ideen, mit denen man als Zwillingseltern spielen kann. Sicher weiß man eines: Väter spielen eine herausragende Rolle in einer individualisierten Zwillingserziehung, weil die Familie es nur mit dem Engagement beider Elternteile erreicht, dass die Zwillinge auch genügend Zeit getrennt voneinander verbringen können.

Was können Zwillingseltern aus dem noch sehr unvollständig zusammengesetzten Mosaik der Eltern-Kind-Beziehung in Zwillingsfamilien ableiten? Was kann eine Mutter anfangen mit Untersuchungsergebnissen, die mehr oder weniger darauf hinauszulaufen scheinen, dass sie zwar alles gibt, es aber für das einzelne Zwillingskind nicht genug ist? Das Wichtigste ist vielleicht, dass die Eltern eben nicht die Einlingssituation als Maßstab für die Qualität der Beziehung zu ihrem jeweiligen Zwillingskind wählen sollten. Auch die Forschungsergebnisse, die den Vergleich zum Einling und seiner Mutter anstellen, sollten als ein Resultat wissenschaftlicher Neugier verstanden werden und nicht als Kritik oder gar als Aufforderung, noch mehr geben und noch besser werden zu müssen.

Die Zwillingsmutter darf sich damit trösten, dass sie »gar nicht anders kann, als zu versagen«, wie es der bekannte englische Psychoanalytiker und Kindheitsforscher Donald Winnicott einmal formulierte. Und sie darf darauf vertrauen, dass die Nachteile des Anfangs durch spätere Vorteile kompensiert werden. Letztlich müssen Zwillingseltern vielleicht mit einem Quäntchen Melancholie und Sehnsucht leben. Viele von ihnen teilen die Empfindung, dass sie das Kleinkindalter des Nachwuchses nicht in vollen Zügen genossen haben und dass sie von einem weiteren Kind träumen, um sich dann ihre »Vorstellungen von einer echten affektiven Mutter-Kind-Beziehung erfüllen« zu können (Rufo 2005).

Double Jeopardy

Aggressive Gefühle gegenüber den eigenen Kindern kennen alle Eltern, und sie lösen fast immer Schuld und Verwirrung aus: Wie kann es sein, dass innerhalb von Sekunden das Gefühl der Liebe und Fürsorge wie ausgelöscht ist und man nur noch maßlosen Zorn verspürt? Wie kann es gar passieren, dass einem die Hand »ausrutscht«, obwohl man doch klare Vorstellungen davon hatte, dass so etwas nicht zum eigenen

Erziehungsrepertoire gehört? Wie können Eltern so die Kontrolle verlieren, dass sie ein schreiendes Baby schütteln, bis es Hirnschäden davonträgt?

Man weiß mittlerweile, dass die Misshandlung von Kindern in den meisten Fällen kein Unterschichtenphänomen ist und auch nicht mit einer seelischen Abartigkeit oder Erkrankung der Eltern zu tun hat, sondern oft mit Umständen, in die grundsätzlich alle Eltern geraten können: nämlich Überforderung und soziale Isolation. Körperliche Misshandlungen finden häufiger in Familien statt, in die mehrere Kinder in engem Abstand nacheinander geboren wurden, und sie treffen vermehrt die schwächsten der potentiellen Opfer, nämlich frühgeborene Kinder mit niedrigem Geburtsgewicht, deren Versorgung, wie beschrieben, deutlich höhere Ansprüche stellt als die eines reif geborenen Kindes.

Das klingt alles zusammengenommen nach dem Steckbrief der Mehrlingsfamilie und einem erhöhten Missbrauchsrisiko für Zwillingskinder. Und so ist es auch: Höhere Misshandlungsraten in Familien mit Mehrlingskindern sind nachgewiesen. Sie ergeben sich auch dann, wenn man den Faktor Frühgeburtlichkeit herausrechnet, das heißt, die Geburt von Zwillingen selbst scheint in bestimmten Familien das Stressniveau über ein erträgliches Maß hinaus zu erhöhen. Überraschenderweise werden aber nicht die Zwillinge selbst, sondern verstärkt ihre Geschwister zum Opfer elterlicher Gewalt. Ist doch einer der Zwillinge das Opfer, so ist das meist das weniger gut entwickelte und weniger reagible Kind, also das Baby, das seiner Mutter am wenigsten Befriedigung bieten kann. Dass der körperliche Missbrauch häufiger Zwillingskinder trifft, die von ihren Eltern typische Zwillingsnamen bekommen haben, klingt zunächst wie ein allzu kurioser Zufallsbefund. Man vermutet aber, dass die Namensgebung der Eltern auch ein Ausdruck hoher Erwartungen im Hinblick auf das aus einer Zwillingsgeburt resultierende Familienglück und das elterliche Selbstwertgefühl ist. Diese Väter und

Mütter sind offenbar verstärkt gefährdet, von der Realität enttäuscht zu werden. Wenn dann noch andere ungünstige Faktoren hinzukommen, geraten die Kinder in Gefahr. Eltern, die das Gefühl haben, aggressive Gefühle ihren Kindern gegenüber nicht mehr kontrollieren zu können, sollten dringend eine Familienberatungsstelle aufsuchen (Adressen gibt es bei der Bundeskonferenz für Erziehungsberatung e.V. unter *www.bke.de*). Dort werden sie nicht verteufelt oder verurteilt, sondern unter Schweigepflicht der Mitarbeiter beraten.

Uns gibt's ja auch noch

Das Elternpaar

Eltern, die diesen Abschnitt in Erwartung ihrer Zwillingsbabys lesen, werden es vielleicht übertrieben finden, die Paarbeziehung von Zwillingseltern zu thematisieren. So geht es den meisten anderen Zwillingseltern wohl auch, denn knapp neunzig Prozent aller werdenden Zwillingsmütter machen sich einer australischen Studie zufolge keine Gedanken über die Auswirkungen der bevorstehenden Mehrlingsgeburt auf ihre Beziehung zum Vater der Kinder. Wenn dann die beiden Babys auf der Welt sind, finden aber über neunzig Prozent dieser Eltern während des ersten Vierteljahres beispielsweise kein einziges Mal die Gelegenheit, zu zweit auszugehen. Das sagt natürlich noch nichts über die erlebte Qualität ihrer Beziehung, vor allem nicht bei denjenigen Paaren, die auch vorher schon eher häuslich waren. Aber es ist doch ein Gradmesser dafür, wie sich für viele Paare der Alltag verändert. Es gibt Hinweise darauf, dass sich Eltern von Mehrlingen, insbesondere von höhergradigen, dreimal so häufig trennen wie andere Paare und öfter schwere Partnerschaftskrisen durchleben. Und man weiß, dass Partner, denen es vorher schon nicht besonders gut miteinander ging, die Ankunft eines oder womöglich mehrerer Kinder nicht etwa zusammenschweißt, sondern dass sie erst recht von Krisen bedroht sind.

Viele Paare, die zusammengeblieben sind, berichten im Nachhinein, wie ihre Partnerschaft unter den Belastungen der ersten Monate oder Jahre an die Grenzen kam. Manche schildern so etwas wie ein langsames Auseinanderdriften, eine schleichende Erosion der Gefühle füreinander. Viele Paare vermissen die Sexualität, die sie vor der Geburt der Kinder miteinander hatten. Die Wünsche und Maßstäbe, zum Beispiel hinsichtlich der Frage, wann sich wieder Sexualität leben lässt, gehen natürlich weit auseinander. Aber ohne irgendeine Form der Intimität und Nähe wird es auf Dauer schlecht funktionieren. Deswegen müssen sich Paare unbedingt der Frage widmen, wo sie in ihrem von Kindern dominierten Alltag doch noch Zeit füreinander einbauen können. Wenn beide Eltern auch über lange Zeiträume immer wieder der Versorgung der Kinder die Priorität einräumen und keine der seltenen Chancen auf Zweisamkeit nutzen, fehlt ihnen eine wichtige Energiequelle.

Die New Yorker Autorin Judith Newman liefert eine anschauliche Schilderung ihrer Zwillingsmutterschaft und den (vorübergehenden) Verlust des emotionalen Kontakts zu ihrem Mann, das »loosing touch«, das letztlich in eine handfeste Krise mündet. Aus einer recht erprobten, auch erotisch spannungsvollen Beziehung wird ein Schlachtfeld der Verbitterungen, indem der eigentlich liebevolle Vater den Zeiten hinterhertrauert, als er mit seiner Frau noch allein war und schließlich nur noch schwarzsehen kann: »Wo Kinder sind, da ist weder Frieden noch Genuss« (Newman 2004). Nebenbei zeugt der Bericht von einer bei Zwillingseltern gar nicht so seltenen Paarkonstellation samt dem darin enthaltenen Sprengstoff: Wenn nämlich nicht nur die Mutter, sondern auch der Mann schon etwas älter ist, er vielleicht schon einmal eine Familie gehabt hat und der späten Schwangerschaft gegenüber vielleicht eher ambivalent eingestellt war, muss er sich nun darauf einstellen, dass ihm noch einmal sehr viel Fürsorge abverlangt wird, dass alles noch einmal von vorn losgeht.

Während bei manchen Paaren Spannungen entstehen, weil beide an verschiedenen Punkten in ihrer Lebensplanung stehen, kollidieren bei anderen Paaren die geschlechts- oder personenspezifischen Strategien zum Stressabbau. Mancher Vater will vielleicht einfach mal Sport machen und nichts von zu Hause hören und sehen, die Frau wünscht sich dagegen mehr Kommunikation mit ihrem Partner über die familiären Belastungen. Er ist genervt, dass auch noch über die Kinder geredet wird, sie dagegen hat das Gefühl, vom Mann im Stich gelassen zu werden. Gerade in sehr partnerschaftlich orientierten Beziehungen verlieren Frau und Mann oft aus dem Blick, dass sie sich nicht in einer identischen Situation befinden, in ihnen nicht unbedingt das Gleiche vorgeht und sie nicht das Gleiche brauchen, um mit der Situation umzugehen.

Übersehen werden in den Familien oft die speziellen Verlusterfahrungen der Mehrlingsväter in der Zeit vor und nach der Geburt der Kinder. Die Männer geben ihre Frau zum Teil über lange Strecken an die Reproduktionsmedizin ab, ihre Kinder an die Neonatologie. Sie büßen gemeinsam mit der Partnerin ihre Privatsphäre ein, wenn eine Invasion von Menschen ihre Wohnung bevölkert: Helfer, Verwandte, Mediziner. Sie erleben zum Teil auch den Verlust des bisherigen Gleichgewichts in der Partnerschaft. Die Mutter ist nun die wichtigste Person, sie kontrolliert die Zwillingssituation in vielen Familien.

Eine Empfehlung, die sich aus alldem ableiten ließe, wäre die, nicht voreilig und nicht zu hart mit der eigenen (Ehe-) Beziehung ins Gericht zu gehen, wenn die Spannungen in den Monaten nach der Geburt der Zwillinge überhandzunehmen scheinen. »Wir haben bei Problemen immer versucht, zu unterscheiden: Ist das etwas Grundsätzliches oder hat das jetzt nur mit dem Stress zu tun?«, so blickt ein Elternpaar mit achtjährigen Zweieiigen auf die Kleinkindzeit zurück. Eine solche Haltung empfehlen auch die professionellen Familienberater, beispielsweise von *pro familia*. Ein Großteil der Spannungen, die ein Zwillingselternpaar in den ersten ein, zwei Jahren mit Zwillingen erlebt, ist stark situationsbedingt. Großzügig miteinander zu sein und sich immer wieder aufs Neue über die unterschiedliche Sichtweise auf die familiäre Situation zu verständigen, kann helfen, dass es nicht zu tieferen Krisen oder gar zur Trennung kommt, sondern dass man als Paar an der Herausforderung wächst und zu einem guten Team zusammenfindet – und doch genießen kann, was das Leben mit den Kindern zu bieten hat.

Es ohne Partner schaffen

Alleinerziehend mit Zwillingen, auch das gibt es natürlich. Fast immer sind es Frauen, die mit dieser Lebenskonstellation zurechtkommen müssen. Für sie kann es wie Hohn erscheinen, wenn ein Paar, dem es vor der Geburt der Kinder im Prinzip nicht schlechtging, mit seiner neuen Familiensituation hadert. Und wenn die Forschung sagt: eine gute stabile Partnerbeziehung ist der ausschlaggebende Faktor dafür, wie gut es den Zwillingsmüttern im ersten Jahr geht. In diesem Buch kann die Problematik des Allein-Erziehens nicht vertieft werden. Es sei nur kurz gesagt, dass es wenigstens Hinweise darauf gibt, dass aus diesem Umstand nicht unbedingt negative Konsequenzen für Zwillingskinder resultieren. Man vermutet sogar, dass die alleinerzogenen Zwillinge von der erzwungenermaßen konsistenteren und festeren Führung durch die Mutter profitieren. Für die Mutter selbst lässt sich auf den Punkt bringen: Eine Frau, die ohne jede partnerschaftliche Unterstützung einer Zwillingsgeburt entgegensieht, ist in Gefahr, an Seele und Leib Schaden zu nehmen. Sie braucht Personen, die die Abwesenheit eines Vaters in der konkreten Versorgung der Säuglinge und Kleinkinder zumindest teilweise kompensieren und muss sich diese Hilfe zwingend vor der Geburt der Kinder organisieren. Wenn sie privat und finanziell nicht weiterkommt, muss sie sich vielleicht zunächst mithilfe des Frauenarztes zu all den Hilfestellen vorarbeiten, die infrage kommen. Sie darf vom »Verband alleinerziehender Mütter und Väter« bis zu den örtlichen Sozialhilfestellen nichts auslassen, was Hilfe verspricht. »Ich schaff' das schon allein« kann auf keinen Fall das Motto sein, mit dem sie der Geburt der Kinder entgegensieht.

Geschwisterkinder
Etwa die Hälfte aller Zwillinge sind die ersten Kinder der Familie, ein Drittel der Zwillingskinder hat ein älteres, zwölf Prozent bereits zwei ältere Geschwister. Viele werdende Zwillingseltern machen sich vor der Geburt der zwei Kinder Gedanken, wie die bereits in der Familie vorhandenen Kinder den doppelten Familienzuwachs aufnehmen werden und was sie selbst tun können, um es den älteren Kindern zu erleichtern. Manche Eltern bekommen diesen gegenüber so ein schlechtes Gewissen, dass sie bis zum Ende der Schwangerschaft verschweigen, dass zwei Kinder erwartet werden – das ist allein schon deswegen keine gute Idee, weil die Kinder frühzeitig spüren werden, dass etwas Besonderes im Gange ist. Zum Teil beginnen die Veränderungen für die älteren Kinder ja bereits während der Schwangerschaft, wenn die Mutter oft müde und wenig belastbar ist. Vielleicht sind Krankenhausaufenthalte nötig, oder es herrscht zu Hause eine angespannte Atmosphäre, weil die Eltern Grund haben, sich um die Ungeborenen zu sorgen. Werdende Zwillingsmütter, die schon ein Kind haben, sind im letzten Schwangerschaftsdrittel besonders anfällig für depressive Verstimmungen, was man auch damit in Zusammenhang bringt, dass sich der Konflikt zwischen den Bedürfnissen der Ungeborenen und denen des Geschwisterkindes für die Mutter bereits bemerkbar macht.

Mit der Geburt der Zwillinge entsteht schlagartig ein neues und viel komplexeres Beziehungsgeflecht in der Familie. Die Anzahl der Zweierbeziehungen steigt von bisher drei (Mama-Papa, Mama-Kind, Papa-Kind) auf zehn. Dazu schneien, wie gesagt, weitere Menschen ins Haus: Verwandte, Helfer, Kinderärzte et cetera. Da kann es schon sein, dass das ältere Geschwister sein bisher beschauliches Heim nicht mehr wiedererkennt. Zudem merken Kinder, dass die Vermehrung der Familienmitglieder ganz neue Allianzen schaffen kann. Fazit eines älteren Geschwisters: »Mama und Papa haben sich, die Zwillinge haben sich, ich habe niemanden« (Bryan 1997).

Schwer zu verkraften sind für das Geschwisterkind vor allem Reaktionen von Freunden und Verwandten auf die Zwillinge, in denen die Begeisterung keine Grenzen kennt und die Besonderheit und Niedlichkeit der Kleinen immer und immer wieder betont wird.

Auch wenn es keine systematischen Studien dazu gibt, gehen die meisten Familienforscher davon aus, dass es nach der Geburt der Zwillinge zu einem deutlichen Entthronungserlebnis und zumindest vorübergehend zu einer spürbaren Geschwisterrivalität kommt. Eltern beobachten bei über zwei Drittel der Erstgeborenen (wenn es keine weiteren Geschwister gibt) nach der Geburt der beiden Konkurrenten Verhaltensauffälligkeiten. Bei Einlingsgeburten ist das den Eltern zufolge nur bei einem Drittel der älteren Kinder der Fall. Die Eifersuchtsgefühle können sich vielfältig ausdrücken – in aufmerksamkeitheischendem Verhalten, Aggressionen gegen die Zwillinge (»Mama, die Babys sollen jetzt wieder zurück in deinen Bauch«) oder gegen die Mutter selbst, aber auch in stillem Ärger und Rückzug. Manche Kinder lassen sich auf eine frühere Entwicklungsstufe zurückfallen, brauchen zum Beispiel wieder Windeln oder versuchen, die scheinbar verlorene Liebe der Eltern durch perfektionistisches Verhalten zurückzuerobern. Andere Kinder wünschen oder phantasieren sich einen eigenen Zwilling herbei. Kleinen Buben scheint es insgesamt schwererzufallen als den Mädchen, die neuen Geschwister zu akzeptieren.

Wie kann man den vor den Zwillingen geborenen Kindern helfen, den Übergang zur Mehrlingsfamilie zu meistern? Ein amerikanisches Ratgeberbuch für Zwillingseltern schlägt einen kleinen Trick vor, um sich in die Situation der Geschwisterkinder von Zwillingen einzufühlen. Man solle sich als Mutter einmal kurz fragen, wie es einem wohl ginge, käme der eigene Mann freudestrahlend mit der Nachricht: »Schatz, stell dir vor, ich bringe demnächst zwei süße kleine Frauchen mit nach Hause. Du wirst sie mögen, ihr werdet bestimmt viel Spaß miteinander haben. Und weißt du was? Meine Liebe reicht für euch alle drei!« (Agnew 2005). Der natürlich etwas hinkende Vergleich hilft, sich bewusst zu machen, dass den Geschwisterkindern wirklich sehr viel abverlangt wird und dass man sich als Eltern Schönfärberei lieber spart. Ein wenig tragisch ist dabei, dass das mit dem Überfluss an Liebe ja meist stimmt und dass paradoxerweise Eltern nach der Zwillingsgeburt oft das Gefühl haben, ihre Beziehung zum älteren Kind sei sogar besser, als die erst im Werden begriffene zu den Zwillingen. Aber wie kommuniziert man das effektiv an das vermeintlich zurückgesetzte Kind? Wie lässt man es den Liebesüberfluss spüren?

Vermutlich haben kleine Gesten zum richtigen Zeitpunkt große Wirkung. Damit kann man bereits kurz nach der Geburt der Zwillinge beginnen, zum Beispiel, indem man im Krankenhaus das ältere Geschwister zuerst allein begrüßt, bevor man ihm die Zwillinge vorstellt. Später könnte man dem Geschwisterkind helfen, den Zwillingen zwei kleine Geschenke zu geben, oder die Eltern könnten ihm stellvertretend für die Neugeborenen selbst zwei Präsente überreichen. Wichtigste Strategie in der darauffolgenden Zeit ist es, im Alltag Zeiträume zu definieren, die das Geschwister für sich allein in Anspruch nehmen darf und die verlässlich eingehalten werden – auch wenn es nur eine halbe

Stunde am Tag sein sollte. Des weiteren können die Eltern versuchen, Ausgleich zu schaffen, indem zum Beispiel Patentanten und andere nahestehende Personen mit dem Kind etwas unternehmen. Menschen, die dem Kind wichtig sind, wie die Großeltern, sollten dazu ermuntert werden, auf das Geschwisterkind mit kleinen Aufmerksamkeiten wie Postkarten oder einem Anruf einzugehen.

Es muss auch nicht immer sein, dass wahlweise das Geschwisterkind oder die Zwillinge zusammen das Haus verlassen. Die Zwillingsbeziehung verliert für das ältere Geschwister ein wenig an Vehemenz, wenn die beiden auch einmal einzeln vorkommen. Wenn ein Elternteil mit einem Zwilling ausgeht und derweilen das ältere Geschwister mit einem Zwilling (und dem anderen Elternteil) zurückbleibt, kann es leichter Kontakt zu seinen neuen Geschwistern finden. Das gilt ebenso für die Schlafsituation der Kinder, die auch einmal so arrangiert werden kann, dass das Geschwisterkind mit einem der Zwillinge das Schlafzimmer teilt.

Eine von Eltern häufig eingesetzte Strategie, nämlich die älteren Kinder in die Versorgung der Zwillinge einzubeziehen, kann sinnvoll sein, aber nur dann, wenn der kleine Helfer nicht gegen seinen Willen übermäßig eingespannt wird. Jüngere Nachfolgegeschwister von Zwillingen gibt es aus naheliegenden Gründen nicht so oft. Die meisten Familien neigen nach der Geburt von Zwillingen dazu, die Familienplanung abzuschließen. Manche Mütter werden doch noch einmal schwanger, weil sich die Eltern unbedingt noch ein Kind des fehlenden Geschlechts wünschen oder weil sie so gerne noch ein Einlingskind hätten, um auch einmal diese intensive Zweier-Beziehung mit einem Kind zu erleben. Man hat die Erfahrung gemacht, dass es diese Geschwister nicht so schwer haben, neben den Zwillingen zu bestehen. Meistens ist ein größerer zeitlicher Abstand zu den Zwillingsgeschwistern gegeben und die Mutter kann sich zum Beispiel dem nachgeborenen Kind widmen, während die

Zwillinge in der Schule sind. Wer es unter diesen jüngeren Nachzüglern nicht ganz leicht hat, sind die jüngeren Schwestern von eineiigen Mädchen, die traditionell so viel Aufmerksamkeit aus ihrer Umwelt bekommen, dass es für eine Einlingsschwester immer schwer ist, dagegen anzukommen.

Großeltern

Die meisten Großeltern von Zwillingskindern genießen die neue Situation und können in der Tat eine bedeutsame Rolle als Helfer spielen. In diesem Fall lernen sie ihre Mehrlingsenkel oft besser kennen als ihre anderen Enkel. Oma und Opa können im günstigen Fall viel von dem ausgleichen, was sonst in einer Familie mit Zwillingen zu kurz kommt. Aber es gibt natürlich auch Großeltern, die sich von der Aufgabe und der Verantwortung für zwei schnell überfordert fühlen und sich sicherheitshalber von der Familie distanzieren. Oder sie finden die Mehrlingssituation nicht so schön und haben das Gefühl, dass sie zu diesen Kindern, die meist mehr Betreuungspersonen gewohnt sind, nicht so eine intime Bindung entwickeln können.

Für die Familie selbst, die vielleicht hohe Erwartungen an die Großeltern hat, kann die mangelnde Vorhersagbarkeit von Hilfeleistungen frustrierend sein. Die jungen Eltern können hin- und hergerissen sein zwischen ihrem großen Wunsch nach Unterstützung und ihrer Sehnsucht nach Privatsphäre und vor allem der Abwesenheit von Einmischung! Extrem schwierig ist es, wenn die Beziehungen zwischen den beiden Generationen von jeher spannungsgeladen waren oder es unaufgearbeitete Konflikte gibt und man sich nun auf einmal in einer extremen Stresssituation (vielleicht auf engem Raum) wiederfindet. Als wichtige Regel für Eltern und Großeltern gilt: genau über gegenseitige Erwartungen sprechen und vor allem Hilfewünsche sehr konkret formulieren sowie sich an realistischen Zielen orientieren, um Enttäuschungen vorzubeugen.

Wachstum und Entwicklung

Körperlich aufholen

Viele Zwillingskinder starten, wie in den Kapiteln über Schwangerschaft und Geburt geschildert, unter erschwerten Bedingungen ins Leben, insbesondere weil sie zu früh geboren werden und/oder in der Gebärmutter nicht ausreichend gewachsen sind, also mit einem, am Schwangerschaftsalter gemessen zu niedrigen Gewicht auf die Welt kommen. Zur Erinnerung: über die Hälfte der Zwillingskinder werden mit einem Gewicht von unter 2500 Gramm geboren, was nur bei etwa fünf bis acht Prozent der Einlingskinder der Fall ist. Die möglichen ernsten Folgeschäden von Frühgeburtlichkeit und Unreife sind prinzipiell die gleichen wie bei Einlingskindern: Bekannt und gefürchtet sind unter anderem neurologische Schädigungen wie die sogenannten Zerebrallähmungen oder Sehbehinderungen – beides Beeinträchtigungen, die sich früh und eindeutig erkennen lassen.

Sehr viel diskutiert und geforscht wird im Moment über komplexe, bis ins Erwachsenenalter hineinreichende Funktionsstörungen, über späte Störungen in der Hirnentwicklung und über die womöglich erhöhte Anfälligkeit für Zivilisationskrankheiten (wie zum Beispiel Diabetes) als Folge einer zu frühen Geburt.

Das Thema Frühgeburtlichkeit sollte aber nicht zu pessimistisch gewertet werden: Zum einen lassen sich die positiven Entwicklungsmöglichkeiten eines verfrüht geborenen Kindes nicht gut vorhersagen. Viele der klitzekleinen Menschchen schwimmen gegen den Strom ungünstiger Statistiken und pessimistischer Prognosen und sind nach entsprechender Förderung irgendwann sogar besser entwickelt als ein wenig gefördertes reif geborenes Kind. Zum anderen entwickelt sich die Neonatologie in Wissenschaft und Praxis so rasch, es ändern sich die Vorgehensweisen ständig, so dass die Prognose für ein heute frühgeborenes Kind »einen Blick in die

Vergangenheit der Neonatologie darstellt« (Singer 2006). Frühgeborene Kinder, die heute die Schule besuchen und dort womöglich mit Schwierigkeiten kämpfen, haben in ihrer Zeit nach der Geburt Behandlungsmethoden erhalten, die heute schon nicht mehr angewandt werden (etwa bestimmte Formen künstlicher Beatmung).

Zu den recht gut aufholbaren Defiziten von Zwillingskindern gehört der durchschnittliche Größen- und Gewichtsrückstand. Mit etwa vier Jahren sind Zwillingskinder meist so groß wie Einlinge, aber insgesamt immer noch etwas leichter. Lediglich Kinder, die extrem klein waren für die Schwangerschaftswoche, in der sie geboren wurden, holen den Größenrückstand oft nicht mehr vollständig auf. Die Wachstumskurven der Kinder im Vorschul- und Schulalter können bei zweieiigen Zwillingen so weit auseinanderklaffen wie bei anderen Geschwistern auch, bei gesunden Eineiigen werden sie nahe beieinanderliegen. Insgesamt entwickeln sich bis zum Erwachsenenalter zweieiige Kinder in ihrer Körpergröße immer unähnlicher, während sich bei monozygoten Kindern die Kraft der identischen Gene gegen anfängliche Umwelteinflüsse durchsetzt, so dass am Ende der Wachstumsphase beide fast oder genau gleich groß sind.

Es ist nicht überraschend, dass das Thema Körpergröße bei Zwillingen, vor allem bei Jungen, eine größere Brisanz hat als bei Einlingen. Besonders der Kleinergebliebene hat es schwer, unbeeindruckt zu bleiben, wenn neben ihm ständig ein Kerl läuft, der einen Kopf größer ist, und wenn er selbst stets für das jüngere Geschwister gehalten wird. Eltern sollten dann besonders darauf achten, dem größeren Kind nicht grundsätzlich mehr zuzutrauen als dem anderen.

Dass Zwillingskinder in der Vorschul- und Grundschulzeit im Schnitt (fein-)motorisch weniger geschickt als Einlinge sind, kann mit den erwähnten Geburtshandicaps und mit der Frühgeburtlichkeit zusammenhängen, aber auch mit der geringeren Stimulation, die sie im Kleinkindalter erleben:

Zwillingsbabys werden mehr abgelegt, verbringen viel mehr Zeit in Wippen und Schaukeln et cetera. Beim Essen- und Anziehenlernen geben Zwillingsmütter aus verständlichen Gründen ihren Kleinen weniger Spielraum zum Ausprobieren. Sie greifen viel schneller ein und nehmen den Kindern vieles ab – zum Beispiel das Aufräumen oder Anziehen –, um Alltagsabläufe zu beschleunigen. Ausflüge, die man als Erwachsener mit zwei Kindern in einem bestimmten Alter nicht allein schafft, die aber Gelegenheit zu körperlicher Betätigung böten, wie zum Beispiel der Besuch eines Schwimmbades oder von Spielplätzen, finden bei Zwillingen seltener statt.

Als angebliche Besonderheit in der körperlichen Entwicklung von Zwillingen wird immer wieder eine häufiger vorkommende Linkshändigkeit postuliert und mit der vorgeburtlichen Enge sowie einem ominösen zwillingsspezifischen Faktor in Zusammenhang gebracht. Die Datenlage zum Gebrauch der Wurf- und Schreibehand bei Zwillingen ist widersprüchlich. Sicher ist man sich, dass die Händigkeit nichts damit zu tun hat, ob die Kinder ein- oder zweieiig sind, dass eineiige unterschiedliche Händigkeiten haben können und dass die bevorzugte Benutzung einer Hand nichts mit einer spiegelbildlichen Anlage der Zwillingskinder zu tun hat.

Sprachentwicklung/Geistige Entwicklung

Einzelkinder, die durch ihre Eltern eine intensive Zuwendung und Förderung erfahren, sind anderen Kindern in der Sprachentwicklung oft voraus. Vor allem Kinder, denen in enger zeitlicher Abfolge ein Geschwisterkind geboren wurde, entwickeln sich demgegenüber sprachlich langsamer. Auch Zwillingskinder lernen später sprechen als andere Kinder, und ihre Intelligenzleistungen im sprachlichen Bereich sind im Vor- und frühen Grundschulalter niedriger als die von gleichaltrigen Nicht-Zwillingen. Das bedeutet konkret, dass Zwillingskinder insgesamt weniger reden und ihre Sprachleistungen weniger reif sind als die von einzeln geborenen Kindern im gleichen Alter. Sie haben einen geringeren Wortschatz, die Satzkonstruktionen, die sie verwenden, sind weniger komplex, ihre Aussprache ist schlechter, und es treten häufiger Sprachauffälligkeiten wie Stottern auf.

Aber was auch immer sich an sprachlichen Defiziten bei Zwillingen findet – das meiste scheint sich aufholen zu lassen. Nachuntersuchungen zu den obengenannten Studien an neunjährigen Kindern zeigen, dass es ab diesem Alter keine IQ-Unterschiede zwischen Einlingen und Zwillingen mehr gibt. Wie gut sprachliche Leistungen ab diesem Alter sind, hat unabhängig davon, ob man allein oder mit Geschwistern auf die Welt gekommen ist, am ehesten mit dem Bildungsniveau der Mutter und der Einkommensklasse der Eltern zu tun. In diesem Zusammenhang scheint das Zwillingsein sogar eine Art Schutzeffekt zu haben: Zwillingskinder der Unterschicht bleiben sprachlich weniger zurück als Einlingskinder. Innerhalb der Gruppe der Zwillinge schneiden eineiige Kinder sprachlich noch ein wenig schlechter ab als zweieiige, was man sich durch die bei Eineiigen durchschnittlich größeren Probleme vor und um die Geburt herum erklärt. Aber auch hier ist der Trend: Die Unterschiede nivellieren sich mit der Zeit. Besonders gut holen Zwillingsbuben mit einem Mädchen als Co-Zwilling auf. Bei diesen Geschwisterpärchen scheint das Mädchen eine Art Sprachtutor für ihren Bruder zu sein.

Auch wenn die Sprachdefizite also bei den meisten Zwillingskindern nicht so gravierend sind, dass sie deren Schullaufbahn durcheinanderbringen, ist es trotzdem äußerst spannend, sich zu fragen, woher die Unterschiede zu den Einlingskindern rühren. In dem Abschnitt, bei dem es um die Mutter-Kind-Beziehung ging, war bereits festgestellt worden, dass eine Zwillingsmutter ihren beiden Kleinen offenbar nicht den gleichen Sprachanreiz geben kann wie eine Einlingsmutter ihrem Baby. Unabhängig von ihrem Bildungsniveau sprechen Zwillingseltern in den ersten Jahren insgesamt weniger mit Zwillingen, benutzen häufiger kürzere, weniger komplexe Sätze und loben weniger als Einlingseltern. Ihr verbaler Stil ist direktiver, das heißt weniger fragend oder erklärend, dafür enthält er mehr kurze konkrete Anweisungen.

Eltern, vor allem Mütter, die im ersten Jahr der Zwillingsversorgung dem Kollaps nahe sind, werden sicherlich verständnislos reagieren, wenn Pädagogen oder Sprachwissenschaftler attestieren, dass die »quantitative und qualitative Reduktion des mütterlichen Sprachangebots« und das »weniger engagierte Interaktionsverhalten der Mehrlingsmütter« ihren Kindern eine verzögerte Sprachentwicklung bescheren (Rödder 2004). Mütter und Väter verdienen Trost, denn das Phänomen betrifft alle Eltern von Mehrlingen und zeigt letztlich, wie groß die Anstrengungen der doppelten Kleinkindversorgung sein müssen, wenn man schon anfängt, an Worten zu sparen, ohne es zu merken.

Außerdem weiß man gar nicht sicher, ob die Eltern wirklich die alleinige Wurzel des sprachlichen Übels sind. Eine Hypothese zum Spracherwerb bei Zwillingen sagt nämlich, dass die Kinder sich gegenseitig das Sprachniveau vermasseln. Das Zwillingsgeschwister ist in sprachlicher Hinsicht das denkbar schlechteste Rollenmodell für das andere Kind. Mehrlinge verbringen überdurchschnittlich viel Zeit in Spiel und Gespräch miteinander und weniger mit anderen, vor allem älteren Kindern. Dadurch haben sie reichlich Gelegenheit, sich gegenseitig in ihrer kleinkindlichen Sprechweise zu verstärken. Das könnte auch erklären, warum große Familien nicht unbedingt die ideale Ausgangsbasis zum Sprechenlernen sind: Je größer die Familie, desto niedriger die verbale Intelligenz der Kinder. Auch das immer wieder zitierte Phänomen der Kryptophasie, einer von Zwillingen kreierten Privatsprache, die andere nicht verstehen, wird letztlich durch einen Mangel an äußerer Anregung und einem Übermaß an gegenseitigem Spracheinfluss erklärt – allerdings einem extremen. Während im letzten Jahrhundert Zwillingspaare, die sich scheinbar nur in einer Geheimsprache verständigten, als geheimnisumwobene Forschungsobjekte berühmt wurden, hält man Kryptophasie heute weder für mysteriös noch originell, sondern für eine schwerwiegende Verhaltensstörung, die sich infolge einer ausgeprägten Vernachlässigungssituation – nicht nur auf der sprachlichen Ebene – entwickelt hat. Auch gesunde und geförderte Zwillingspaare im Kleinkind- oder im Kindergartenalter können eigene Begriffe für Objekte und Tätigkeiten entwickeln, aber das wird als unproblematisch gesehen, solange die Kinder parallel dazu auch die entsprechenden muttersprachlichen Worte erlernen.

Sprachforscher glauben, dass Zwillinge grundsätzlich weniger Anreiz als Einlinge haben, Sprache als Kommunikationsmittel zu entwickeln, weil sie miteinander sehr viel über gemeinsame praktische und nichtsprachliche Aktivitäten kommunizieren. Zudem könnten Sprachauffälligkeiten bei Zwillingen auch als eine Art erfolgreiche Anpassungsstrategie verstanden werden: Vielleicht sprechen Zwillingskinder deshalb schneller, lassen Silben weg und neigen zum Stottern, weil sie sich in der Konkurrenz mit dem gleich alten Geschwister Gehör verschaffen müssen. Und schließlich gibt es so etwas wie die Überforderungshypothese: Vielleicht sind die sprachlichen Leistungen von jungen Zwillingen geringer ausgeprägt, weil sie damit beschäftigt sind, mit einer schwierigeren Kommunikationssituation zurechtzukommen als das Einlingskind, nämlich dem Dreieck zwischen ihnen selbst, der Mutter und dem Geschwisterkind.

Die englische *Multiple Births Foundation* empfiehlt, auffallende Sprachrückstände bei Zwillingen nicht als etwas Naturgegebenes hinzunehmen, sondern mithilfe des Kinderarztes zu klären, ob man abwarten oder fördern soll. Wer seinen Zwillingen im Alltag sprachlich etwas Gutes tun will, dem wird geraten, sich nicht nur so viel wie möglich mit seinen Kindern zu unterhalten, sondern sie häufig einzeln anzusprechen. Im Gespräch sollte man viel Augenkontakt halten, nicht immer den extrovertierteren Zwilling zuerst oder zumeist ansprechen, nicht ein Kind für das andere antworten sowie das Kind in seinem eigenen Tempo erzählen und ausreden lassen. Schließlich fördert es das Sprachverständnis, wenn Kindern viel vorgelesen, viel erklärt wird, sie gelobt und ermutigt werden und wenn sie häufig mit älteren Kindern zusammentreffen. Bei Zwillingskindern, die mehrsprachig aufwachsen und dabei Probleme entwickeln, sollten Eltern sich auf eine Sprache festlegen oder eindeutig eine Sprache für zu Hause, die andere für das Leben außerhalb des Hauses definieren. Und nicht zuletzt eine wichtige Strategie für die elterliche Psyche: Vergleiche von Zwillingen mit Einlingen, Buben mit Mädchen oder Birnen mit Äpfeln sollte man lieber lassen.

Eine Entwicklungsbesonderheit, die im Zusammenhang mit Zwillingen immer wieder erwähnt wird, ist, dass sogar bei eineiigen Zwillingen das zweitgeborene Kind in seiner geistigen Entwicklung von Lehrern und Eltern immer etwas ungünstiger beurteilt wird und auch in Tests der geistigen und sozial-emotionalen Leistungen durchschnittlich etwas schlechter abschneidet. Man diskutiert, ob dieser Effekt damit zusammenhängt, dass der erstgeborene Zwilling im Durchschnitt größer und schwerer ist und deshalb in die dominante Rolle samt dem dazugehörigen Erziehungsverhalten gerät, oder ob es sich um die hartnäckigen Nachwirkungen der biologischen Geburtsunterschiede handelt. Für alle Eltern gilt, dass die geistige und soziale Entwicklung eines Kindes nicht gleichmäßig, sondern in Sprüngen verläuft. Eltern eineiiger Kinder können allerdings damit rechnen, dass diese Entwicklungsschübe ziemlich zeitgleich und in gleichem Ausmaß erfolgen. Familien mit zweigeschlechtlichen Zwillingen könnten die erfreuliche Erfahrung machen, dass die Kinder sich in ihren Leistungen überwiegend positiv beeinflussen. Mädchen aus gegengeschlechtlichen Paaren sind besser in Mathematik und bei Aufgaben zum räumlichen

Vorstellungsvermögen als eineiige Mädchen. Wenn ein Junge einen weiblichen Zwilling hat, ist er besser in der Schule, aber nicht ganz so gut bei körperlichen Koordinationsaufgaben wie andere Jungen.

Soziale Entwicklungsbedingungen

Dass Zwillingskinder sich in ihrer Sprachentwicklung gegenseitig beeinflussen, legt nahe, dass auch andere Bereiche der geistigen Entfaltung von der kindlichen Doppelexistenz berührt sein könnten. Der bekannten englischen Kinderärztin und Mehrlingsforscherin Elizabeth Bryan ist etwas am Kinderleben von Zwillingen aufgefallen, das sie »lack of solitude« nennt: einen Mangel an Gelegenheiten zum Alleinsein (Bryan, Hallett 2001). Gleichzeitig geborene Kinder verbringen oft ein ganzes Leben in Hör- oder Sichtweite des Geschwisters und mit einem Maximum an Körperkontakt. Wenn sie mit Bruder oder Schwester auch nachts einen Raum teilen, hören sie ihn buchstäblich 24 Stunden am Tag atmen oder reden. Das bedeutet, dass Kinder mit einem Zwilling – der entweder ohnehin da ist oder aber jeden Moment von nebenan hereinkommen kann – mit einer permanenten »Störung« leben. Sie können sich nur selten darauf verlassen, dass ein Moment des Alleinseins und der konzentrierten Aktivität ohne Unterbrechung bleibt.

Entwicklungspsychologen behaupten, dass Kinder davon profitieren, wenn sie über (dem Alter angemessene) Zeiträume verfügen, in denen sie für sich sein können. Ungestört die Gedanken schweifen lassen, sich allein in ein Spiel versenken, Gefühlen nachhängen – all dies gilt als Voraussetzung dafür, sowohl Konzentrationsfähigkeit als auch ein stabiles Selbstbewusstsein entwickeln zu können. Tatsächlich sind Zwillingskinder ablenkbarer und haben größere Schwierigkeiten, sich zu konzentrieren als Einlingskinder. In die gleiche Richtung geht die Erkenntnis, dass Zwillingskinder etwa ab dem zehnten Lebensmonat beginnen, das andere Kind bei seinen Aktivitäten und seinem Kontakt zur Mutter zu beobachten. Wenn daraus eine Gewohnheit, ja, geradezu ein Verhaltensstil entsteht, könnte das entwicklungshemmend wirken, weil das Kind sich zu wenig mit seinen eigenen Ideen und Bedürfnissen beschäftigt.

Womöglich orientieren sich Zwillinge auch im emotionalen Bereich stark an ihrem Geschwister. Es kommt oft vor, dass Zwillingskinder sich gegenseitig mit ihren Gefühlen »anstecken«, dass also einer beim anderen Gefühle wie Ärger, Angst oder Unzufriedenheit registriert, diese ungeachtet des eigenen emotionalen Zustandes übernimmt und gemeinsam mit ihm oder stellvertretend für ihn äußert.

All diese Beobachtungen an Zwillingskindern weisen darauf hin, dass sich die sozialen und psychologischen Besonderheiten des Zwillingsdaseins nicht nur auf die seelische, sondern auch auf die geistige Entwicklung von Zwillingskindern auswirken.

Erziehungsfragen

»Ich bin überzeugt davon, dass es viel schwieriger ist, Zwillinge zu erziehen als ‚normalen' Geschwistern das Zusammenleben beizubringen,« teilt Marcel Rufo, französischer Psychoanalytiker und Kinderpsychiater in einem Buch über Geschwisterbeziehungen seinen Lesern apodiktisch mit. Davon scheint die Mutter, die bei einem Internet-Chat über Vor- und Nachteile getrennter oder gemeinsamer Zimmer für Zwillingskinder nachdenkt, nichts gehört zu haben – sie gibt sich gelassen: »Ich denke, man sollte sich nicht so viele Gedanken machen. Die Mäuse werden uns schon sagen, wenn sie Veränderungen möchten.«

Zwillingseltern suchen wie andere Väter und Mütter irgendwo zwischen Überforderung und Sorglosigkeit, Panikanfall und Optimismus nach ihrem ganz eigenen Erziehungsweg. Sicher, das Zusammenleben mit Zwillingen ist ein familiärer Sonderfall – aber darüber, wie man ihn am besten gestaltet, gibt es kaum Forschungsergebnisse. Rufos Statement über Zwillingserziehung halte ich jedenfalls für stark übertrieben. Was, um Himmels willen, sind denn schon »normale« Geschwister in womöglich »normalen« Familien? Wenn man sich auch nur ein wenig umsieht und sich die Herausforderungen anderer Familien betrachtet – ein krankes Kind, ein behindertes, ein hochbegabtes, adoptiertes oder verunglücktes Kind, Kinder, die nicht gewollt waren, und Kinder, die ersehnt wurden, aber nicht kamen, Trennungen und neue Partner, abwesende, unbekannte oder schwule Väter, verschwiegene Geschwister, Stiefgeschwister, alleinerziehende, arbeitslose oder psychisch kranke Mütter, sterbende oder abwesende Großeltern –, dann ist das Leben mit Zwillingen nur eine der vielen Formen des ganz normalen Wahnsinns. Es gibt ein paar pädagogische Themen, die Mehrlingsfamilien speziell betreffen, und es gibt etliche anregende Ideen von Eltern oder Profis, die beim Erziehen und Zusammenleben helfen. Sich damit zu beschäftigen, ist spannend und macht Spaß – ein Pädagogikstudium müssen Zwillingseltern aber nicht absolvieren, um Zwillinge großzukriegen.

Das doppelte Lottchen

Historische Schilderungen lassen erkennen, dass es wohl schon immer zwei mögliche Erziehungsmodelle für Zwillinge gegeben hat: nämlich eines, das die individuelle Entwicklung fördert, und eines, bei dem die Gleichartigkeit der beiden Kinder Erziehungsziel und -stil bestimmt. Das Alte Testament erzählt zum Beispiel von zweieiigen Zwillingen, deren Wesen sich ganz unterschiedlich entfaltete: Esau war der Mann des Feldes und der Jagd und sein Bruder Jakob derjenige, der zu Hause bei der Zeltgemeinschaft blieb. In einer Variante des antiken Mythos von Narcissus wird dagegen beschrieben, dass dieser seiner Schwester zum Verwechseln ähnlich sah und beide gleich gekleidet und frisiert auftraten.

Zunächst hat die Frage, wie man seine Kinder behandelt, damit zu tun, wie man sie wahrnimmt. Bereits die Bestätigung der Schwangerschaft vermag »bis dahin meistens nur verborgen schlummernde elterliche Phantasien und Wünsche über Identität und Geschlecht des Babys, Veränderungen in der Familie oder sogar über die Zukunft des Kindes in Gang« zu setzen, die auch die Gefahr einer sich selbsterfüllenden Prophezeiung in sich tragen (Kasten 2001). Willkürliche Faktoren wie Größe oder Reihenfolge bei der Geburt werden in den Augen der Eltern zu Identitätselementen wie Intelligenz, Stärke, Verletzlichkeit. Bei Eltern von Nicht-Zwillingen hat man feststellen können, dass der Wunsch, unterschiedlich geartete Kinder zu haben, groß ist, dass es ein Bedürfnis nach Vielfalt und Abwechslung in der eigenen Kinderschar zu geben scheint. Dass es solche Wünsche offenbar auch bei Zwillingseltern gibt, erklärt vielleicht, warum sie ihre Eineiigen, die für alle anderen nicht auseinanderzuhalten sind, erstaunlich oft für zweieiig halten. Auch Eltern von zweieiigen Kindern scheinen gerne geringste Unterschiede im Wesen ihrer Kinder stark zu betonen und als geradezu komplementär wahrzunehmen. Darin liegt vielleicht der Versuch, die Kinder unvergleichbar zu machen und dem sich täglich aufdrängenden Vergleich der Kinder den Boden zu entziehen. Möglicherweise sind frühe Zuschreibungen von Eigenschaften aber auch Ausdruck davon, dass die Eltern etwas Wichtiges zu erreichen versuchen, nämlich die beiden Kinder und ihre Bedürfnisse möglichst früh differenziert wahrzunehmen und sie individuell zu versorgen. Die Fähigkeit von Eltern, individuelle Verschiedenheit ihrer Kinder (auch der von Nicht-Zwillingen) zu erkennen, gilt in der Familienforschung als eines der Attribute von als gesund oder gutfunktionierend eingestuften Familien.

Wie Zwillinge heute erzogen werden, hängt natürlich auch damit zusammen, wie man Kinder generell erzieht. In den Jahrzehnten nach dem Zweiten Weltkrieg änderte sich der gängige Erziehungsstil grundlegend. Die Ideale der Anpassung und Einordnung wurden abgelöst von dem der individuellen Selbstverwirklichung. Für Zwillingseltern früherer Jahrzehnte war das »doppelte Lottchen« Selbstverständlichkeit, das heißt, sie ließen sich von einem Zwillingsstereotyp leiten, zu dem unbedingt die physische Ähnlichkeit der Kinder gehörte.

Auch wenn es mittlerweile einen starken Trend in Richtung einer individualisierten Behandlung von Zwillingskindern gibt, so scheinen Eltern immer noch unterschiedliche Wünsche und Ideale im Hinblick auf das kleine Paar zu haben: Entweder hat es ihnen die Eigenart und Vielfalt der Wesenszüge, die man an zweieiigen und Pärchenzwillingen erleben kann, oder die Faszination des Gleichen angetan. Eltern sind oft, nachdem man ihnen die Zygosität ihrer Kinder vor oder nach der Geburt mitgeteilt hat, über die Nachricht enttäuscht – wahlweise über die der Ein- oder der Zweieiigkeit. Aber unabhängig von der Zygosität der Kinder kann man bereits in den ersten Wochen nach der Geburt bei Zwillingsmüttern zwei Versorgungsstile feststellen, nämlich eben einen individualisierten und einen, bei dem die Kinder eher im Zweierkollektiv versorgt werden.

Dieser Stil hängt wider Erwarten nicht damit zusammen, wie erschöpft die Mütter sind, noch damit, wie viel Unterstützung sie in der Familie haben. Offen ist allerdings, ob Zwillingskinder einseitig durch das Erziehungsverhalten der Eltern beeinflusst werden oder ob im Fall von eineiigen Zwillingen nicht doch die Ähnlichkeit der Kinder auf die Erziehungsstrategie der Eltern rückwirkt. Einiges weist darauf hin, dass beides stattfindet. Zum einen weiß man, dass Zwillingseltern ihre beiden Kinder umso gleichartiger behandeln, je ähnlicher sich die Kinder optisch sind. Andererseits ist das keine Alles-oder-nichts-Entscheidung. Gerade innerhalb der Gruppe der eineiigen Kinder gibt es große Spielräume: Werden eineiige Kinder individuell erzogen, unterscheiden sie sich in Eigenschaften, die man für stark durch Erziehung beeinflussbar hält, wie zum Beispiel in ihrem Verantwortungsbewusstsein und dem Fleiß in der Schule genauso stark wie zweieiige Kinder. Bei einer einheitlicheren Erziehung lassen sich in diesen Bereichen kaum Unterschiede zwischen den Kindern feststellen.

Die beiden Grundrichtungen der Zwillingserziehung werden in der Pädagogik heute nicht mehr als gleichwertig betrachtet. Längst gibt es eindeutige Empfehlungen, an denen sich mittlerweile viele Eltern orientieren. Sie basieren auf Daten, die alle darauf hinweisen, dass eine auf Konformität ausgerichtete Erziehungsstrategie sich auf die Persönlichkeits-, womöglich auch auf die Intelligenzentwicklung, vor allem aber auf die Geschwisterbeziehung der Zwillinge negativ auswirkt. Insbesondere Wissenschaftler, die das Schicksal einer vereinheitlichenden Zwillingserziehung am eigenen Leib erfahren haben, formulieren hart: Es gebe genügend Belege dafür, dass es das »beste Rezept für ein psychologisches Desaster« ist, wenn Eltern ihre Zwillinge als Einheit erziehen. Je nachdem, zu wie viel Autonomie die Eltern den Kindern verhelfen, könne sich zwischen den Geschwistern ein entspanntes oder aber ein von Rivalität und Zwiespältigkeit gequältes Verhältnis herausbilden (siehe dazu ausführlich Kapitel 8).

Zudem ist man überzeugt, dass Eltern mit einer gleichmachenden Erziehung letztlich auch der eigenen Beziehung zu ihren Kindern schaden. Die Begeisterung der Eltern über die Ähnlichkeit ihrer Kinder erzeugt bei diesen letztlich Druck und Schuldgefühle; die Kinder erleben dann ihre eigenen Versuche, sich von ihrem Geschwister abzuheben, als Ungehorsam, der die Erwartungen der Eltern enttäuscht. Eltern kreieren also das mit, was in der Familienforschung eine starke oder eine schwach ausgeprägte »Zwillingssituation« genannt wird. Wie sich Mutter und Vater zur Differenzierungsfrage verhalten und wie ähnlich sich die Kinder optisch tatsächlich sind beziehungsweise wie ähnlich sie gemacht werden, bestimmt nämlich maßgeblich, wie im Alltag andere Personen des sozialen Umfeldes – vor allem in der Schule – auf die Kinder reagieren, also, ob die Kinder uniform oder individuell behandelt werden. Davon wiederum hängt ab, ob sich Leistungen, Persönlichkeit, Lernhaltung und Selbstbewusstsein der Kinder entweder noch ähnlicher werden oder auch unterschiedlich entwickeln dürfen. Es kann also – wenn Eltern das fördern – gewissermaßen zu einer Eskalation der Ähnlichkeit kommen.

Welche Konsequenzen hat eine sehr »zwillingshafte« Behandlung der Kinder im Alltag? Und wie können Eltern zum Wohl ihrer Kinder die »Zwillingssituation« abschwächen und deren Selbständigkeit fördern, ohne das besondere Band der Liebe zu zerstören, das Zwillingskinder verbindet und aus der sie Kraft schöpfen? Dazu im Folgenden einige Denkanstöße.

Namen

Abgesehen von den Zeiten, in denen bestimmte Völker festgelegte Namenspaare für Zwillinge vorschrieben, haben Zwillingseltern für ihre Kinder schon immer Namen ausgewählt, die sowohl deren Zusammengehörigkeit wie auch das elterliche Zwillingsglück betonen sollen. »Faustus und Fausta« beziehungsweise »Rhode und Rhodope« waren wohl so etwas wie »Sven und Svenja« oder »Lena und Luise« der Antike. Ein Diskurs über die Namensgebung von Zwillingskindern mag einem ein wenig akademisch und auch ein wenig anmaßend vorkommen. Schließlich überleben auch Einlinge namens Pumuckl und Liberty die liebestollen oder eitlen Einfälle ihrer Eltern. Und zudem gibt es recht anrührende Plädoyers von Zwillingsmüttern und -vätern für ihre persönlichen Namenskreationen.

Aber bei näherer Betrachtung wird es darüber hinaus interessant, und weder erwachsene Zwillinge noch Menschen, die sich professionell mit Zwillingsfragen beschäftigen, finden das Thema irrelevant. All die Namenskombinationen, die mit einer gewissen Deutlichkeit auf die Zwillingsexistenz hinweisen, wie sehr ähnliche Namen, solche mit gleichen Anfangsbuchstaben oder solche, die gleichlautend enden oder auf prominente Paare anspielen, drücken ohne Zweifel ein Wunsch- oder Sehnsuchtsbild der Eltern aus, das ein Zwillingsleben mit Ähnlichkeit, Gleichklang und Gemeinsamkeit assoziiert. Und das muss nicht unbedingt das sein, was die Zwillinge sich spätestens ab der Pubertät für ihr eigenes Leben vorstellen. Die Namen wirken zudem nicht nur auf die Kinder zurück, sondern setzen Signale nach außen und werden viele Personen dazu verlocken, die Kinder im Sinne einer starken Zwillingssituation als Einheit wahrzunehmen und zu behandeln. Auch unterschätzen die Eltern die hundertfach auf die Kinder zukommenden Mühseligkeiten im Alltag, wenn sie dank ihrer ähnlich klingenden Namen oder bei gleichlautenden Initialen in Kindergarten und Schule dauernd verwechselt werden, wenn Freunde und Lehrer aus Angst, Fehler zu machen, die Namen sicherheitshalber gar nicht erst benutzen oder wenn ulkige Kombinationen à la Ernie und Bert die Kinder der Lächerlichkeit preisgeben und ungute Aufmerksamkeit auf sie lenken.

Die englische Soziologin Elizabeth Stewart hat beobachtet, dass die Art der Namensgebung bei Zwillingseltern in westlichen Kulturen mit der sozialen Schicht zusammenhängt, der die Eltern angehören. Je niedriger der sozioökonomische Status der Familie, desto größer die Neigung, sehr zwillingshafte Namen zu vergeben. Stewart erklärt sich den Zusammenhang damit, dass Eltern aus höheren sozialen Schichten durch zwei eigenständige Namen vielleicht unbewusst Werte wie Autonomie, Selbständigkeit und den Glauben an individuelle Lebenschancen ausdrücken wollen. Weniger vermögende Familien wollen angesichts fehlender Möglichkeiten zur individuellen Entfaltung mit den korrespondierenden Zwillingsnamen vielleicht die Bedeutung der familiären Einheit und Solidarität hervorheben.

Zwillingsästhetik

Auch bei der Frage, wie Eltern ihre Zwillinge am besten anziehen, ausstatten und frisieren – solange sie sich das gefallen lassen –, geht es darum, ob eher den Sehnsüchten der Eltern oder den Entwicklungsmöglichkeiten der Kinder Rechnung getragen wird. Zwillinge gleich kleiden? Traut sich das eigentlich noch jemand, nachdem in jeder Apothekenzeitschrift steht, man sollte es besser lassen, und die aktuelle Zwillingspädagogik es als ein geradezu perverses Vergnügen geißelt, wenn Eltern es genießen, dass ihre Kinder ununterscheidbar sind und Verwirrung stiften?

»Allerdings!«, stöhnt man bei der Mehrlingsberatung der *pro familia*, und Begegnungen auf der Straße scheinen es zu bestätigen. Offensichtlich gibt es etliche Eltern, die sich eine Aufgabe daraus machen, auch kleinste optische Unterschiede an den Kindern zu vertuschen, so lange, bis sie den eigenen Nachwuchs nicht mehr auseinanderhalten können.

Warum machen Eltern das? Viele Mütter sagen: »Die Kinder wollen das so«, oder sie finden etwas abseitige Erklärungen wie die, dass gerade durch das Gleichkleiden unterschiedliche Merkmale an den Gesichtern der Kinder hervorgehoben würden. Dass Zwillingskinder die gleiche Kleidung wünschen, ist zumindest für die Gruppe der Sechsjährigen – ein Alter, in dem sich Kinder eigentlich noch stark an ihren Eltern orientieren – widerlegt. In einer Studie, in der ein- und zweieiige Kinderpaare sich selbst kleiden und aus verschiedenen (doppelt vorhandenen) Kleidungsstücken wählen durften, zeigte sich, dass gerade die Kinder, die von ihrer Umgebung besonders ähnlich behandelt wurden, sich für unterschiedliche Kleidung entschieden – vielleicht um ihre Eigenständigkeit wenigstens auf diese Weise hervorheben zu können.

Der englische Soziologe Chris Jenks sieht die wahre Antwort auf scheinbar lapidare Kleiderfragen eher in den tieferen Schichten des elterlichen Bewusstseins verborgen. Er glaubt, dass Mütter und Väter, die es wider besseres Wissen nicht schaffen, die Kinder verschieden zu kleiden, der Magie der identischen Kinder erliegen und einer Art »obsessiven Ästhetik« folgen. Indem sie ihren Kindern ein einheitliches Äußeres geben, stellt sich für die Eltern ein Gefühl von Gerechtigkeit und Ordnung her. Die natürliche Weltordnung, die diese beiden identischen Wesen hat entstehen lassen, scheint danach zu verlangen, dass sie eine Einheit bleiben. Die beiden Kinder geboren zu haben, ist manchen Eltern das Größte, was sie je in ihrem Leben geschafft und geschaffen haben. Indem man nun zusätzlich eine perfekte optische Einheit schafft, wird die Bedeutung von Zeugung und Geburt der Kinder noch weiter erhöht.

Naheliegend ist auch die Vermutung, dass Zwillingsmütter durch den Auftritt ihrer Kinder im Zwillingslook ein wenig Ausgleich für ihre Belastungen suchen. Sie sind oft nicht nur erschöpft, sondern manchmal auch frustriert oder in ihrem mütterlichen Selbstbewusstsein angekratzt, weil die Kinder so eine starke Einheit bilden und ihr weniger Aufmerksamkeit schenken als andere Kinder ihren Eltern. Und da tut es möglicherweise einfach gut, wenn wenigstens auf dem Umweg über die auffallende Erscheinung der Kinder Aufmerksamkeit erregt wird.

Darf man den Müttern dieses kompensatorische Glück nicht lassen? Entstehen den Kindern wirklich so viele Nachteile aus einer ähnlichen Erscheinung? Wie bereits im Zusammenhang mit der Namensgebung beschrieben, wird mit dem Tragen einer »Zwillingsuniform« das Bedürfnis des Kindes nach Individualität (das bereits sehr früh ausgeprägt sein kann) übergangen und das Umfeld der Kinder dazu angeregt, die beiden gleichförmig zu behandeln. In Kindergarten und Schule schlecht auseinandergehalten werden zu können, das ist sicher nicht förderlich für die Entwicklung der beiden. Bei Kleinkindern, die in Horten oder Tagesstätten beaufsichtigt werden, kommt noch der Sicherheitsaspekt dazu; es ist schwieriger auf einem Spielplatz oder im Garten zwei gleichaussehende Kinder im Auge zu behalten. Zum anderen spüren Kinder deutlich, wenn sie benutzt werden. Erfreuen sich die Eltern daran, dass die Kinder durch ihre Ähnlichkeit andere beeindrucken, dann fühlen diese irgendwann, dass sie zur Aufpolsterung des elterlichen Selbstwerts herhalten müssen. Aus einer Zwillingsambulanz stammt die Anekdote über eine Mutter, die versuchte, den Milchzahn eines eineiigen Kindes zu lockern, damit es dem Geschwister mit dem bereits ausgefallenen Zahn wieder ähnlich sah. Diese Form des Missbrauchs ist vielleicht noch schlimmer für die Kinder, als die frustrierte Sehnsucht nach eigenständigem Auftreten.

Zwillingsforscher weisen darauf hin, dass die »äußere Gleichmachung« von Zwillingen nicht nur zur Gleichbehandlung führt, sondern auch dazu, dass sie ganz allgemein sehr viel Aufmerksamkeit (und Bewunderung) ernten, ohne etwas dafür tun zu müssen (Kasten 2001). Sie beginnen eine Art »Bühnendasein« zu führen, das aber die Gefahr mit sich bringt, dass – wenn sich irgendwann die Wege trennen – das Selbstbewusstsein der Kinder in sich zusammenfällt. Es weicht dem Gefühl, allein gar nichts darzustellen. Darüber hinaus hat man festgestellt, dass gleich gekleidete Zwillinge die Fähigkeit zur Selbsterkennung erst später erwerben. Kinder sind normalerweise zwischen dem neunten und achtzehnten Lebensmonat dazu in der Lage, sich selbst im Spiegel oder auf Fotos wiederzuerkennen, die eigene Identität also eindeutig von der anderer Menschen abzugrenzen. Zwillingskinder brauchen ohnehin länger als Einlinge, bis sie sich mit ihrem Namen bezeichnen; die von ihren Eltern identisch angezogenen Zwillingskinder aber am längsten.

Die praktischen Empfehlungen gehen dahin, das Identisch-Kleiden einfach sein zu lassen, Unterschiedlichkeit im Aussehen durch verschiedene Frisuren zu unterstützen und auch dem Druck zum Gleichanziehen, der von anderen (eventuell von Familiemitgliedern einer älteren Generation) ausgeübt wird, zu widerstehen. Wenn man denn meint, dass es sein muss, sollte man sich für einen ähnlichen Kleidungsstil, aber zum Beispiel für unterschiedliche Farben entscheiden. Nicht zuletzt sollte man sich und den Kindern klarmachen, dass Verwechslungsspiele für andere nicht immer erheiternd sind, sondern eher als unhöflich und quälend empfunden werden. Bei eineiigen Kindern sollten die Eltern frühe Familienfotos rasch beschriften, damit die Kinder sich später sicher auf den Bildern identifizieren können.

Alltagskommunikation
Während die elterlichen Entscheidungen bezüglich der Namen nur einmal und die bezüglich der Kleidung meist auch eher grundsätzlich getroffen werden, stellt sich im täglichen Alltag immer wieder neu die Aufgabe, die beiden Kinder differenziert zu behandeln. Dazu gehören ein paar eigentlich selbstverständliche, dennoch oft missachtete Regeln des Zusammenlebens. So schleicht es sich erfahrungsgemäß in der Familie immer wieder ein, den Zwillingen nur eine Stimme und eine einzige Meinung zuzuschreiben, sie zum Beispiel in der Tischkonversation wie einen Sprecher zu behandeln. Besonders in Familien, die gerne von »den Zwillingen« sprechen, fühlt sich das für die Kinder dann so an: »Wir sind zu Hause vier Kinder, aber nur drei Meinungen werden akzeptiert, denn wir zählen als eine Person« (Enzlberger 2000). Scheinbar kleine Achtlosigkeiten der Eltern haben bei den Kindern auch langfristig starke Signalwirkung.

Natürlich entwickelt jede Familie auch zärtlich gemeinte Kosenamen für das Duo, da gibt es »Mimis« und »Mäuse«, »Kerle« und »Girls«. Die Kinder werden es aber danken, wenn es bei diesen Anreden bleibt, die einem zum vielzitierten Doppelpack machen, wenn also mit »ihr zwei« oder gar dem unsäglichen »Zwillis« sparsam umgegangen würde. Und Eltern dürfen ruhig auch mal eingreifen und Menschen aus der Umgebung der Kinder ebenfalls darum bitten, das jeweilige Kind beim Namen zu nennen.

Besonders sensible Bereiche im Hinblick auf eine individuelle Behandlung sind zudem das Aussprechen von Lob oder Kritik. Beiden Kindern die gleichen Komplimente zu machen aus dem Bedürfnis heraus, gerecht zu sein, bringt nichts. Die Kinder spüren rasch, wenn ein positives Feedback für ein Verhalten oder eine Leistung nicht individuell gemeint war.

Zeit und Raum für sich

Schon im Abschnitt über die geistige und soziale Entwicklung wurde beschrieben, dass Zwillingskinder vor allem in der frühen Kindheit ein Übermaß an Zeit miteinander verbringen und dass das nicht nur gedeihlich für sie ist. Hier lauert eine der großen Versuchungen des Daseins als Zwillingseltern. Wenn die beiden endlich miteinander spielen und das auch noch ausdauernd und gerne, dann fühlt man als Zwillingsmutter die große Revanche kommen. Nach Jahren der doppelten Anstrengung geht es einem endlich mal besser als den Eltern mit Einzelkindern oder mit Kindern ohne altersnahe Geschwister. Während die anderen Mütter fieberhaft den nachmittäglichen Kinderaustausch organisieren, nimmt man seine zwei perfekt aufeinander eingespielten Gefährten mit nach Hause und ist zufrieden. Wozu sich ein Besuchskind aufhalsen – zu dritt läuft es nämlich nur noch halb so gut. Es sind die Momente, nach denen man sich so gesehnt hat: den Kindern einfach mal zuschauen zu können, ohne selbst beansprucht zu sein.

Und das, was zwei fröhlich miteinander beschäftigte Zwillingskinder an Lebens- und Spielfreude, Drolligkeit und

Charme ausstrahlen können, das ist ja wirklich zum Niederknien. Auch nebenbei etwas im Haus erledigen zu können, während die beiden miteinander spielen, ist für eine Mehrlingsmutter der ungewohnte Himmel auf Erden. Und die Kinder selbst können in dieser Zweisamkeit eine solche Befriedigung finden, dass sie von sich aus kaum noch Wünsche nach Gesellschaft artikulieren.

Die Nachteile einer zu ausschließlichen Zweisamkeit folgen aber dicht auf den Fersen. Zum einen vermittelt das Zwillingsspiel den Kindern zwar viel emotionalen Halt, aber es beinhaltet weniger Stimulation und geistige Herausforderung als das Spiel mit und zwischen Einlingskindern. Zum anderen werden Zwillingskinder, die kaum getrennt voneinander agieren, sich so aufeinander einspielen, dass sie in Gesellschaft andere Kinder oft nicht mit ins Spiel lassen, sie einfach ignorieren. Wenn die Kinder fast nur als Paar zusammen sind, fördert das auch Polarisierungen und eingefahrene Rollen. Stillere Kinder gewöhnen sich daran, stets hinter dem Zwilling zurückzutreten und dabei die eigenen kommunikativen Fähigkeiten ungenutzt zu lassen.

Das Hauptargument aller Fachleute gegen eine Überbetonung der Zwillingszweisamkeit ist, dass es den Kindern später als Jugendliche oder Erwachsene schwerfällt, sich voneinander zu trennen, selbst wenn sie es sich wünschen. Sie werden den Zustand ohne den anderen immer als etwas Zweitklassiges empfinden oder einfach nur unglücklich und gestresst sein (siehe auch Kapitel 8). Für erwachsene Zwillinge, die es nie gewöhnt waren, voneinander getrennt zu sein, wird daraus rasch so etwas wie eine Überlebensfrage. Aus einer Beratungsstelle für Mehrlinge wird von einem Fall berichtet, in dem zwei berufstätige eineiige Schwestern die Therapeutin dazu bewegen wollten, ihnen eine Bestätigung für den gemeinsamen Arbeitgeber darüber auszustellen, dass sie aus psychologischen Gründen nicht imstande seien, ihre Arbeit in getrennten Räumen auszuüben.

Eine der wichtigsten Leitlinien für Eltern von Zwillingen sollte nach Auffassung aller Mehrlingsexperten daher sein, den Kindern und Jugendlichen Zeit getrennt voneinander zu ermöglichen. Das erfordert allerdings gerade in den ersten Jahren organisatorisch sehr viel mehr Mühe. Es braucht eben verschiedene kleine Freunde und womöglich Betreuungspersonen sowie -orte, um die Kinder in unterschiedliche Spielsituationen zu bringen. Auch scheinbar belanglose Gelegenheiten sollten beim Schopf gepackt werden, um ein wenig Abstand zwischen die Kinder zu bringen. Ein Familienspaziergang inklusive Großeltern? Warum nicht mal nur mit einem Kind an der Hand gehen, das andere außer Hörweite des Geschwisters mit Oma oder Opa laufen lassen. Und wenn einer der Zwillinge bei einem Freund eingeladen ist und man mit dem anderen allein bleibt, dann muss man nicht unbedingt Programm machen. Das Kostbarste für ein Zwillingskind ist, dass ein Elternteil da und exklusiv verfügbar ist.

Das klingt alles einfach und vor allem naheliegend – nur Zwillingseltern machen es kaum. Befragungen von Zwillingseltern zeigen, dass viele der Meinung sind, man sollte die Kinder nur trennen, wenn diese es auch selbst wünschen. Dahinter steckt vielleicht die Sorge, womöglich die einzigartige Verbindung von Zwillingen zu stören oder gar zu zerstören. Zwillingskenner sind dagegen überzeugt, dass das Band zwischen den Kindern ohnehin so stark ist, dass man es bestimmt nicht durch das Schaffen individueller Entwicklungsräume beeinträchtigt.

Meist überschätzen Eltern zudem den Trennungsschmerz, den ein Nachmittag allein verursachen könnte. Zwillingskinder, die plötzlich die befreiende Wirkung von autonomen Situationen verspürt haben, wollen oft selbst mehr davon. Bekannt ist, dass viele Zwillinge sich irgendwann wünschen, nicht auch noch die Nacht mit dem Geschwister zu verbringen und sich nach einem eigenen Zimmer sehnen. Das hat grundsätzlich den Vorteil, dass so etwas wie Privatsphäre überhaupt möglich ist. Bereits das Vorschulkind sucht und braucht Nischen für sich und will nicht jede Information automatisch mit den anderen Familienmitgliedern teilen. Nur wenn Zwillingskinder Zeit und Raum für sich haben, ist auch die Voraussetzung dafür gegeben, eigene Aktivitäten und Interessen verfolgen zu können.

Das ist alles andere als selbstverständlich. Vor allem bei eineiigen Kindern liegen die Interessen, die ja immer auch mit Fähigkeiten zu tun haben, zunächst nahe beieinander. Genetisch identische Kinder haben sehr ähnliche Veranlagungen, das heißt, es ist sehr unwahrscheinlich, dass der eine zum feinsinnigen Pianisten, der andere zum Eishockeyspieler geboren ist. Das gemeinsame Durchlaufen der Entwicklungsstufen fördert bei Zwillingen zusätzlich die Neigung, gleiche Aktivitäten zu kultivieren. Als Eltern muss man dann manchmal mit der Lupe nach Differenzierungsmöglichkeiten suchen. Mütter von Zweieiigen wiederum geben ihren Kindern gerne von Anfang an das gleiche Spielzeug, ungeachtet der oft sehr verschiedenen Fähigkeiten und Vorlieben der Kinder. Für Zwillinge wäre es erfreulich, wenn Eltern es so steuern könnten, dass auch im Spielzeugland Inseln der Eigenständigkeit entstehen.

Natürlich sollten Zeiträume, in denen Zwillingskinder getrennt sind, dem Alter und Entwicklungsstand angepasst werden, und auch dann, wenn Kinder gerade eine schlechte Phase durchmachen oder etwas Negatives erlebt haben, kann es sein, dass sie vorübergehend wieder mehr Nähe zum Zwilling brauchen. Manches, wie etwa den Geburtstag getrennt beziehungsweise zweimal zu feiern, kann sich auch recht gewollt anfühlen. Wenn man aber sonst im Alltag der Individualisierung einen hohen Stellenwert einräumt, spielt ein einzelnes Ereignis keine große Rolle für die Entwicklung der Kinder. Vor allem sollte man in diesen Angelegenheiten nicht ständig über die Köpfe der Kinder hinweg kommunizieren. Kinder können durchaus lernen, über sich und ihre Bedürfnisse zu reden, also auch darüber, wie es ihnen mit ihrem Zwilling geht und wie groß der Wunsch ist, auch einmal getrennte Wege zu gehen.

Streitpunkte

»Streiten sie sich denn viel?« gehört zu den meistformulierten Fragen, die einem als Zwillingseltern spontan auf der Straße gestellt werden. Je nach Altersphase der Kinder, Lebenssituation und Laune wird man sich vielleicht erst einmal selbst fragen: Mit wem? Miteinander oder mit mir? Und: Was ist »viel«?

Aussagekräftig in diesem Zusammenhang sind die Erlebnisse von Eltern, die nicht nur Zwillinge, sondern vorher schon ein oder mehrere andere Kinder erzogen haben. Unter ihnen gibt es einige, die feststellen, dass sie sich für recht kompetente Eltern hielten, bis die Zwillinge kamen. Auf einmal haben sie das Gefühl, dass sie sich schwer durchsetzen können, allzu oft Situationen entstehen, die unkontrolliert und chaotisch sind, und sie die Streitereien und Eifersuchtsanfälle der Kinder nicht in den Griff bekommen. Letzteres zählen Zwillingseltern zu ihren gravierendsten Erziehungsproblemen.

Um es vorwegzunehmen: Zwillinge sind (abgesehen von möglichen Defiziten im Bereich der Aufmerksamkeitsleistungen) nicht verhaltensauffälliger als Einlinge. Klinische Diagnosen, die abweichendes Sozialverhalten von Kindern betreffen, also zum Beispiel antisoziales oder sehr aggressives Verhalten, kommen bei Mehrlingen nicht häufiger vor als bei Einlingen. Aber es gibt trotzdem ein paar gute Gründe, warum der erzieherische Alltag in Zwillingsfamilien nicht immer ganz einfach ist: Zum einen macht alles, was in die Kategorie »Blödsinn« fällt, zu zweit mehr Spaß. Denn zu zweit potenziert sich alles, die Energie, die Kreativität und das Durchhaltevermögen. Zwei kleine Köpfe kommen auf viel bessere Ideen (wir baden die Katze) als nur einer, sie können sie besser umsetzen (ich halte, du seifst ein) und dabei all die physikalischen und psychologischen Hindernisse (zugeschraubte Shampoos und ein schlechtes Gewissen) überwinden, die der Sache sonst Grenzen setzen würden. Zu zweit kann man sich, wenn die Eltern Respekt vor den gesetzten Grenzen einfordern, mit größerer Vehemenz wehren. Wenn Eltern nur ein klein wenig unsicher darüber sind, wie angemessen eine bestimmte elterliche Reaktion ist, hat ein solidarisches Kinderteam die Kraft, den Zweifler vollends zu kippen.

Zum anderen vermutet man, dass eng aufeinander bezogene Zwillingspaare in einer Art sozialer Unreife verharren und sehr viel weniger an einer gutfunktionierenden Beziehung zu den Eltern als an der zueinander interessiert sind. Unter normalen Umständen erwerben Kinder auch deshalb diszipliniertes Verhalten, weil sie gemocht werden wollen. Wenn aber die Person, deren Anerkennung ihnen am meisten bedeutet, das Geschwister ist, dann werden sie die eher nicht mit Bravsein beeindrucken wollen. In Zeiten, in denen Zwillinge eine verschworene Zweiergemeinschaft bilden, fällt es Eltern zudem schwer, individuelle Schuldzuweisungen zu treffen und Konsequenzen zu ziehen. Oft ist es mühsam, herauszufinden, wer von beiden was angestellt hat. Zugleich ist es schwerer, die Kinder in wünschenswertem Verhalten zu bestärken. Wenn man ohnehin die meiste Zeit damit verbringt, eine gewisse Ordnung aufrechtzuerhalten, dann kommt man kaum noch dazu, ein Kind einzeln durch Lob zu motivieren. All das passt zu der Beobachtung, dass Zwillingseltern weniger Regeln festlegen als Einlingseltern und die gegebenen Regeln widersprüchlicher sind.

Rivalität und Eifersucht

Schon im Kleinkindalter spielen Rivalität und Eifersucht zwischen Zwillingsgeschwistern eine zentrale Rolle. Ihr Zusammensein ist dadurch geprägt, dass zwei gleich alte Kinder das Gleiche zur gleichen Zeit wollen. Selbst bei kurz nacheinander einzeln geborenen Kindern entschärft sich die Konkurrenzsituation durch den Altersabstand. Auch wenn dieser nur zehn Monate betragen sollte, kommt es eher zu einem versetzten Tagesablauf, bei dem die Kinder ihren unterschiedlichen Bedürfnissen und Entwicklungsphasen entsprechend Unterschiedliches tun. Einer schläft, der andere spielt; einer ist auf dem Spielplatz, der andere im Kindergarten und so weiter. Bei Zwillingen ereignen sich die wichtigen Themen im Leben gleichzeitig, daran ist nichts zu ändern: Radfahren lernen, Lego spielen, die Leidenschaft für Puppenhäuser und Pistolen, Ballett und Fußball, die Begeisterung für Hunde et cetera. Sogar das allerliebste Kuscheltier oder andere sogenannte »Übergangsobjekte« teilen sich die meisten eineiigen Zwillinge und etwa die Hälfte der zweieiigen Kinder.

Diese Gleichzeitigkeit der Ereignisse, Fähigkeiten und Wünsche ist eine Steilvorlage für Rivalität. Was der Sache ihre zusätzliche Würze verleiht, ist, dass Zwillingskinder im Austragen dieser Rivalitäten oft auf ein besonders ausgefeiltes Verhaltensrepertoire zurückgreifen können. Weil sie von Anfang an gegen den dicht neben ihnen laufenden Konkurrenten um Aufmerksamkeit kämpfen müssen, erwerben viele Kinder Strategien, die besonders gut dazu geeignet sind, Aufmerksamkeit zu erlangen: Wutanfälle, Schlaf- oder Essensverweigerung, Beißen und Zwicken, damit haben Zwillingseltern – am häufigsten Eltern von eineiigen Jungen – im Alltag öfter zu tun als andere Mütter und Väter.

Beratungsstellen für Mehrlinge werden oft von beunruhigten Eltern aufgesucht, deren Zweijährige nur noch über Bisse kommunizieren oder deren Teenies immer wieder handgreiflich miteinander werden. Natürlich kann die Rivalität auch eher verbal ausgetragen werden, aber deswegen nicht weniger unter die Haut gehen.

Wenn man zusammenfassen sollte, was die Erziehungsarbeit von Zwillingseltern gegenüber der von Einlingseltern am ehesten unterscheidet, so ist es eindeutig die vermehrte Aufmerksamkeit, die die Beziehung der Zwillinge untereinander ihren Bezugspersonen abverlangt. Pädagogische Untersuchungen zeigen, dass Eltern von Einlingen dazu neigen, dem Miteinander von Geschwistern im Vergleich zu anderen Erziehungsthemen, wie etwa den Disziplinfragen, wenig Aufmerksamkeit zu schenken. Abgesehen von vagen Anweisungen wie »Streitet euch nicht!« oder »Pass' auf deine Schwester auf« bringen die meisten Eltern ihren Kindern keine speziellen Strategien für das Geschwisterverhalten bei und überlassen ihnen die Regelung ihrer Beziehung selbst. Vermutlich spielt unter diesen Umständen der indirekte Einfluss der Eltern die größte Rolle für das Beziehungsverhalten der Kinder. Das, was an unausgesprochenen Botschaften von den Eltern zu den Kindern gelangt, stammt am ehesten aus der eigenen vergangenen Geschwistererfahrung von Mutter und Vater.

Frieden stiften

Wie können Zwillingseltern das Konkurrenzverhalten ihrer Kinder einordnen und die Kämpfe abmildern? Sie müssen zunächst wissen, dass die Geschwisterrivalität in ihrem Fall schärfer und strapaziöser sein kann, als sie es von ihren älteren Kindern kennen oder bei anderen Familien beobachtet haben. Und sie dürfen sich damit trösten, dass das für eine Zwillingssituation normal ist. Das bedeutet aber auch, dass sowohl die Existenz wie der Ausdruck von Gefühlen der Eifersucht und Rivalität zwischen Geschwistern kein Tabu in der Familie sein darf und die Kinder (auch am Modell der Eltern) lernen können sollten, dass negative Gefühle zum Zusammenleben gehören. Es ist für Kinder entlastend, wenn die Eltern ihnen signalisieren, dass Eifersucht auch mit ihrer speziellen Lebenssituation als Zwillinge zu tun hat. Kinder müssen zudem verstehen lernen, dass Aggressionen auf eine Weise geäußert werden können, die ihre Beziehung zueinander nicht zerstört. Kindern, denen nie erlaubt ist, ihren Ärger über Bruder oder Schwester zu entladen, entwickeln eine erstarrte und unbehagliche Haltung ihrem Geschwister gegenüber.

Natürlich müssen Eltern verbale oder körperliche Aggressionen auch eindämmen. Das kann man erreichen, indem man die Verhaltensweisen definiert, die man auf keinen Fall tolerieren will, und (bei jüngeren Kindern) jedes andere unangenehme Verhalten möglichst ignoriert. Im Falle älterer Kinder müssen Eltern ihre Macht benutzen und bei brutalem oder demütigendem Verhalten eines Geschwisters eingreifen und Konsequenzen ziehen. Solche Situationen sollten sie möglichst von denen unterscheiden, in denen die Kinder etwas unter sich ausmachen können oder in denen es ohnehin nur um ritualisierte Neckereien geht.

Und noch ein grundsätzlicher Trost für Eltern, die sich vor Zwillingsrivalität ängstigen: Familienforscher betrachten Aggressivität als »wesentlichen Bestandteil kindlicher Interaktion«. Beobachtungen an kleinen Kindern in ihrer häuslichen Umgebung zeigen, dass bei allen Geschwistern ein gegeneinandergerichtetes Verhalten »mit Angriffs- und Gegenangriffsmustern eher die Regel als die Ausnahme« ist (Bank, Kahn 1994). Dabei hat Aggression nach Meinung der Forscher sogar eine positive Funktion: Sie »zwingt alle Beteiligten in eine Art soziales ›Labor‹, in dem sie lernen, mit Konflikten umzugehen und sie zu lösen«, wobei sie sich auch körperlich und emotional nahekommen (Sohni 2004). Die konstruktive Lösung ihrer Streitigkeiten gelingt Kindern und Jugendlichen schlechter, wenn Eltern der Vermittlung durch Geschwister selbst immer zuvorkommen, sich allwissend verhalten, sich zu sehr in Auseinandersetzungen hineinziehen lassen und ständig auf den nächsten Ausbruch von Streit unter den Kindern lauern.

Zwillingseltern werden alles in allem vermutlich stärker mit der Nase darauf gestoßen, dass sie selbst auch etwas damit zu tun haben, wie gut sich ihre Kinder vertragen. Die jahrelange Gewohnheit, sich auch um die Beziehung ihrer beiden Kinder zu sorgen, können sie offensichtlich nicht so ohne weiteres ablegen.

Zweieiige und Pärchenzwillinge

Werdende Eltern, denen die Identitätsproblematik von Eineiigen unheimlich ist, sind meist erleichtert, wenn sie von der Zweieiigkeit ihrer Kinder erfahren. Für manche Eltern tritt dann das gesamte Zwillingsthema stark in den Hintergrund. Wenn zweieiige Kinder mit normalen Geschwistern verglichen werden, stimmt das aber nicht ganz. Genetisch sind sie – wie erläutert – »nur« so verwandt wie andere Geschwister, sie sind sich jedoch hinsichtlich ihrer Intelligenz und ihrem Sozialverhalten ähnlicher. Und trotz der erkennbaren optischen Unterschiede der Zweieiigen werden an sie oft die gleichen Erwartungen und Klischees herangetragen wie an andere Zwillinge auch. Je unähnlicher sich diese Zwillinge sind, desto vehementer werden sie oft im Alltag verglichen. Viele Zweieiige suchen nach einer Identität, die ihnen das endlich erspart.

Über die besondere Paarkonstellation gegengeschlechtlicher Zwillinge gibt es wenig gesicherte Erkenntnisse. Man weiß, dass Kinder aus solchen Paaren unzufriedener mit ihrem Geschwister als andere Zwillinge sind und sich mehr Abstand von ihm wünschen. Man spekuliert in diesem Zusammenhang darüber, wie es einem Mädchen beziehungsweise einem Jungen geht, das/der sich ständig in Relation zu einem gegengeschlechtlichen Kind erleben muss. Auch hat man sich oft gefragt, ob die Nähe und das gleiche Alter von Pärchenzwillingen womöglich eine inzestuöse Situation begünstigen. Insgesamt werden sexuelle Kontakte zwischen gegengeschlechtlichen Geschwistern heute differenzierter betrachtet als früher. Es wird für einen normalen Teil der kindlichen Entwicklung gehalten, dass zwischen Geschwistern gegenseitige körperliche Bewunderung, Vergleiche und sexuell gefärbte Spiele stattfinden, dass sie sich ihre Genitalien zeigen und sie berühren. Zu einer Intensivierung dieser kindlichen Sexualität kommt es erst dann, wenn Eltern andere zentrale Bedürfnisse ihrer Kinder nicht befriedigen. In den meisten Fällen ist der Inzest eine »Insel in einem Meer gestörter und verzweifelter Familienbeziehungen« (Bank, Kahn 1994). Für die Geschwister liegt darin meist eine doppelte Katastrophe: Da ihre Geschwisterliebe auf Dauer keine Erfüllung finden kann, scheitern sie sowohl in der Liebesbeziehung wie in ihrem Geschwisterverhältnis.

Krankheit und Handicap

Wenn es um akute Erkrankungen, vor allem Infekte geht, unterscheiden sich Zwillinge nicht von anderen Kindern. Mit Ausnahme sehr früh und/oder leicht (unter 1500 Gramm) geborener Babys, die in den ersten Jahren häufiger krank werden, sind sie nicht mehr oder weniger anfällig als ein Einlingskind. Trotzdem fürchten sich Zwillingseltern zu Recht mehr vor Infekten als andere Eltern, weil zwei eng miteinander lebende Kinder sich mit hoher Wahrscheinlichkeit anstecken. Und zwei kranke Kleinkinder sind eine extrem starke Belastung. Nächte, die eigentlich schon prima liefen, sind auf einmal in Sitzwachen verwandelt, und ein Besuch beim Kinderarzt (inklusive Transport und Wartephase) mit zwei fiebrigen, verrotzten und schluchzenden Kleinkindern ist ein Härtetest für alle. Zu Hause kann die Mutter die kranken Kleinen nicht den ganzen Tag gleichzeitig herumtragen und ihnen nicht die ungeteilte Zuwendung geben, die ein krankes Kind braucht. Wenn eines der Kinder ins Krankenhaus muss, wird es kompliziert, zum Beispiel, wenn die Kinder sich aus diesem Anlass das erste Mal voneinander trennen sollen oder wenn die Mutter noch stillt.

Die Zahl der Zwillingskinder, die sich in den ersten sechs Jahren ihres Lebens so stark verletzen, dass sie stationär behandelt werden müssen, ist etwa eineinhalbmal so hoch wie bei Einlingskindern. (Tödliche Unfälle kommen in den ersten Jahren bei Zwillingen nicht häufiger vor als bei anderen Kindern.) Man vermutet, dass die höhere Unfallhäufigkeit zum einen mit der schlechteren psychomotorischen Koordination der ehemaligen Frühchen zu tun hat. Zum anderen sind zwei Kinder schlechter zu beaufsichtigen als eines und neigen im Paar zu besonders ausgelassener körperlicher Aktivität. Schließlich kommen noch Gefahren hinzu, die durch eine mögliche Verwechslung von eineiigen Kindern entstehen. So könnte zum Beispiel das Verschwinden eines kleinen Zwillings vom Spielplatz nicht rechtzeitig bemerkt werden, weil Eltern oder Aufsichtsperson das noch anwesende Geschwister irrtümlich für den halten, der bereits allein unterwegs ist.

Während Infekte, wie beschrieben, meist gemeinsam durchlebt werden, ist der Gesundheitszustand von Zwillingen im Hinblick auf chronische Krankheiten oder Behinderungen oft sehr unterschiedlich. Viele Zwillinge leben mit einem Geschwister, das die Erfahrung der Frühgeburtlichkeit weniger gut überstanden oder sogar eine Behinderung davongetragen hat, wie zum Beispiel eine frühkindliche Hirnschädigung und damit einhergehende Bewegungsstörungen. Für Eltern eines chronisch kranken oder behinderten Zwillings ist alles anders, als sie es sich vorgestellt haben. Ihre Erwartungen werden doppelt enttäuscht. Statt zwei gesunden, sehr ähnlichen Kindern haben sie nicht nur ein sehr unähnliches Zwillingspaar, sondern auch ein krankes Kind bekommen. Für den kranken Zwilling wird es im Laufe des Heranwachsens schwer sein zu verstehen, warum manches für ihn nicht genauso möglich ist wie für das Geschwister. In Gestalt des gesunden Zwillings wird dem Kranken ständig vor Augen geführt, wie er eigentlich aussehen und handeln könnte, wäre er gesund. Eifersucht, Zorn und Depression können aus diesem kränkenden Vergleich resultieren.

Aber ein gesundes, gleich altes Geschwister zu haben hat auch Vorteile: Der Nicht-Erkrankte bringt seinem Zwilling Stimulation, Freude und Anregung. Die meisten gehandicapten Zwillinge können ihre Leistungsfähigkeit sehr gut mit dem ihres Geschwisters vergleichen und wissen genau, wo sie hinterherhinken. Falsches Lob der Eltern bringt dem behinderten Kind nichts. Auch wenn es merkt, dass die Eltern nicht bei beiden im Hinblick auf Disziplin und das Einhalten von Grenzen das Gleiche erwarten, tut das weder dem Kind noch dem Geschwisterverhältnis gut.

Die Situation von gesunden Geschwistern eines chronisch kranken Kindes ist gutuntersucht. Man hat herausgefunden, dass für die Frage, wie gut ein Geschwister mit dieser besonderen Situation zurechtkommt, der Altersabstand zum chronisch kranken oder behinderten Geschwister eine gewisse Rolle spielt: Je näher im Alter sich die Kinder sind, desto eher finden sich psychische Auffälligkeiten beim gesunden Kind – ein Hinweis darauf, dass Zwillingskinder hier zu einer Art Risikogruppe gehören könnten. Frühere Elterngenerationen haben sehr selbstverständlich das gesunde Kind zur Rücksichtnahme und zum Zurückstehen gegenüber seinem gehandicapten Geschwister aufgefordert. Heute weiß man, dass es einem Kind nicht guttut, wenn es parentifiziert, das heißt in eine seinem Alter gar nicht angemessene Rolle eines vernünftigen Erwachsenen und Ersatz-Elternteils gedrängt wird. Ebenfalls bekannt ist mittlerweile, dass gesunde Geschwister oft mit Schuldgefühlen im Hinblick auf die Gesundheitsprobleme ihres Bruders oder ihrer Schwester zu kämpfen haben.

Bei Zwillingen machen sich die schuldhaft getönten Phantasien oft an den vermeintlichen oder tatsächlichen intrauterinen Verhältnissen oder an den Geburtsumständen fest, die für den behinderten Zwilling schlechter gewesen sein können. Die Kinder tragen dann Gefühle in sich wie: »Ich habe ihm die Luft abgedrückt, die Nährstoffe weggenommen, den Weg versperrt …« Wenn die Geschwister durch die Erkrankung sehr ungleich aussehen, wenn einer von beiden mit sichtbaren Behinderungen oder Entstellungen leben muss, ist das auch für den Unversehrten schwierig. Besonders Eineiige erleben den Anblick des anderen manchmal wie eine Karikatur ihrer selbst. Hinzu kommen bei Zwillingen – stärker als bei anderen Geschwistern – mehr oder weniger berechtigte Unsicherheiten oder Sorgen um die eigene Gesundheit.

Wenn die Eltern sich nur schwer davon losmachen können, die Kinder gemäß ihrer Zwillingsschaft, aber ungeachtet der Behinderung eines Kindes sehr undifferenziert zu behandeln, kann das zu Schwierigkeiten führen: Ermöglichen sie beispielsweise den Kindern nicht genug getrennte Aktivitäten, dann bremsen sie das gesunde Kind in der eigenen Entwicklung. Ohnehin werden oft die Leistungen und Errungenschaften des Gesunden von den Defiziten des Geschwisters überschattet. Oder Unternehmungen wie etwa Ausflüge sind möglicherweise beeinträchtigt, weil die Gegenwart des behinderten Geschwisters peinlich ist. Auch Erkrankungen eines Zwillings, die ausgeheilt und im Wesentlichen überstanden sind, können familienpsychologische Herausforderungen darstellen und verlangen eine offene Kommunikation. In der Erinnerung der Eltern verankerte Krisen machen sich auch später noch bemerkbar, weil Eltern es durch die Poren ausschwitzen, wenn sie lange Zeit um ein Kind gebangt haben. Das betroffene Geschwister wird immer mit einer Art besonderen Fürsorge oder vielleicht sogar Ängstlichkeit bedacht werden. Trotz all dieser möglichen Schwierigkeiten sind Brüder oder Schwestern behinderter oder chronisch kranker Kinder psychisch insgesamt relativ unauffällig. Das könnte daran liegen, dass das Leben mit einem gehandicapten Geschwister auch positive Effekte hat, unter anderem den, das soziale Verhalten der gesunden Familienmitglieder zu fördern.

Das überlebende Zwillingskind

Zwillinge haben von der Empfängnis bis zu ihrem zehnten Lebensjahr ein im Vergleich zu Einlingen erhöhtes Sterberisiko. Es gibt Schätzungen, denen zufolge fünf bis fünfzehn Prozent aller Zwillinge ihr Geschwister mit der Geburt oder im Laufe des ersten Lebensjahrzehnts verlieren. Diese hohen Zahlen und das lange Zeitintervall bis zu einer Angleichung der Statistik an die Einlingskinder haben mit verschiedenen Faktoren zu tun. Zwillingskinder sind verstärkt durch die Folgen der bei ihnen viel häufigeren Frühgeburtlichkeit gefährdet. Die Niedriggewichtig-Geborenen unter ihnen haben ein gegenüber dem normalen Einling zweifach höheres Risiko für den plötzlichen Kindstod. In späteren Lebensjahren wirkt sich die erhöhte Missbildungsrate der Mehrlingskinder auf die Sterbestatistik aus, wenn sich zum Beispiel angeborene Herzfehler nicht korrigieren lassen. Trotzdem kommen Zwillingskleinkinder in den entwickelten Ländern (wie andere Kinder auch) am häufigsten durch Ertrinken und andere Unfälle ums Leben.

Wenn das Entsetzliche geschehen ist und Zwillingseltern eines ihrer Kinder verloren haben, werden sie nicht nur mit ihrer eigenen Trauer beschäftigt sein, sondern auch mit der Sorge darum, wie es dem lebenden Zwilling geht und wie sie sich ihm gegenüber verhalten sollen. Wenn das Kind noch sehr klein ist, fragen sie sich, wann und wie sie dem Kind mitteilen sollen, dass es einen Zwilling hatte. Während es früher üblich war, bei der Geburt verstorbene Kinder gegenüber den Geschwistern zu verschweigen, redet man heute eher früh mit den Kindern über den Verlust des Geschwisters. Es kann auch sinnvoll sein, Personen im Umfeld des lebenden Kindes, wie Lehrern oder Kindergärtnerinnen, davon zu erzählen, dass es einen Zwilling gegeben hat, damit diese gegebenenfalls angemessen auf Äußerungen des Kindes eingehen können.

Unabhängig davon, ob ein Zwilling sich an den Tod des Geschwisters erinnert oder nicht, wird er in jedem Fall die

Gefühle der Eltern in den Monaten und Jahren nach dem Todesfall spüren. Während Eltern früherer Generationen versuchten, eigene Gefühle dem überlebenden Kind gegenüber zu verbergen, ist das Pendel heute umgeschlagen und Geschwisterkinder werden zum Teil sehr stark in die familiäre und elterliche Trauer miteinbezogen. Man kann die eigene Trauer ja auch nicht verstecken. Vielleicht spürt sogar schon ein Säugling die »Geister im Kinderzimmer« und merkt auf eine vorbewusste Weise, dass sein eigener Anblick bei den Eltern Erinnerungen an das verstorbene Kind wachruft. Später wird dem Kind auffallen, dass eigentlich fröhliche Anlässe wie Familienfeiern und Geburtstage in seiner Familie einen traurigen Unterton haben.

Aber auch wenn der Verlust des Zwillingsgeschwisters samt der familiären Reaktionen darauf unvermeidlich zur Biografie des überlebenden Kindes gehören wird, sollten Eltern das lebende Kind mit dem Ausdruck ihrer Trauer nicht überstrapazieren. Das Kind darf die Eltern weinen sehen, aber es muss sie nicht täglich zum Grab des Geschwisters begleiten. Und es braucht auf Dauer auch Räume, in denen es ungehindert seine Lebensfreude entfalten kann – vielleicht im Zusammensein mit Freunden der Familie oder anderen Familienangehörigen.

Aus früheren Zwillingsgenerationen stammen Berichte von erwachsenen überlebenden Zwillingen, die erst sehr spät von ihrem toten Geschwister erfuhren. Sie beschreiben oft, ihr Leben lang von dem Gefühl begleitet gewesen zu sein: »Da ist etwas Düsteres und Schweres und es hat irgendwie mit mir zu tun – aber was ist es?« Das scheinbar gutgehütete Familiengeheimnis hatte sich eben doch zwischen den Zeilen mitgeteilt, der Zwilling die Trauer der Eltern gespürt, ohne deren Quelle zu kennen.

Kindergarten und Schule

Wenn Zwillingskinder in den Kindergarten kommen, dann ist das ein deutlicher Einschnitt im familiären Alltag. Die Mutter hat vielleicht nach Jahren erstmals in nennenswertem Umfang Zeit zu ihrer Verfügung. Die Kinder kommen möglicherweise hier das erste Mal systematisch mit anderen Kindern in Kontakt, von denen manche noch nie eineiige Zwillinge gesehen haben. »In den Kindergarten kommen« – das sagt sich allerdings leichter, als es ist. Plätze können rar sein und Mehrlingsmütter schon einmal Kurioses hören: »Wir können doch nicht alle freien Plätze einer Familie geben«, »Wir brauchen einen vierjährigen Jungen, nicht zwei dreijährige Mädchen« oder »Fangen wir halt erst einmal mit einem an«.

Dabei bräuchten Zwillinge und andere Mehrlinge den Kindergarten oft besonders nötig für ihre Entwicklung und Förderung. Aufgrund der obenbeschriebenen Zwillingssituation sind ihre motorischen und sozialen Fähigkeiten im Vergleich zu anderen Kindern oft etwas weniger entwickelt. Kinder, die einen Großteil ihrer Energie im Konkurrenzkampf mit dem Geschwister verlieren, profitieren von der Betreuung in zwei verschiedenen Gruppen, sofern es diese gibt. Sie sind dann in der zweiten Tageshälfte oft wieder ausgeglichener im Zusammensein mit ihrem Zwilling. Zwillinge, die noch sehr stark voneinander abhängig sind, brauchen vielleicht eine schrittweise Ablösung und starten besser gemeinsam. Für manche der ganz kleinen Zwillinge wäre es eine Lösung, sich zunächst einen Kindergartenplatz zu teilen.

Eltern können die Arbeit der Erzieher sowie den Kontakt ihrer Zwillinge zu Erziehern, anderen Kindern und Eltern verbessern, wenn sie ihre Kinder gut unterscheidbar in den Kindergarten schicken. Dabei helfen schon kleine Dinge wie unterschiedliche Schuhe und Farben und Frisuren.

Schulbeginn
Während es beim Schulbeginn bis vor kurzem kaum etwas zu überlegen gab – wer sechs Jahre alt war, kam in die jeweilige Sprengelschule –, haben neuerdings Eltern in Deutschland oft die Wahl zwischen verschiedenen Grundschultypen und Einschulungszeitpunkten. Da geplant ist, das Einschulungsalter noch weiter vorzuverlegen, müssen Mütter und Väter von Zwillingen, die sehr lange vor dem eigentlichen Geburtstermin zur Welt gekommen sind, sehr genau abwägen. Ein im Oktober drei Monate zu früh geborenes Kind ist zwar ein »Kann-Kind«, hat aber einen ab dem Zeugungstermin gerechneten Geburtstag, der es bereits dem nächsten Schuljahrgang zuordnet. Es gilt zu beurteilen, wie gut das Kind mit der – gemessen an seinem »eigentlichen« Alter – verfrühten Einschulung zurechtkommt.

Eine schwierige Entscheidung ist auch dann zu treffen, wenn Zwillingskinder nicht zum gleichen Zeitpunkt als schulreif gelten. Dieses Thema betrifft besonders häufig die gegengeschlechtlichen Zwillingspaare, bei denen das Mädchen bisweilen überreif für die Schule ist, beim Jungen darüber eher Zweifel bestehen. Die Eltern stehen vor dem Dilemma, die Kinder in ungleiche Jahrgangsstufen zu geben oder aber einem der beiden einen Kompromiss zuzumuten.

Schulleistungen
Gibt es irgendwelche Gründe, zu erwarten, dass Zwillingskinder nicht die gleichen Schulleistungen erbringen können wie andere Kinder?

In den meisten Studien, bei denen man die Intelligenzleistungen von Kindern untersucht hat, zeigt sich, wie oben schon beschrieben, dass es anfängliche Intelligenzunterschiede zu Ungunsten von Zwillingskindern gibt, dass diese aber bis zum Alter von sechs bis acht Jahren aufgeholt werden. Intelligenzmessungen an Erwachsenen haben jedoch lange Zeit hartnäckig niedrigere IQ-Werte bei Zwillingen belegt sowie einen – für Zwillingskinder besonders relevanten – engen Zusammenhang zwischen (niedrigem) Geburtsgewicht und (geringerer) Intelligenz im Erwachsenenalter aufgewiesen. In den letzten Jahren wurde in der Neonatologie wie in der Mehrlingsforschung deutlich, dass die Bedingungen, unter denen Zwillinge heute ausgetragen und geboren werden, nicht mehr zu vergleichen sind mit denen, die für Babys vor zwanzig, dreißig oder gar vierzig Jahren galten. Man kann also nicht von Beobachtungen an jetzt erwachsenen Zwillingen auf Zukunft und Schicksal kürzlich geborener Kinder schließen.

Nun hängen Schulleistungen zwar eng, aber nicht ausschließlich mit dem IQ zusammen. Auch andere Eigenschaften wie Konzentrationsfähigkeit, Fleiß und Ehrgeiz spielen eine Rolle. So scheinen beispielsweise Aufmerksamkeitsleistungen bei Zwillingskindern im Durchschnitt etwas schlechter ausgeprägt zu sein. Das Aufmerksamkeitsdefizit-Syndrom wird bei vier- bis zwölfjährigen Zwillingskindern häufiger diagnostiziert und zwar auch dann, wenn man Zwillinge mit niedrigerem Geburtsgewicht und Gestationsalter nicht berücksichtigt. Mit der Fähigkeit, aufmerksam zu sein, hängen wiederum die Sprach- und Leseleistungen von Kindern zusammen. Und so finden sich insbesondere bei Zwillingsbuben tatsächlich Schwächen in der Leseleistung. Bei drei Viertel der Neun- bis Dreizehnjährigen sind die Leseleistungen nur unterdurchschnittlich, ein Viertel der Zwillingsjungen hinkt eineinhalb Jahre in der Leseleistung hinter Einlingsbuben her.

Als mögliche Ursachen für die insgesamt schwächeren Leistungen im Bereich Konzentration und Aufmerksamkeit werden Auswirkungen der besagten Dauerzweisamkeit der Kinder benannt sowie das Leben in der Dreieckssituation. Eltern wechseln (zwangsläufig) in ihrer Aufmerksamkeit ständig zwischen den beiden Kindern hin und her beziehungsweise neigen dazu, die Kinder – wenn sie denn einmal mit ihnen alleine sind – sprachlich und geistig überzustimulieren.

Alles in allem aber scheinen die beschriebenen Auffälligkeiten nicht so stark ausgeprägt oder vielmehr von vorübergehender Natur, das heißt, wenn überhaupt, dann sind sie ein Grundschulproblem. Unter dem Strich sind Schulleistungen älterer Zwillinge denen von Einlingskindern vergleichbar. Eine große dänische Studie an über dreitausend 16-jährigen Zwillingen und fast achttausend Vergleichskindern wird derzeit mit beruhigenden Ergebnissen für die Eltern häufig zitiert. In der neunten Klasse waren die Schulleistungen der Zwillingskinder in etwa so gut wie die anderer Kinder, obwohl die Zwillinge in dieser Studie durchschnittlich ein neunhundert Gramm geringeres Geburtsgewicht gehabt hatten. Allerdings zeigte sich, dass die Schulleistungen in der neunten Klasse bei Zwillingen wie auch Nicht-Zwillingen umso besser waren, je höher das Geburtsgewicht lag. Ältere Studienergebnisse aus den 1990er Jahren, die stets eine Unterlegenheit von Zwillingskindern in der Schule herausgearbeitet hatten, sind damit nicht ungültig, aber sie beziehen sich – wie bereits erläutert – auf vergangene Generationen von Zwillingskindern, die medizinisch und vermutlich auch in der Familie noch anderen Bedingungen ausgesetzt waren.

Nun werden Zwillinge im Hinblick auf ihre Leistungsfähigkeit nicht nur mit Einlingen, sondern auch untereinander verglichen. Wenn mit dem Schuleintritt dieses Thema wirklich virulent wird, versuchen Eltern immer wieder, ihre Kinder vor dem direkten Geschwistervergleich zu bewahren und auch Lehrer dahin zu bringen, Leistungsunterschiede zwischen Zwillingen zu vertuschen. Das funktioniert auf Dauer natürlich nicht, weshalb die Flucht nach vorn als bessere Strategie zu empfehlen ist: Das bedeutet, den Zwillingskindern früh genug klarzumachen, dass sie nicht die gleichen Dinge leisten werden, dass sie in der Schule nicht die gleichen Noten haben werden. Die Kinder müssen damit umgehen können, dass entweder abwechselnd oder sogar dauerhaft einer dem anderen in bestimmten Bereichen überlegen sein wird.

Eltern müssen auch darauf gefasst sein, dass die Wettbewerbssituation bei Zwillingen sowohl von den Kinder selbst wie von anderen verzerrt wahrgenommen wird: Geringste Punkt- oder Notenunterschiede führen rasch zu einer Einordnung in die Kategorien »guter Schüler«/»schwacher Schüler«, obwohl vielleicht beide Zwillinge grundsätzlich in einem Leistungsbereich liegen. Herausfordernd für Eltern und Pädagogen ist es, wenn die Möglichkeiten der Kinder deutlich auseinanderklaffen, wenn zum Beispiel ein Kind hochbegabt ist, wenn beide für unterschiedliche weiterführende Schulen geeignet sind oder einer ein Kandidat für eine besondere Leistungsförderung, etwa ein Stipendium, ist.

Zwillinge in der Klasse

Eines der Themen, das in der zwillingsspezifischen Ratgeberliteratur stets ausführlich behandelt wird, ist die Frage, ob Kinder gemeinsam oder in zwei getrennten Klassen unterrichtet werden sollten. Es wird dann meist so lange abgewogen, bis am Ende die Empfehlung steht, die Entscheidung vom Einzelfall abhängig zu machen. Und es wird noch die Möglichkeit anheimgestellt, die Kinder in einer Klasse, aber an getrennten Bänken sitzenzulassen.

In der deutschen Schulpraxis lässt sich beobachten, dass die meisten Zwillingskinder – besonders eineiige Zwillinge und Mädchen – nicht getrennt werden wollen, dass Eltern oft zaudern, Lehrer aber den Unterricht in getrennten Klassen favorisieren, sich den Eltern gegenüber argumentativ jedoch nicht gut ausgerüstet fühlen. Insgesamt werden schätzungsweise die Hälfte der Zwillinge getrennt unterrichtet, darunter mehr zweieiige Kinder als eineiige. Die Zahl der getrennt lernenden Kinder erhöhte sich mit den Jahrgangsstufen.

Es gibt eine Reihe von Untersuchungen zu der Frage, wie es früh, spät oder gar nicht getrennten Zwillingskindern in der Schule sowohl psychisch als auch im Hinblick auf ihre Leistungen geht. Aus den widersprüchlichen Ergebnissen lassen sich tatsächlich keine strikten Empfehlungen ableiten. In den europäischen Ländern wird zu ganz verschiedenen Zeitpunkten (zwischen vier und sieben Jahren) eingeschult und Mehrlinge aus unterschiedlichsten Gründen – meist nach Gutdünken der Eltern – in der Schule getrennt. Vergleicht man die sich so ergebenden Kindergruppen (getrennt/nicht getrennt) und findet Verhaltensauffälligkeiten und schlechtere Leistungen bei getrennten Kindern, so kann dies theoretisch sowohl Grund wie Resultat der Trennung gewesen sein. In den bisher zu diesem Thema durchgeführten Untersuchungen unterscheiden sich beide Gruppen letztlich nicht in einem nennenswerten Umfang.

Bleiben noch die Erfahrungen von Eltern, Pädagogen und Klinikern, die mit Zwillingen in der Schule zu tun haben: Diese berichten von einer Reihe deutlicher Nachteile des gemeinsamen Unterrichts von Zwillingen, aber kaum von einem Vorteil. Zunächst bedeutet das Lernen in zwei verschiedenen Klassen, dass auch für die Kinder selbst enervierende Vergleiche mit dem Geschwister fast wegfallen. Klassenkameraden können einem Kind ohne womöglich identisch aussehendem Dauerbegleiter unkomplizierter und individueller begegnen, dem Lehrer fällt die Bewertung leichter. Lehrer von eineiigen Zwillingen in einer Klasse sagen oft verzweifelt: »Ich will die Kinder und ihre Leistungen auseinanderhalten, aber ich schaffe es nicht, sie sind sich so ähnlich.«

Zudem befinden sich Zwillinge bei der Einschulung häufig in einer Geschwisterkonstellationen, die hinderlich für die soziale Entwicklung von einem oder beiden ist. Besonders sinnvoll ist eine Trennung beispielsweise dann, wenn ein Kind das andere so stark dominiert, dass dieses im sozialen Kontakt jede Eigenständigkeit aufgibt. Gerade das Kind, das glaubt, es ohne sein Geschwister nicht zu schaffen, wird nach der Trennung merken, dass es eben doch geht und an Selbstvertrauen gewinnen. Auch extreme Konkurrenzbeziehungen, die beide Kinder sehr viel Kraft kosten, oder Situationen, in denen die Erfolgserlebnisse des einen den anderen demoralisieren anstatt anzuspornen, sind Argumente für zwei getrennte Klassengemeinschaften. Bei Kindern, die in einer Klasse bleiben, wird es für Lehrkräfte schwierig, wenn ein Kind oder ein Jugendlicher in einem Bereich sehr stark begabt ist – zum Beispiel sportlich oder musisch. Aus Rücksicht auf das weniger talentierte Zwillingskind werden dann oft bei Entscheidungen, bei denen nur ein Platz in einem Team oder Orchester zu vergeben ist, beide Kinder übergangen; dies führt langfristig zu Demotivation und Groll des überlegenen Kindes.

Es gibt auch Vermutungen, die dahin gehen, dass sich Zwillinge in ihren Leistungen unbewusst abgleichen. Wenn sich solche Paare in wichtigen schulbezogenen Eigenschaften wie Motivation, Konzentration und Selbstbewusstsein sehr unterscheiden, können auch sie in ihrer geistigen Entwicklung von getrennten Klassen profitieren. Vermutlich nicht ganz ohne Grund taucht im Schulkontext bisweilen der aus einem Film entlehnte Begriff der »Terrible Twins« auf, womit Zwillingspaare gemeint sind, die aus unterschiedlichen Gründen die Klasse dominieren und auch stören. Sie benutzen ihre Zweiersituation zum Beispiel, um Defizite wie schlechtere Schulleistungen zu kompensieren, und beeinträchtigen mit ihrem Verhalten die eigenen wie die Leistungen anderer Kinder.

Wenn – vor allem von Seiten der Eltern – gegen getrennte Klassen argumentiert wird, dann klingt das immer so, als würde den Zwillingen ein Verbrechen angetan. Dabei verbringen die Kinder ohnehin noch jede Menge Zeit miteinander. Als Hauptgrund für eine gemeinsame Klasse werden das starke Zusammengehörigkeitsgefühl der Kinder und der Kummer, der ihnen aus einer Trennung entstehen könnte, angeführt. Eltern sorgen sich, dass ihren Kindern eine soziale Stütze genommen wird, die sie von Anfang an gewöhnt sind, und dass sich das womöglich nachteilig auch auf die Leistungen der Kinder auswirkt. Seelische Abhängigkeiten, die noch zu Schulbeginn so stark sind, dass der Aufenthalt in getrennten Klassenräumen unmöglich scheint, kommen aber vor allem bei Kindern vor, die vorher noch keine Gelegenheit zu getrennten Erfahrungen hatten (siehe oben). Hier könnte man auf eine etwas stärkere Unabhängigkeit der Kinder hinarbeiten und sie zunächst gemeinsam einschulen, dann aber in der nächsten Jahrgangsstufe trennen – wobei man natürlich den Nachteil in Kauf nimmt, dass dann ein Kind einen bestehenden Klassenverband verlassen muss.

Als weiteres Argument gegen eine Trennung der Kinder führen Eltern an, dass die Familienlogistik vereinfacht wird, weil es einen gemeinsamen Bildungsstoff, die gleichen Hausaufgaben, Veranstaltungen et cetera gibt. Manche Eltern glauben auch zu beobachten, dass ihre Kinder in einem selbstverständlichen, positiven Wettbewerb miteinander stehen, sich anspornen und unterstützen. Und natürlich gibt es Ausnahmesituationen wie Scheidungen, Todesfälle oder organisatorische Besonderheiten an Schulen, die es zumindest für einen bestimmten Zeitraum sinnvoll machen, die Kinder zusammenzulassen.

Wenn die Kinder tatsächlich gemeinsam unterrichtet werden, sollten die Eltern in Gesprächen mit den Lehrern nicht pauschal oder ständig vergleichend über beide Kinder sprechen, sondern die Situation der Kinder so separat wie möglich diskutieren. Und natürlich immer wieder mit dem Lehrer klären, inwieweit es ihm noch möglich ist, die Kinder in einer Klasse individuell genug zu behandeln.

Dass Zwillingseltern in der Unterrichtsfrage offensichtlich sehr empfindlich und emotional reagieren, verweist darauf, dass es am Ende doch wieder mehr um die Bedürfnisse der

Eltern als um die der Kinder geht: In den USA führen Eltern Prozesse gegen die Staaten, deren Schulgesetze den Schulen die Entscheidungsmacht über die Unterrichtspraxis bei Zwillingen einräumen. Die Schule scheint dabei zum Feind zu werden, der die Autonomie der Eltern und die Zwillingseinheit bedroht und den Kindern Schmerzen zufügen will. Psychologen halten dagegen und weisen darauf hin, dass auch Einlingskinder in der Schule etwas aushalten müssen, nämlich die Trennung von ihren Eltern und Geschwistern sowie Einschränkungen durch Schulregeln. Sie sehen den Neubeginn in einer eigenen Klassengemeinschaft als große Entwicklungschance für Zwillingskinder und erinnern daran, dass jede Geburt Schmerzen bereitet, die biologische wie die psychologische.

Freunde finden

Man weiß, dass bei Kindern ein enger Zusammenhang besteht zwischen ihrer Zufriedenheit mit den Freundschaften, die sie führen, und ihrem seelischen Wohlergehen sowie ihrem Schulerfolg. Wenn es um Zwillinge und ihre Beziehungen mit anderen Kindern und Jugendlichen geht, steht folgende Frage im Vordergrund: Macht einen die Tatsache, dass man ein Zwilling ist, im Umgang mit anderen geschickter, ja, womöglich liebenswerter, oder leiden die sozialen Fähigkeiten, die man benötigt, um Freundschaften anzuknüpfen und aufrechtzuerhalten, unter der Zweierexistenz? Darüber hinaus fragt man sich, wie Zwillingskinder und -jugendliche von ihrer Umgebung wahrgenommen werden und was für Beziehungen Zwillinge und Nicht-Zwillinge überhaupt miteinander knüpfen.

Wie aus den vorangegangenen Abschnitten hervorgeht, scheint einiges am Zwillingsleben nicht unbedingt dazu angetan, die Ausbildung sozialer und kommunikativer Fähigkeiten zu fördern: einseitigere Kommunikation in der Familie, weniger kognitiv stimulierendes, dafür mehr kontrollierendes Verhalten der Eltern, viel Zweisamkeit mit dem Geschwister sowie weniger Zweiersituationen mit Erwachsenen. Auch der besondere (aufmerksamkeiterregende) Status als Zwilling sowie die bisweilen von Rivalität und Abgrenzungsbestrebungen geprägte Zwillingsbeziehung wirken als ungünstige Einflussfaktoren auf das Sozialverhalten.

Es gibt eine Reihe von Studien, in denen Zwillingskinder in dieser Hinsicht tatsächlich nicht so gut wegkommen. Im Vorschulalter sind sie in sozialen Situationen weniger selbstbewusst, zeigen anderen Kindern weniger Zuneigung und positive Gefühle als Einlingskinder, und ihr Spiel ist selbstbezogener. Ihre Einlingsspielkameraden verstehen ihre sprachlichen Äußerungen schlechter als die anderer Einlinge, und in Situationen, in denen es auf soziale Initiative ankommt, erscheinen Zwillinge weniger interessiert: Einlingskinder im Krabbelalter suchen häufiger Kontakt zu einem unvertrauten gleichaltrigen Kind, als das ein- und zweieiige Zwillinge in der gleichen Spielsituation tun. Dafür könnte es zwei Erklärungen geben: Zum einen ist für den Einling, der ja nicht ständig ein Kind um sich hat, ein unbekanntes Kind neuartig und damit interessanter als für einen Zwilling. Zum anderen sind Zwillinge sprachlich und kognitiv im Vergleich zu ihren Einlingsaltersgenossen möglicherweise nicht immer weit genug entwickelt, um eine soziale Situation zu ihrem Vorteil zu nutzen.

Man vermutet, dass es sehr stark von der Altersstufe abhängt, ob Zwillinge in ihrem Sozialverhalten mit Einlingen mithalten können:

Während fünfjährige Zwillinge im Vergleich zu Einlingen in einer unvertrauten Situation weniger soziales Verhalten zeigen, also weniger trösten, helfen und kooperieren, findet man bei zehn- bis fünfzehnjährigen Kindern keine Unterschiede zwischen Einling und Zwilling mehr. Einige Forscher haben deshalb die Hypothese aufgestellt, dass das Zwillingsdasein zwar in der frühen sozialen Entwicklung ein Handicap darstellt, dann aber zu einem Vorteil wird. Zwillingskinder lernen vermutlich, mit den beschriebenen Mangelerfahrungen der Zwillingsexistenz fertigzuwerden und dann sogar besondere Fähigkeiten daraus zu entwickeln. Zudem liegt die Vermutung nahe, dass Zwillingskinder besonders früh die positive Wirkung von sozialer Unterstützung erfahren, dass sie nicht umhinkommen, zu lernen, wie man in Beziehungen Kompromisse aushandelt, wie man teilt und sich in die Sichtweise eines anderen hineinversetzt. Wenn dem so wäre, würden sie über einen entscheidenden Vorteil verfügen, da diejenigen Kinder, die sich bei Spielaktivitäten abwechseln und gedanklich die Perspektive eines anderen Kindes einnehmen können, leichter Freundschaften schließen.

Untersuchungen dazu, wie Zwillinge bei ihren Freunden ankommen, lassen darauf schließen, dass sie alles in allem nicht zu einer Problemgruppe gehören. In der Altersgruppe der elf- bis zwölfjährigen Kinder werden Zwillinge von ihren Klassenkameraden im Hinblick auf Aggressivität und Ängstlichkeit sowie den Umgang mit Gefühlen nicht anders erlebt als die Einlingsmitschüler. Zwillinge, vor allem aus gegengeschlechtlichen Paaren, werden sogar als sozial aktiver eingeschätzt. Zwillingsbuben sind im Klassenverband überdurchschnittlich beliebt, Zwillingsmädchen werden mehr Führungsqualitäten als Einlingsmädchen bescheinigt. Eineiige Kinder dieser Altersstufe wurden von ihren Einlingsmitschülern im Hinblick auf all diese sozialen Qualitäten nicht anders erlebt als zweieiige.

Diese positive Wahrnehmung sagt natürlich noch nichts über bestehende Freundschaften. Man kann jemandem günstige Eigenschaften attestieren, ohne das geringste Interesse an einem näheren Kontakt zu haben. Alltagsbeobachtungen zu den Freundschaften von Zwillingen legen ein paar potentiell problematische Aspekte nahe: Manchmal werden Zwillingskinder mit Neid beäugt; die anderen Kinder begreifen intuitiv, dass die Zweisamkeit der Zwillinge (narzisstische) Vorteile mit sich bringt. Was die Einlingskinder weniger deutlich wahrnehmen, sind die Schattenseiten des doppelten Daseins. Auch dass die Hälfte der Schulfreunde von eineiigen Kindern angibt, die beiden manchmal nicht auseinanderhalten zu können, hört sich nicht wie eine förderliche Bedingung für das Entstehen von Freundschaften an.

Die Zwillingsbeziehung könnte den anderen Kindern so eng und intim vorkommen, dass sie dies von einer Annäherung an einen oder beide Zwillinge abhält. Eltern berichten zudem, dass oft der extrovertiertere der beiden Zwillinge neue Bekanntschaften macht, dass diese neuerworbenen Freunde aber leicht verschreckt werden, wenn der sozial scheuere Zwilling teilhaben will und sich anhängt. Und vielleicht ist die Beziehung zwischen vielen Zwillingskindern wirklich so eng, dass freundschaftliche Beziehungen da nicht mithalten können. Auf die Frage, ob sie ihren Zwilling als Freund oder Geschwister betrachten, antworten immerhin drei Viertel aller eineiigen und knapp vierzig Prozent der zweieiigen Kinder, dass ihr Zwilling ihr bester Freund ist. An eineiigen Kindern wurde zudem die Neigung beobachtet, sich Freunde zu suchen, die ihnen selbst in bestimmten Merkmalen ähnelten.

Zusätzlich wird darüber spekuliert, wie gut es jugendlichen Zwillingen gelingt, engere und ausschließlichere, vielleicht auch intime Beziehungen einzugehen (vgl. dazu auch Kapitel 8). Hier gibt es den Verdacht, dass sich vor allem eineiige Zwillinge schwerer tun als andere Jugendliche. Die Anzahl der Freundschaften, die die unterschiedlichen Zwillingstypen im Grundschulalter angeben, variiert nicht. Eineiige, zweieiige sowie gegengeschlechtliche Zwillinge nennen gleich viele Freunde. Nicht verwunderlich ist die Tatsache, dass Zwillinge dazu neigen, sich Freunde zu teilen. Bei fünfjährigen Zwillingskindern gab die Hälfte an, ausschließlich gemeinsame Freunde zu haben. Immerhin ein Fünftel der Kinder meinte, außer mit dem Zwillingsgeschwister mit überhaupt niemandem befreundet zu sein. Die Größe der Freundesschnittmenge hängt mit dem Zwillingstyp zusammen, dem die Kinder angehören. In der Grundschulzeit teilen sich eineiige Kinder die Hälfte ihrer Freunde, zweieiige ein Viertel, und Pärchenzwillinge haben nur fünf Prozent ihrer Freunde gemeinsam. Während die Eineiigen mit dieser Situation recht zufrieden waren, erzählten zweieiige Kinder häufiger von ambivalenten Gefühlen bezüglich der geteilten Freundschaften.

Für Freundschaften im Vorschul- und Grundschulalter spielen gegenseitige Besuche eine große Rolle. Hier sind Zwillinge klar im Nachteil, weil sie weniger Einladungen erhalten als Einzelkinder. Den meisten Müttern der anderen Kinder ist es unangenehm, wenn ihr eigenes Kind nur einen der Zwillinge einladen möchte, oder sie wollen selbst nicht gleich zwei Kinder zusätzlich zu Gast haben. Das Problem wird oft gelöst, indem beide Zwillinge beim Kinderaustausch übergangen werden. Müttern wird in diesem Zusammenhang geraten, gegenzusteuern und es anderen Eltern zu erleichtern, Einzeleinladungen auszusprechen. Wo es sich anbietet, sollte man Austauschsituationen mit anderen Zwillingskindern arrangieren.

Nicht alles, was die soziale Entwicklung und Eingebundenheit von Zwillingen angeht, fügt sich zum Bild, und das ist vielleicht auch für die Gesamtheit aller Arten von Zwillingspaaren etwas vielverlangt. Aber man darf resumieren, dass Zwillinge nicht weniger Freunde haben als Einlinge und genauso integriert und beliebt sein können wie andere Kinder auch.

Pubertät

Pubertierende Kinder haben einiges an psychischer Arbeit zu leisten. Sie kämpfen sich durch ein körperliches Verpuppungsstadium, um am Ende, nach etlichen physischen Transformationen, mit einem sexuell gereiften Körper dazustehen. Gleichzeitig sollen sie sich von Elternhaus und Familie ablösen und eine eigene Identität samt eigenen Interessen und Beziehungen entwickeln. Bekanntermaßen ist dieser Vorgang oft schmerzhaft für Kinder wie Eltern. Zwillingseltern müssen es aushalten, dass gleich zwei Kinder auf ihren Nerven herumtrampeln. Bei eineiigen Kindern setzt die Pubertät – auch dann, wenn sie bei der Geburt unterschiedlich groß und schwer waren – fast gleichzeitig ein, was ein Vor- oder Nachteil sein kann.

Bei zweieiigen Zwillingen vermag das Pubertätstiming so unterschiedlich zu sein wie bei anderen Geschwistern auch, und ein solcher Entwicklungsunterschied kann der Familie und den Kindern ebenfalls auf eigene Weise zu schaffen machen. Auch wann das Größenwachstum in der Pubertät anfängt und wann es wieder aufhört, das heißt, wann welche endgültige Körpergröße erreicht ist, variiert erheblich zwischen den Geschwistern. Vor allem derjenige der Zwillinge, der immer kleiner und schlanker war, wird später in die Pubertät kommen, und die bestehenden Größenunterschiede werden noch weiter akzentuiert werden. Eltern, die immer schon mit dem Thema sehr unterschiedlich entwickelter Zwillinge zu tun hatten, sorgen sich dann (meist unnötig) darüber, dass etwas mit ihren Zwillingen nicht stimmt. Bei gleichgeschlechtlichen Kindern, die zu unterschiedlicher Zeit anfangen zu pubertieren, ist es oft für einen der beiden schwer zu verkraften, dass sein Geschwister bisherige gemeinsame Interessen nicht mehr mit ihm teilt.

Anhaltspunkte dafür, dass Zwillingskinder schlechter durch die Pubertät kommen als andere Kinder, gibt es nicht. Eine große finnische Studie befand sogar, dass sie in dem problematischen Alter weniger Alkohol trinken, weniger rauchen und dabei mehr Sport treiben als Einlings-Pubertierende. Auch sind Zwillinge den anderen Kindern während der Pubertät nicht geistig oder körperlich unterlegen.

Dabei haben Zwillinge hinsichtlich der Hauptaufgabe der Pubertät, nämlich der Ablösung, mehr zu tun. Theoretisch müssen sie sich nicht nur von ihren Eltern, sondern auch vom Zwillingsgeschwister ein wenig emanzipieren. Hier gehen ein- und zweieiige Kinder nicht mit den gleichen Voraussetzungen ins Rennen: Eineiige befinden sich, wenn die Zeit der Pubertät beginnt, also etwa zwischen dem zehnten und vierzehnten Lebensjahr, immer noch in einem deutlich weniger individualisierten Zustand und sind viel abhängiger voneinander als zweieiige Geschwister.

Läuft der Prozess der pubertären Ablösung für Zwillinge besser, wenn sie schon vorher nicht mehr so stark aneinanderkleben? Es gibt keine Untersuchungen, aber Vermutungen, dass die Kinder ihre Beziehung zueinander besser lockern können, wenn die Familie vorher schon Unterschiedlichkeiten an ihnen wahrgenommen hat. Man glaubt sogar, dass es die bereits erwähnten Eltern von Kinderpaaren, die sehr stark miteinander identifiziert sind, auch in der Pubertät besonders schwer haben. Bei diesen sich sehr nahen Kindern können die Beziehungen zu Vater und Mutter relativ schwächer sein, was eventuell dazu führt, dass sich die Eltern in den Pubertätskämpfen einem starken Zweierteam gegenübersehen. Stärker individualisiert erzogene Kinder haben eher lernen können, die Beziehung zu den beiden Eltern genauso zu schätzen und zu respektieren wie die zu ihrem Geschwister, was den Eltern möglicherweise in kritischen Zeiten zugutekommt.

Eltern von Zwillingen, die damit beginnen, sich voneinander abzugrenzen, berichten, dass die Kinder den Zwillingsstatus auf einmal geradezu hassen und alles tun, um das gängige Zwillingsstereotyp von den zwei Unzertrennlichen zu zerstören. Eineiige Kinder können dann das erste Mal in ihrem Leben auf Verwechslungen vollkommen allergisch und entsprechend unhöflich reagieren. Zwillinge wählen in der Pubertät oft besonders krasse Varianten bei Kleidung und Haaren, um sich von Bruder oder Schwester deutlich abzugrenzen. Dann wird die Sorge, mit demjenigen verwechselt zu werden, dessen Look man womöglich ablehnt, besonders groß. Im Hinblick auf das Konkurrenzverhalten lässt sich sowohl eine Verschärfung der Situation beobachten wie auch der Versuch der Kinder, dem gegenseitigen Wettbewerb total aus dem Weg zu gehen.

Die Pubertätsentwicklung bei Pärchenzwillingen kann Jahre auseinanderliegen, so dass auf einmal ein weitentwickeltes Mädchen und ein noch sehr kindlich aussehender Junge miteinander zu tun haben. Konfliktstoff liegt dann unter anderem darin, dass das Mädchen nicht mehr den Bruder, sondern lieber ältere Jungen als Partner für ihre Aktivitäten sucht. Der Zwillingsjunge, der daran gewöhnt ist, ebenbürtig zu sein, muss darum kämpfen, sein Selbstwertgefühl aufrechtzuerhalten. Dass sich Pärchenzwillinge im Hinblick auf Freundschaften während der Pubertät noch stärker in getrennte soziale Gruppen auseinanderentwickeln, dürfte es allen leichtermachen. Im Vergleich zu den gleichgeschlechtlichen Zwillingspaaren fällt der Konflikt zwischen ihrer individuellen Identität und der als Zwilling schwächer aus.

Für Eltern von heranwachsenden Kindern wird das Aufstellen neuer und das Einhalten alter wie neuer Regeln umso wichtiger, je geringer ihre Kontrollmöglichkeiten ausfallen. Dabei schafft das asynchrone Pubertieren von Zwillingen, die aber gleichzeitig auf Gerechtigkeit und Fairness drängen, besondere Herausforderungen. Sehr unterschiedliche Entwicklungszustände bei den beiden Kindern können unter Umständen bedeuten, dass die Eltern für jeden Zwilling eigene Regeln sowie Konsequenzen oder Sanktionen vereinbaren müssen. Wenn dann der eine reif ist für mehr Freiheiten, der andere erkennbar nicht, wird es Proteste hageln.

Zu den sozialen und emotionalen Langzeitwirkungen der künstlichen Zeugung für die Kinder sammelt man die ersten Daten. Gerade hat die erste Generation die Pubertät durchschritten. Man hat anfangs vermutet, dass IVF-Eltern wegen ihrer oft langen Unfruchtbarkeit dazu neigen, ihren kostbaren Nachwuchs überzubehüten oder übersteigerte Erwartungen an ihn haben. Alle bisherigen Studien zu dem Thema zeigen aber, dass die künstlich gezeugten Kinder und ihre Familien genauso gute Beziehungen miteinander, eine ebenso gute Streitkultur und genauso großes emotionales Engagement hatten wie in anderen Familien auch. Zudem fanden sich nicht mehr psychische Auffälligkeiten bei den Kindern als bei normal gezeugten.

Geheimnis der Herkunft

Wenn es in der Pubertät eines Menschen um die besagte Identitätssuche geht, dann gehört dazu auch, dass sich Jugendliche vielleicht erstmals mit ihrer jungen Biografie und ihrer Herkunft beschäftigen. Für viele Zwillinge liegt ihr Ursprung in einem Labor – eine Besonderheit, die sicher nicht zu vergleichen ist mit der großen Bedeutung, die beispielsweise eine Adoption oder die Zeugung durch einen Samenspender für die Identitätsentwicklung eines Kindes hat. Und selten ist diese Variante der Menschwerdung auch nicht; in fast jedem Kindergarten spielen künstlich gezeugte Kinder miteinander. Trotzdem fragen sich betroffene Eltern, ob, wie und wann sie mit ihren Kindern über die künstliche Zeugung sprechen wollen. Viele Paare, so beobachten Psychotherapeuten, die mit IVF-Patienten arbeiten, wollen die Vergangenheit ruhenlassen und finden nicht, dass die künstliche Befruchtung – wenn sie denn einmal geglückt ist – noch irgendeine Bedeutung für sie oder die Kinder hat. Es gibt sicherlich gute Gründe, das Thema innerhalb der Partnerschaft lassen zu wollen, wie etwa Scham gegenüber der Familie und gegenüber Fremden oder das Bedürfnis, den Partner zu schützen, dessen Diagnose die IVF nötig gemacht hat. Manche Eltern suchen dann einen Mittelweg und legen dem Kind seine Herkunft sehr früh offen, verpflichten es aber zur Geheimhaltung. Das ist ein wenig zwiespältig und funktioniert ohnehin erst ab einem gewissen Alter: Kinder unter fünf Jahren können noch gar keine Geheimnisse behalten.

Einerseits ist das Bedürfnis der IVF-Eltern nach Diskretion verständlich. Und man würde eine künstliche Zeugung sicher nicht zu den »großen Familiengeheimnissen« rechnen, deren fehlende oder zu späte Enthüllung das Zeug dazu hat, eine ganze Familie aus dem Gleichgewicht zu bringen, wie etwa geheim gehaltene Geschwister, verschwiegene Suizide oder die Tatsache eines Kuckuckskindes. Als Leitlinie im Umgang mit Geheimnissen formulieren heute manche Familienforscher und Therapeuten, dass man das Recht hat, über ein Geheimnis zu entscheiden und es für sich zu behalten, wenn es überwiegend das eigene Leben betrifft. Aber wie ist das zum Beispiel auszulegen im Falle von (Zwillings-)Kindern, die durch die mittlerweile sehr verbreitete ICSI-Technik gezeugt wurden, bei der das Spermium in die Eizelle injiziert wird? Damit verknüpft sich derzeit die Befürchtung, dass zeugungsunfähige Väter, deren Spermien sonst nie zur Befruchtung gekommen wären, ihre Unfruchtbarkeitsproblematik an zukünftige Generationen weitergeben. Das wäre ein Beispiel für eine Information, die den so gezeugten Söhnen irgendwann zusteht.

Andererseits sollte man generell akzeptieren können, dass die besondere Zeugung zur Lebensgeschichte der eigenen Kinder gehört. Wenn man den Erfahrungen der Psychotherapeuten, die in den Kinderwunschkliniken arbeiten, glauben darf, dann ist es nicht so schwierig, den Kindern davon zu erzählen. Wenn Eltern es wollen, stehen ihnen eine Reihe sehr positiver Bilder aus der vermeintlich eiskalten Labormedizin zur Verfügung, mit denen sie ihre Zeugungsgeschichte illustrieren können. Sie können ihren Kinder erzählen, wie sehr sie gewollt waren, wie liebevoll und sorgfältig schon im Labor mit ihnen umgegangen wurde, dass sie im Warmen gehütet wurden, bis es Zeit für die Reise in den mütterlichen Körper war.

Vermutlich stehen die Chancen, den Kindern auf Dauer verheimlichen zu können, wie sie entstanden sind, ohnehin nicht besonders gut. Die Psychotherapeutin einer großen Kinderwunschklinik rät den Eltern, lieber selbst in die Offensive zu gehen, das heißt, altersgemäß und mit zunehmender Komplexität aufzuklären, anstatt zum Unzeitpunkt vom Kind mit dem Thema konfrontiert zu werden. »Wenn das in der Pubertät auftaucht, ist es oft zu spät. Der gute Einstieg kann verpasst sein und das Thema kommt durch die Hintertür.«

7 Exkurs: Zwilling gesucht

Was und wen erforscht die Zwillingsforschung?

Zwillingsforschung – was hat das mit dem Alltagsleben von Zwillingen und ihren Familien zu tun? Einerseits gar nichts, wenn man es nicht will. Andererseits bergen die vielfachen Aktivitäten der Zwillingsforscher die Möglichkeit, sich mit der Gemeinschaft der Zwillinge zu vernetzen, zum Beispiel, indem man selbst mit seinem Geschwister an einer Zwillingsstudie teilnimmt (beziehungsweise seine Kinder teilnehmen lässt). Oder indem man eines der Zwillingstreffen besucht, die mit solchen Forschungsaktivitäten meist verbunden sind. Und warum sollte man nicht auch ein wenig stolz darauf sein dürfen, dass die Besonderheiten der eigenen Existenz mithelfen, Rätsel um das Wesen des Menschen zu lösen. In der Zwillingsforschung geht es nämlich nicht in erster Linie um Zwillinge, jedenfalls nur selten darum, wie sie leben und fühlen, wie sie ihre Geschwisterbeziehung gestalten oder welche Besonderheiten sich möglicherweise in Familien mit Zwillingskindern beobachten lassen.

Zwillingsforscher widmen sich Zwillingen, weil sie sich für die Beziehungen und das Verhalten von Menschen im Allgemeinen interessieren, der Zwilling ist dabei ein besonderes Studienobjekt. Dafür ein typisches Beispiel: Man hat ein- und zweieiige Zwillinge dabei beobachtet, wie sie bestimmte Kooperationsaufgaben, zum Beispiel ein Puzzle, bewältigen. Dabei stellt sich immer wieder heraus: Zwillinge tun grundsätzlich mehr für sich selbst als für ihren Bruder oder ihre Schwester. Allerdings kooperieren eineiige Geschwister stärker, arbeiten mehr für das Ergebnis des anderen und für das gemeinschaftliche Ziel, während die weniger eng miteinander verwandten zweieiigen Zwillinge stärker konkurrieren. Dies ist eine spannende Information, die einem als Zwillingsmutter oder -vater vielleicht Lust machen könnte, den Kindern beim nächsten Puzzeln genauer über die Schulter zu sehen. Aber diese Studie wurde nicht gemacht, weil man neugierig auf das Geschwisterverhältnis von Zwillingen gewesen wäre, sondern weil Verhaltensgenetiker daran interessiert waren, ob womöglich der Grad der genetischen Verwandtschaft auch über Sympathie und Liebe entscheidet, also darüber, ob etwas an der Behauptung stimmt, Blut sei dicker als Wasser.

Selbst wenn man aus solchen Forschungsprojekten nebenbei das ein oder andere über Zwillinge selbst erfährt – die Zwillingsforscher wollten nie eine »besondere Psychologie« des Mehrlingsdaseins entwickeln. Sie betrachten Studien an und mit Zwillingen von jeher als eine einzigartige Methode, um herauszufinden, warum Menschen sich an Leib und Seele voneinander unterscheiden und ob diese Unterschiede eher mit den Genen ihrer Eltern oder den erfahrenen Lebenseinflüssen zu tun haben. In Gestalt der Zwillinge, so empfanden es die Pioniere der Zwillingsforschung, hatte ihnen die Natur ein Experiment zur Auswertung vorgelegt, das es ihnen gestattete, zu den »Quellen individueller Variation« vorzudringen (Friedrich, Kabat vel Job 1986). Denn eigentlich lässt sich bei den komplexen menschlichen Eigenschaften wie etwa gesundheitlicher Robustheit beziehungsweise Anfälligkeit für Krankheiten, Langlebigkeit, persönlichem Temperament oder Intelligenz nicht erkennen, welche Rolle die Gene und welche die Umwelt gespielt haben und noch spielen. Wie soll man im Nachhinein herausfinden, ob ein Mensch unter anderen Einflüssen, an einem anderen Ort, anders erzogen und ernährt, ein ganz anderer geworden wäre oder aber im Wesentlichen doch wieder das, was er bereits ist?

Bei Pflanzen und Tieren kann man der Frage der Erblichkeit bestimmter Merkmale in Züchtungsexperimenten recht gut nachgehen. Sie pflanzen sich meist innerhalb kurzdauernder Zyklen fort und protestieren nicht, wenn sie sich zu Versuchszwecken paaren und vermehren sollen. Kann man zum Beispiel bei einer Hunderasse die Freude am Jagen in ein paar Generationen wegzüchten oder aber steigern, dann spricht das bei dieser Rasse und dieser Eigenschaft für den Einfluss der Gene.

Beim Menschen bietet sich das »Naturexperiment« Zwilling an, um Anlage- und Umwelteinflüsse voneinander zu trennen. Mit der sogenannten »Zwillingsmethode« lässt sich beobachten, welche Eigenschaften zwei genetisch identische Exemplare Mensch im Laufe des Lebens entwickeln, ob sie unter dem Diktat der Gene stehend sehr ähnlich werden oder ob es Spielraum für den Einfluss von Umwelt und Erziehung gibt. (Zur Vermeidung von Missverständnissen: Mit dem Begriff »Umwelt« sind in diesem Zusammenhang alle nicht-erblichen Einflüsse auf die individuelle Entwicklung gemeint, wozu neben sozialen, kulturellen, psychologischen oder pädagogischen Wirkfaktoren auch vorgeburtliche biologische Einflüsse wie etwa die Nährstoffversorgung in der Gebärmutter zählen.)

Anfänge und Abgründe

Der Beginn der Zwillingsforschung ist mit dem Namen von Francis Galton verbunden, einem englischen Naturforscher, der sich in der Mitte des 19. Jahrhunderts unter anderem mit der Vererbungslehre beschäftigte. Ob er die Unterschiede zwischen ein- und zweieiigen Zwillingen schon richtig erkannte, weiß man nicht. Aber er formulierte als Erster die Idee, dass das Studium von Zwillingen, ihrer Eigenschaften und Lebensläufe prinzipiell die Möglichkeit böte, die unentwirrbar miteinander verbundenen Effekte von Natur und Erziehung, »nature and nurture«, wie er sie nannte, zu trennen. Um herauszufinden, wie stark sich herausragende geistige Eigenschaften vererben, untersuchte er, ob Zwillinge sich im Laufe ihres Lebens hinsichtlich ihrer geistigen Fähigkeiten unähnlicher oder ähnlicher werden, je nachdem, ob sie getrennt oder zusammenlebten. Dazu sammelte er Lebensdaten von über fünfzig Zwillingspaaren und veröffentlichte – vermutlich unter dem Eindruck ihm sehr ähnlich erscheinender Paare – 1875 in »The History of Twins« sein Ergebnis: Vor allem für Begabung und Intelligenz seien die genetischen Anlagen erheblich wichtiger als die Erziehung.

Bereits Galtons Zeitgenossen bemerkten, dass diese Forschungsaktivitäten ans Selbstverständnis der Menschen rührten. Der Naturforscher selbst provozierte eine gesellschaftliche Debatte, indem er öffentlich über Anwendungsmöglichkeiten seiner Studienergebnisse nachdachte und unter dem von ihm geprägten Begriff »Eugenik« Vorschläge unterbreitete, wie man die Erbmasse des britischen Volkes durch gezielte Heiraten und vom Staat reglementierte Kinderkontingente verbessern könne.

Im nationalsozialistischen Deutschland wurde Eugenik zur offiziellen Wissenschaft, und die deutsche Zwillingsforschung kam, kaum dass sie entstanden war, an einen absoluten Tiefpunkt: Noch heute macht es in Deutschland Wissenschaftlern, die mit Zwillingsdaten arbeiten wollen, zu schaffen, dass eine der ersten Assoziationen, die viele Menschen mit dem Stichwort »Zwillingsforschung« verbinden, jener Josef Mengele ist, der als KZ-Arzt in Auschwitz über 1500 Zwillingspaare in Experimenten quälte und – mit Ausnahme von etwa 80 bis 100 Überlebenden – tötete.

Die Nationalsozialisten erhofften sich von der Vererbungsforschung eine wissenschaftliche Legitimation ihrer »Erb- und Rassenpflege« genannten Aktivitäten und machten den Weg frei für eine schrankenlose Zwillingsforschung. Mengele praktizierte eine pervertierte Zwillingsmethode, indem er seine lebenden Versuchsobjekte nicht einfach nur Vergleichen ihrer körperlichen Merkmale unterzog, sondern Kinder wie Erwachsene hinsichtlich ihrer unterschiedlichen Toleranz für grausame Prozeduren beobachtete. Überlebende

Häftlinge haben ihren verzweifelten Durchhaltekampf – in der Gewissheit, dass ihr eigener Tod auch den des dann für Mengele nutzlos gewordenen Zwillingsgeschwisters bedeutet hätte – beschrieben. Aus wissenschaftlicher Sicht haben Mengeles »Experimente« – wenn man einen solchen Blick darauf überhaupt werfen will – keinerlei Erkenntnisgewinn gebracht.

In Amerika konnten Forscher, die an Erbfragen interessiert waren, historisch unbelastet weiterarbeiten. Zwillingsstudien spielten in den 1950er Jahren eine herausragende Rolle in der psychologischen Forschung, als dort ein Grabenkrieg zwischen zwei Denkschulen entbrannte: zwischen den Anhängern des sogenannten Behaviorismus, die den Menschen und sein Verhalten (engl. »behavior«) eher für ein Resultat von Umwelteinflüssen wie Erziehung und Milieu hielten, und denjenigen, die an eine starke genetische Grundlage des menschlichen Erlebens und Verhaltens glaubten. Als in den 1960er Jahren Intelligenzforscher unter anderem mithilfe von Zwillingsstudien einen genetisch verankerten IQ-Unterschied zwischen weißen und schwarzhäutigen Menschen nahelegen wollten, erreichte diese Kontroverse ihren Höhepunkt. Noch stärker in die öffentliche Wahrnehmung geriet die Zwillingsforschung in den 1970er und 1980er Jahren, als man in den USA begann, ein besonderes Phänomen in den Blick zu nehmen: getrennt aufgewachsene Zwillinge, die bis ins Erwachsenenalter nichts von der Existenz ihres Geschwisters gewusst hatten.

Getrennte Zwillinge

Durch eine Adoption unmittelbar nach der Geburt getrennte und danach in verschiedenen Familien aufgewachsene eineiige Zwillingskinder sind das perfekte Studienobjekt für alle Anlage-Umwelt-Fragen. In unterschiedlichen Umwelten großgeworden, beeinflusst weder von einer gemeinsamen

Erziehung noch durch das Zwillingsgeschwister, scheint es, als könne jede überzufällige Ähnlichkeit ihren identischen Genen zugeordnet werden. Unterschiedlichkeiten wären dagegen durch die Einflüsse zweier verschiedener Milieus zu erklären. Fände man beispielsweise viele eineiige Paare, die bei zwei verschiedenen Familien aufgewachsen sind und sich als Erwachsene beide jeweils homosexuell entwickelt hätten, dann könnte das nicht an der Dominanz der Mutter, sondern höchstens an der Dominanz ihrer Gene liegen.

In der amerikanischen Presse wurde in den 1970er Jahren über einige besonders interessante Fälle solcher Zwillingswiedervereinigungen berichtet. Diese zum Teil erst nach vierzig Jahren zusammengeführten Geschwister erregten das Interesse der Öffentlichkeit. Ein Psychologe und Persönlichkeitsforscher an der Universität Minneapolis, Thomas Bouchard, sah sich die Fälle genauer an. Ihn faszinierte zunächst das, was alle faszinierte: nämlich dass diese eineiigen Zwillinge, die sich in ihrem Leben nie gekannt hatten, unglaubliche Ähnlichkeiten in ihrem Verhalten, ihrem Lebensstil, ihrer Biografie und schließlich ihrer Persönlichkeit aufzuweisen schienen. In den Presseberichten dieser Jahre ließ man sich besonders von den Skurrilitäten der Zwillingsähnlichkeit mitreißen: davon beispielsweise, dass weitentfernt voneinander aufgewachsene Zwillinge, die nichts von der Existenz des anderen gewusst hatten, sowohl Kinder wie Hunde und geschiedene wie aktuelle Ehefrauen des gleichen Namens besaßen. Auch dass die Zwillinge im Alltag sehr ähnliche Vorlieben hatten, die gleiche Zahnpasta und das gleiche Bier mochten, dass sie die gleichen Ansichten zur Todesstrafe äußerten, oder eine gemeinsame Neigung hatten, im Aufzug zu niesen, um andere Leute zu erschrecken, schien geradezu unfasslich.

Der Wissenschaftler Bouchard jedoch beschloss, der hinter den kolportierten Kuriositäten verborgenen Ursache nachzugehen und nahm Kontakt zu diesen und später vielen weiteren Zwillingspaaren mit derselben Lebensgeschichte auf. Damit rief er 1979 eine bis heute fortgesetzte, vielzitierte Studie ins Leben, in die bisher etwa einhundert getrennt aufgewachsene und spät wiedervereinte eineiige Zwillinge einbezogen sind. Diese erklärten sich bereit, für die *Minnesota Study of Twins Reared Apart* an umfangreichen Persönlichkeits- und Intelligenztests sowie medizinischen Untersuchungen teilzunehmen. Andere vergleichbare Studien, die ebenfalls Zwillings- und Adoptionsstudie in einem waren, folgten. Sie alle scheinen das zu bestätigen, was schon in der Laienwahrnehmung angekommen war, nämlich dass getrennt aufgewachsene eineiige Zwillinge sich in ihrem Wesen, ihren Fähigkeiten, Interessen, Einstellungen und ihrem Verhalten ebenso ähnlich waren, als wären sie nie getrennt worden, zum Teil sogar noch ähnlicher als gemeinsam aufgewachsene Zwillinge.

Da das Leben in verschiedenen Milieus für die Persönlichkeitsentwicklung der Zwillinge eine so geringe Rolle zu spielen scheint, war und ist die Hauptaussage der Minnesota-Studie und nachfolgender ähnlich konzipierter Untersuchungen, dass die Persönlichkeit eines Menschen viel stärker durch die Gene beeinflusst wird, als man das je angenommen hat. Eine Zahl, die aus der Minnesota-Studie hervorgegangen ist und die immer wieder zitiert wird, sind die etwa sechzig Prozent, zu denen die dortigen Zwillingsforscher Intelligenz-Unterschiede zwischen Individuen für genetisch bestimmt halten. Die individuellen Ausprägungen bei Persönlichkeitseigenschaften wie zum Beispiel Extrovertiertheit, seelischer Stabilität oder Optimismus sind den Studiendaten zufolge zu etwa fünfzig Prozent durch die Erbanlagen bestimmt.

Alle in der Minnesota- und anderen Zwillingsstudien ermittelten sogenannten Erblichkeitskoeffizienten beziffern – das ist ein häufiges Missverständnis – nicht etwa den Anteil, zu dem bei einem bestimmten Menschen eine Eigenschaft genetisch bestimmt ist. Sie sagen nur, zu welchem Prozentsatz die zu beobachtenden Merkmalsunterschiede zwischen

Menschen (genannt Varianz) einer bestimmten Bevölkerungsgruppe auf Gene zurückzuführen sind. Ein zweites Missverständnis: Nur weil ein menschliches Merkmal eine als hoch eingestufte Erblichkeit besitzt, heißt das nicht, dass man die Ausprägung des Merkmals nicht beeinflussen kann. Intelligenz- und Persönlichkeitsmerkmale lassen sich innerhalb bestimmter Grenzen durch pädagogische und therapeutische Einflüsse verändern.

Kritik an Arbeiten mit getrennt aufgewachsenen eineiigen Zwillingen wie der Minnesota-Studie konnte angesichts der pointierten Aussagen und der besonderen Studienobjekte nicht ausbleiben. Unter anderem wurde moniert, dass die gefundene Übereinstimmung der Lebensdaten der Zwillinge so hoch ausfiel, weil die Zwillingspaare sich bereits vor Beginn der psychologischen Untersuchungen durch gegenseitige Informationen über ihre Lebensdaten »kontaminiert«, also forschungstechnisch gesehen verunreinigt hatten. Etliche waren, wenn man genauer hinsah, gar nicht vollständig getrennt gewesen; sie hatten sogar einige Jahre zusammengelebt, sich über die Jahre hinweg doch immer mal wieder getroffen oder hatten zumindest von der Existenz und den Lebensumständen ihres Zwillingsgeschwisters gewusst. Auch stellte man fest, dass in der Minnesota-Studie wie auch in anderen Studien an getrennten eineiigen Zwillingen die Kinder manchmal in unterschiedlichen Zweigen derselben Familie aufgewachsen oder im Falle einer Adoption in Familien aus ähnlichem Milieu gegeben worden waren. Die Übereinstimmungen solcher Zwillingspaare in ihrem Lebensstil können dann natürlich nicht nur einseitig auf Gene zurückgeführt werden. Im Falle der Minnesota-Zwillinge, die immer auch von den Medien umschwärmt wurden, war zudem die Versuchung, exotische Gemeinsamkeiten herauszufinden, besonders groß, da sich daraus zudem die Aussicht auf lukrative Publikationen, vielleicht Buch- und Filmverträge ergab. Vielleicht wollte manches Paar auch unbewusst die subjektiv erlebte Tragweite der ihnen einstmals auferlegten Trennung sichtbar machen, indem sie ihre Ähnlichkeiten und damit ihre Zusammengehörigkeit betonten. Den Zwillingsforschern wurde schließlich noch vorgeworfen, dass sie – voreingenommen für einen genetischen Determinismus – ebenfalls gezielt nach Ähnlichkeiten bei den Zwillingen suchten und diese stärker herausstellten als Unähnlichkeiten.

Diese Kritik sowie die insgesamt sehr geringe Zahl an beforschbaren getrennten Zwillingspaaren – derzeit etwa dreihundert weltweit – haben dazu geführt, dass sie in der aktuellen Zwillingsforschung eine sehr untergeordnete Rolle spielen. Es gibt immer weniger verheimlichte und getrennte Zwillingsgeschwister, und das ist aus der Sicht von Zwillingsgeschwistern, die auch in Zukunft nicht bei ihren leiblichen Eltern werden aufwachsen können, gewiss nicht zu bedauern. In den 1960er Jahren fanden in den USA und Europa im Wesentlichen die letzten Adoptionen statt, bei denen die vermittelnden staatlichen oder privaten Stellen entweder glaubten, den Zwillingskindern durch die Trennung und Geheimhaltung einen Gefallen zu tun (in der Annahme, diese könnten so ihre Individualität besser entwickeln), beziehungsweise diese Trennungen sogar gezielt vornahmen, um die Kinder in ihre Zwillingsstudien einbeziehen zu können. In Deutschland haben sich in den letzten Jahren einige erwachsene Zwillingspaare wiedergefunden, deren Trennung als Neugeborene ein spätes Erbe der Adoptionspolitik in der ehemaligen DDR war. Dass man getrennt adoptierten Zwillingsmenschen in den meisten Fällen keinen Gefallen getan hatte, war bei den meisten Wiedervereinigungen zu erkennen: Die Freude der Zwillinge darüber, sich endlich kennenzulernen, schien stets begleitet von einer großen Traurigkeit und der Erkenntnis, dass sie von ihrer Ursprungs- wie ihrer Adoptivfamilie eines Teils ihrer Geschwisterlichkeit und ihres gemeinsamen Lebensweges beraubt worden waren.

Die klassische Zwillingsmethode

In den 1920er Jahren des letzten Jahrhunderts prägte ein an der Vererbung von Hautkrankheiten interessierter deutscher Dermatologe, Hermann Werner Siemens, den Begriff »Zwillingspathologie« und schlug vor, dass die Erblichkeit einer Krankheit daran zu erkennen sein könne, ob man bei eineiigen Zwillingen häufiger als bei zweieiigen auf die Konstellation stößt, dass beide Mitglieder eines Paares von dem selben Gesundheitsproblem betroffen sind. Damit hatte er die Vorgehensweise der klassischen Zwillingsmethode skizziert. Sie vergleicht ein- und zweieiige Zwillingspaare – also genetisch zu hundert Prozent beziehungsweise nur zu durchschnittlich fünfzig Prozent übereinstimmende Geschwister – im Hinblick auf ihre Ähnlichkeit bei bestimmten Merkmalen. Diese Übereinstimmung wird mit dem Begriff Konkordanz bezeichnet, es wird von einem im Hinblick auf eine Eigenschaft konkordanten oder diskordanten (also nicht übereinstimmenden) Paar gesprochen. Aus dem Vergleich der Konkordanzraten dieser beiden Zwillingstypen lässt sich eine Schätzung im Hinblick auf die Erblichkeit einer menschlichen Eigenschaft ableiten.

Diese scheinbar so simple und überzeugende Forschungslogik der Zwillingsmethode sowie die Aussagekraft der Studienergebnisse ruhen allerdings auf ein paar Grundannahmen über Eigenschaften und Wesen von Zwillingen, die nicht ganz unhinterfragt bleiben können.

Erstens wird davon ausgegangen, dass eineiige Zwillinge biologisch identisch sind. Nur dann kann man auch schließen, dass jede Unähnlichkeit zwischen ihnen mit Umwelteinflüssen zu tun haben muss. Die zweite Annahme lautet, dass die beiden Typen von Zwillingen, eineiige und zweieiige Paare, während des Heranwachsens im Wesentlichen den gleichen Erfahrungen ausgesetzt sind. Wenn nämlich eineiige Zwillinge aus irgendeinem Grund grundsätzlich anderes erleben als zweieiige, dann sind Unterschiede zwischen den Zwillingstypen nicht ausschließlich auf Gene zurückzuführen und die Erblichkeitsberechnungen gehen nicht mehr auf. Und schließlich die dritte Prämisse: Zwillinge sind als Kinder und als Erwachsene Menschen wie alle anderen auch, das heißt, sie unterscheiden sich weder körperlich noch geistig oder seelisch systematisch von anderen Personen. Wenn das nicht der Fall wäre, könnte man von Zwillingsstudien nicht auf die Erblichkeit von Merkmalen bei anderen Nicht-Zwillingsmenschen schließen.

Die seltene Möglichkeit, dass eineiige Zwillinge im Moment ihrer Entstehung, wenn sich eine befruchtete Eizelle spaltet, nicht ganz identische Erbanlagen zugeteilt bekommen, war bereits beim Thema Händigkeit angesprochen worden: Vermutlich aufgrund einer sehr späten Teilung des Keims entwickelt sich in manchen Fällen bei den beiden Kindern keine normale Links-Rechts-Asymmetrie mehr, ein Kind wird als Rechtshänder, das andere linkshändig geboren. Da die Händigkeit eines Menschen mit der Dominanz von linker oder rechter Hirnhälfte bei allen möglichen geistigen – zum Beispiel sprachlichen – Leistungen in Zusammenhang gebracht wird, könnten auf diese Weise Zwillinge mit erheblichen Unterschieden in ihrer Hirnentwicklung entstehen. Zudem vermag sich das Erbgut, das ein Mensch im Moment der Zeugung erhält, Stunden oder Tage später durch unbekannte Einflüsse zu verändern. Wie bei allen Menschen kann es auch bei einem der beiden eineiigen Zwillinge zu Zufallsfehlern bei der Genkopie, zu sogenannten Mutationen an bestimmten Chromosomenabschnitten kommen.

Aber selbst dann, wenn zwei eineiige Menschen mit dem gleichen genetischen Bauplan ins Leben starten, entwickeln sich ihre Körper und dessen Systeme nicht absolut gleichartig. Unterschiedliche Bedingungen im Mutterleib und reversible Regulationsvorgänge rund um das Erbgut (epigenetische

Prozesse) können auch eineiige Zwillinge biologisch unähnlich machen. Zu den Faktoren, die epigenetische Aktivitäten auslösen können, werden Verhaltenaspekte wie Ernährung, Rauchen und körperliche Aktivität gerechnet, die auch bei Zwillingen unterschiedlich ausgeprägt sein können. Das lebenslange Wechselspiel biologischer Ungleichheiten mit der jeweiligen Umwelt der Zwillinge kann ihre Entwicklung bei sichtbaren und bei nicht wahrnehmbaren körperlichen Eigenschaften im Laufe der Zeit immer weiter auseinandertreiben.

Die angekratzte Prämisse, dass eineiige Kinder eine identische Biologie besitzen, ist besonders für Fragestellungen aus dem medizinischen Bereich relevant. Für die Persönlichkeitsforschung ist dagegen die Kritik an der zweiten Grundannahme der Zwillingsforschung von Bedeutung, nämlich, dass zusammenlebende ein- und zweieiige Paare in etwa der gleichen »Zwillingssituation« ausgesetzt sind. Wie gesagt, man betrachtet den unterschiedlichen Grad der Übereinstimmung ein- und zweieiiger Paare im Hinblick auf ein Merkmal als groben Anhaltspunkt für dessen Erblichkeit. Das geht inhaltlich und statistisch nur dann auf, wenn zwischen den beiden Zwillingstypen – abgesehen von der Enge ihrer genetischen Verwandtschaft – nicht noch ein anderer systematischer Unterschied existiert. Das ist die sogenannte »Annahme gleicher Umwelten« von Ein- und Zweieiigen. Aber es gibt (die bereits im sechsten Kapitel erwähnten) starke(n) Hinweise darauf, dass zusammen bei ihren biologischen Familien lebende eineiige Kinder aufgrund ihrer Ähnlichkeiten ein etwas anderes Leben führen als zweieiige. Diese werden von Eltern und anderen Personen eher gleich behandelt als zweieiige Kinder. Für Eltern trifft das sogar dann zu, wenn sie gar nicht wissen, dass ihre Kinder eineiig sind. Studien an Eltern, die ihre Eineiigen fälschlicherweise für Zweieiige hielten, zeigten, dass diese sich ihren Kindern gegenüber intuitiv ähnlicher verhielten als das Eltern von Zweieiigen taten. Eineiige Kinder und Erwachsene verbringen auch mehr Zeit miteinander, haben stärker überlappende Freundes- und Bekanntenkreise. Da sie von anderen meist als gleich attraktiv empfunden werden, erleben sie auch ähnlichere Reaktionen auf ihr Aussehen, ein vor allem in der Jugend bedeutsamer Einflussfaktor auf die psychische Entwicklung.

Man vermutet zudem, dass eineiige Zwillinge, selbst dann, wenn sie nicht zusammenleben, ihre soziale Umgebung aufgrund ihrer identischen Veranlagung (und damit sehr ähnlichen Verhaltenstendenzen) vergleichbar wahrnehmen und ähnlich darauf reagieren. Aber unabhängig davon, ob die Umwelt eineiiger Zwillinge tatsächlich besonders ähnlich ist oder ob Zwillinge sie sich nur ähnlich gestalten – Kritiker der Zwillingsmethode meinen, dass Eineiige so oder so nicht mit Zweieiigen zu vergleichen sind. Man könne nicht mehr sicher wissen, auf welche Weise sich eine möglicherweise spezielle Lebenssituation der Eineiigen in die Forschungsergebnisse zur Erblichkeit einschleiche, womit der Zwillingsmethode die Möglichkeit genommen sei, Gene und Umwelt sauber auseinanderzudividieren.

Die ganze Zwillingsmethode ist natürlich nur dann eine relevante Forschungsstrategie, wenn man ihre Ergebnisse auf andere Menschen, die nicht als Zwilling geboren wurden, übertragen kann. Dass aber Zwillinge in jeder Hinsicht »ganz normale Leute«, also anderen Menschen restlos vergleichbar sind, wird immer mal wieder infrage gestellt. Dabei argumentieren Skeptiker der Zwillingsmethode, dass die Bedingungen, die Zwillinge im Mutterleib erleben, so besonders sind, dass sie die Kinder nicht nur einander unähnlich machen, sondern eben auch nicht repräsentativ für den Rest der (Einlings-)Menschheit.

Im Hinblick auf Persönlichkeitsmerkmale sprechen neuere Studien eher dafür, dass die Zwillinge im Wesentlichen nicht anders gestrickt sind als Einlinge, also zum Beispiel nicht grundsätzlich extrovertierter, ängstlicher oder neurotischer. Eine Besonderheit, auf die man bei Zwillingsstudien jedoch immer wieder stößt – und deren Bedeutung man für sozialwissenschaftliche Studien jeweils wird abwägen müssen –, ist eine etwas stärkere soziale Orientierung von erwachsenen Zwillingen. Damit ist gemeint, dass sie in Selbstbeschreibungen häufiger als Einlinge angeben, emotional enge Beziehungen zu suchen und diese auch zu finden, dass sie sich als besonders gesellig erleben und gut Hilfe annehmen können. In engem Zusammenhang mit diesen Studienergebnissen wird auch der Befund interpretiert, dass Suizide bei Zwillingen seltener sind als bei einzeln geborenen Menschen, obwohl Zwillinge nicht seltener psychisch erkranken wie andere Menschen. Ihr enges Band zum Geschwister und damit vielleicht zu ihrer Ursprungsfamilie scheint eine Art seelischen Schutzeffekt zu haben, den Menschen ohne das besondere Geschwister nicht in dieser Form kennen.

Die Zwillingsforschung hat immer wieder dafür gesorgt, dass man sich von ein paar allzu eingängigen Vorstellungen zur menschlichen Psyche trennen musste. Viele seelische Erkrankungen, die man stets psychologisch interpretiert hatte, wiesen nun doch eine deutliche genetische Basis auf. Die Fähigkeitsunterschiede zwischen Menschen im geistigen Bereich, die man zeitweise für überwiegend milieubedingt gehalten hatte, zeigten sich in vielen Zwillingsstudien zu mindestens fünfzig Prozent durch Erbeinflüsse bestimmt.

In anderen Bereichen suchte man vergeblich nach der erwarteten starken Genbasis. Für die meisten Krebsarten ist das Konkordanz-Niveau bei zusammen aufgewachsenen Zwillingen sehr niedrig (unter zehn Prozent). Das bedeutet, dass für den Zwilling eines an Krebs erkrankten Menschen meist nur ein moderates Risiko besteht, ebenfalls daran zu erkranken, und dass in erster Linie Umweltfaktoren, die den Zwillingen nicht gemeinsam sind, für die Krebsentstehung verantwortlich sein müssen.

Man hat durch Zwillingsstudien auch gelernt, was Erblichkeit von Eigenschaften eigentlich bedeutet: Selbst im

Falle eines stark genetisch bedingten Merkmals wird nur die Wahrscheinlichkeit für ein Ereignis beziehungsweise die Anfälligkeit für eine Krankheit oder das Potential zu einer Fähigkeit vererbt. Die endgültige Ausprägung des Merkmals – sei es nun eine spezifische Musikalität oder eine besondere Pathologie – entscheidet sich erst im Zusammentreffen der genetischen Grundlage mit den Umwelteinflüssen. Zudem ist klargeworden, dass sich komplexe menschliche Eigenschaften weder allein durch genetische noch allein durch Umweltfaktoren erklären lassen. In der Regel formen viele schwache genetische und nichtgenetische Faktoren gemeinsam eine Eigenschaft, das heißt, dem Erbfaktor stehen viele kleine Umweltfaktoren gegenüber. Somit sucht man meist vergeblich nach der einen durchschlagenden Maßnahme, die zu einer deutlichen Veränderung in einem menschlichen Merkmal führt.

Zwillingsforschung aktuell

Die Idee, dass das Auftreten einer bestimmten menschlichen Eigenschaft durch die additive Verknüpfung von Erbe plus Umwelt bestimmt wird, stellt die gröbstmögliche Vereinfachung des Erbe-Umwelt-Gedankens dar. Längst weiß man, dass sich der Genotyp eines Menschen nicht zwangsläufig entfaltet. Einerseits wählen Individuen (unter dem Einfluss ihrer Gene) Umwelten aus und gestalten sie so, dass sich ihre genetische Ausstattung bestmöglich entfalten kann. Andererseits kommen in manchen Lebensumwelten Gene einfach nicht zum Zug, sie schlummern gewissermaßen, beziehungsweise werden in ihrer Einflussmöglichkeit beschnitten. Ein Beispiel dafür, wie die Zwillingsforschung dieser Komplexität gerecht zu werden sucht, stammt aus dem Bereich psychischer Störungen: Die Konkordanzraten bei Depression liegen bei Eineiigen um die vierzig Prozent, das heißt, bei vier von zehn eineiigen Menschen, die an einer Depression leiden, ist der Zwilling ebenfalls betroffen. Wenn man nun zwei Gruppen weiblicher eineiiger Zwillinge mit und ohne Lebenspartner vergleicht, dann sind diejenigen mit Partner nicht nur insgesamt seltener an einer Depression erkrankt als die Single-Zwillinge, sondern in der verheirateten Gruppe werden die Zwillingspaare auch weniger oft übereinstimmend krank sein. Nicht besonders neu ist die Erkenntnis, dass die Existenz eines Lebensgefährten das Depressionsrisiko verringert – das hatte man bereits ohne die Hilfe von Zwillingen herausgefunden. Neu und spannend ist das Ergebnis, dass ein sozialer Faktor wie das Leben in Partnerschaft die Einflussmöglichkeit der krankmachenden Gene offenbar beschneidet. Ein eineiiges Zwillingspaar hat zwar die identische Veranlagung zu Depressionen, geht im Hinblick auf seine geistige Gesundheit aber individuellere Wege, wenn beide in einer Partnerschaft leben.

Um ein solches Zusammenspiel von Faktoren verstehen zu können, nutzen heutige Zwillingsforscher eine Reihe unterschiedlichster Studiendesigns, die über den klassischen Vergleich von eineiigen mit zweieiigen Zwillingen oder der beiden Mitglieder eines Zwillingspaares weit hinausgehen. Zum einen werden Untersuchungen an Zwillingen meist eingebettet in Familien- und Adoptionsstudien, bei denen auch Familienmitglieder von Zwillingen und Nicht-Zwillinge mit diversen Verwandtschaftsverhältnissen untersucht werden: beispielsweise getrennt und zusammen aufgewachsene leibliche Geschwister, Halbgeschwister und altersgleiche oder altersnahe, aber nicht miteinander verwandte Kinder, die in dieselbe Familie adoptiert wurden. Neuerdings werden auch Kinder eineiiger Zwillinge beforscht, die unserer kulturellen Definition nach Cousins sind und meist als solche aufwachsen, genetisch betrachtet aber Halbgeschwister oder sogar Geschwister sind (Letzteres dann, wenn zwei eineiige Zwillingspaare einander heiraten). Studien, die Zwillingspaare zusammen mit der Generation ihrer Eltern und Kinder beobachten, erlauben es, den Effekt von Altersunterschieden auf die Aktivität von Genen und die Erblichkeitsstärke von Merkmalen zu studieren.

Für sogenannte Fallkontrollstudien eignet sich die Beobachtung von zusammen aufgewachsenen eineiigen Zwillingen hervorragend. Da sie in Genetik und Familienhintergrund übereinstimmen, kann man an ihnen medizinische Behandlungswege erproben und auf deren Wirksamkeit schließen. Wenn in einer Gruppe von Zwillingen jeweils ein Zwilling Vitamin C bekommt, der andere ein wirkungsloses Placebo, beide Behandlungsgruppen aber gleich oft an Schnupfen erkranken, heißt das: Vitamin C hilft nicht bei diesen Infekten.

Vererbungswege, bei denen mehrere Gene zusammenwirken müssen, damit ein (womöglich neues) Merkmal, eine sogenannte emergente Eigenschaft entsteht, lassen sich ebenfalls besonders gut an Zwillingen erforschen, weil ein solches Merkmal bei eineiigen Paaren zu hundert Prozent konkordant auftritt, bei zweieiigen aber zu null Prozent. Epigenetiker beforschen im Moment zudem, was es über den Prozess der Krankheitsentstehung aussagt, wenn eine bestimmte erbliche Erkrankung trotzdem nur bei einem von zwei eineiigen Zwillingen auftritt.

Galton hätte davon nur träumen können: Überall auf der Welt, von China, Australien bis Europa werden – zum Teil mit erheblichen Fördermitteln – seit einigen Jahren große Zwillingsregister mit unterschiedlichen Studienschwerpunkten aufgebaut, in denen man medizinische, biografische und sogenannte Life-Style-Daten (wie Rauchen, Sportaktivitäten, Ernährung et cetera) der aufgenommenen Zwillinge und bisweilen ihrer Familienmitglieder sammelt sowie immer häufiger auch DNS-Proben nimmt und aufbewahrt (mit Zustimmung der Zwillinge oder deren Eltern). Die Institute und Universitäten, die diese Datenbanken gründen und fortführen, haben dabei einen langen Atem. Sie wollen – je nach Fragestellung – die Personen möglichst ein Leben lang begleiten. Wenn es um Themen wie die Entwicklung von Krankheiten geht, die dazu Jahre oder Jahrzehnte brauchen, ist solch ein Ansatz notwendig.

Im luftleeren Raum hat die Zwillingsforschung also nie existiert. Sie konnte und kann immer nur so gut sein, wie es der Entwicklungszustand der Disziplinen, die sich ihrer bedienen, zulässt. Erst kürzlich ist die Zwillingsforschung die Ehe mit der boomenden Molekulargenetik eingegangen, und viele glauben, dass dies eine fruchtbare Partnerschaft werden wird. Es wird in der Zwillingsforschung nicht wie bisher darum gehen, weiter einen Erblichkeitsfaktor nach dem anderen zu ermitteln, also herauszufinden, ob eine Krankheit nun zu 40 oder zu 45 Prozent erblich ist. Solche Werte dienen nur als Orientierung, um dann mittels molekulargenetischer Methoden wie der Genotypisierung nach dem Gen oder der Veränderung an einem Genort zu suchen, die für eine Krankheit mitverantwortlich sind. Irgendwann einmal, könnte es so feine molekulargenetische Untersuchungsmethoden geben, dass man den Grad der genetischen Übereinstimmung von zwei Personen testen kann – dann bräuchte man die Studien mit Zwillingen nicht mehr. Aber das ist Zukunftsmusik. Viele Untersuchungen könnte man zwar heute schon mit normalen Geschwistern anstelle von zweieiigen Kindern realisieren, aber weil Geschwister oder gar nicht verwandte Paare in viel weniger Merkmalen übereinstimmen, bräuchte man doppelt so viele Geschwister und zehnmal so viele nicht-verwandte Personen als Kontrollperson, um zur gleichen Aussage zu gelangen. Nur Zwillinge erfüllen die von den Forschern gewünschten Bedingungen, gleich alt und (im Wesentlichen) unter gleichen Bedingungen im Mutterleib gewesen zu sein sowie nahezu mit hundertprozentiger Gewissheit denselben Vater zu haben, wovon man bei etwa zehn Prozent aller anderen Geschwisterkonstellationen nicht ausgehen kann.

8 »Twinning«

Lebensgefühl und Geschwisterbeziehung von Zwillingen

Ich bin kein Zwilling – ich habe nur welche. Wie die meisten Menschen kann ich mich Zwillingsgeschwistern und ihrem Lebensgefühl nur von der Zuschauerseite nähern. Ein Stück Geheimnis und Uneinfühlbarkeit wird bleiben. Wenn aber Zwillinge von sich erzählen, stoßen auch sie an Grenzen. Sie müssen sich den Einlingen aus ihrer Zwillingssituation heraus verständlich machen, die ihnen selbst wohl wie ein vom Planeten der Einlinge weitentfernter Himmelskörper erscheinen wird: »Manche Leute werden in die Ich-Welt geboren und wir eben in die Wir-Welt,« so hat es ein Zwillingspaar einmal beschrieben (Mark 2003). Vermutlich wird man also zwei Perspektiven zusammensetzen müssen, um ein halbwegs vollständiges Bild zu bekommen.

Das Zwillingsklischee

Im amerikanischen Twinsburg, Ohio, versammeln sich auf verschiedenen jährlichen Treffen um die 10.000 Zwillinge an einem Tag. Es wimmelt nur so von Cindy & Candy und Tara & Tammy und Jim & Jeff. Es wird begeistert fotografiert, und nach dem Treffen kann man im Internet durch Porträtgalerien mit hunderten Bildern von – meist eineiigen – Zwillingspaaren wandern. Wovon erzählen diese Zwillingsgesichter? Vor allem von einem ganz erstaunlichen Selbstbewusstsein. Die Menschen flirten mit Kamera und Publikum und genießen es sichtlich, sich mit ihrem Geschwister zu zeigen. Was könnte die Quelle dieses Selbstbewusstseins sein? Natürlich spürt man bei vielen Besuchern des Treffens die Freude darüber, das eigene Zwillingsein nach Herzenslust ausleben zu können. »Der einzige Ort, an dem das geht, ist Twinsburg«, meint eine 47-jährige Teilnehmerin. »Überall sonst in der Welt ist alles für eine Person gedacht.« Es fühlt sich offenbar gut an, mit Menschen zusammenzukommen, die auch als Zwilling leben, und sich nicht rechtfertigen zu müssen für die Begeisterung über die eigene Geschwisterkonstellation. Was man den Eineiigen zudem anmerkt, ist, wie sehr sie sich in ihrer Existenz durch ihr besonderes Gegenüber bestätigt fühlen dürfen: »Es ist die narzisstischste Begegnung, die man sich denken kann – in der Lage sein, neben jemandem zu stehen und sein eigenes Fast-Selbst anzublicken, mit jemandem zu sprechen, der in der gleichen körperlichen Behausung lebt, sein Fast-Selbst so wahrzunehmen, wie andere einen selbst wahrnehmen müssen« (Wright 2000).

Viele Zwillinge, die bei solchen Treffen von sich und ihrem Leben erzählen, entsprechen dem Zwillingsklischee, das mancher Einling mit sich herumträgt, in nahezu jeder Hinsicht: Sie finden es uneingeschränkt großartig, Zwilling zu sein, sind oft ohne Partner und leben auch als Erwachsene mit Bruder oder Schwester zusammen. Wenn sie doch verheiratet sind, dann haben sie manchmal – wozu die Treffen den perfekten Heiratsmarkt bieten – die beiden Mitglieder eines anderen eineiigen Zwillingspaares geehelicht. Die so entstandenen Paare schließen sich oft eng zusammen und empfinden die ihren Ehen entspringenden Kinder als Geschwister (was sie genetisch betrachtet auch sind), die wiederum gemeinsam aufwachsen sollen.

Auch die etwas kruderen Phantasien des Einlings rund ums Zwillingsdasein werden in den Selbstbeschreibungen mancher eineiiger Zwillinge bedient. Sie erzählen davon, zusammen sterben zu wollen und glauben daran, die Gedanken des anderen lesen zu können; sie haben sich extreme Lebensarrangements gesucht, bei denen sie sich ein Bett, manchmal einen Partner teilen und es auch als Erwachsene lustig finden, andere Leute durch Verwechslungen zu narren – bis hin zu gelungenen Täuschungen bei sexuellen Begegnungen.

Aber Vorsicht: Impressionen, die man auf einem Zwillingsfestival und bei Medienauftritten von Zwillingen sammelt, sind sicher nicht repräsentativ für die Gemeinschaft aller Zwillinge unterschiedlichen Lebensalters. Zu Gesicht und Gehör bekommt man vor allem diejenigen Zwillinge, die ihr Geschwisterschicksal in den Vordergrund ihrer Existenz gerückt haben, die vielleicht weniger das Bedürfnis haben, sich zu individualisieren und abzugrenzen, denen der gemeinsame starke Auftritt Spaß macht oder die ihn sogar für kommerzielle Zwecke nutzen. Zwillingsmenschen, die in dieser Hinsicht anders empfinden und entweder ein weniger öffentliches oder ein weniger zwillingshaftes Leben schätzen, trifft man nicht so oft – jedenfalls nicht zusammen. Zweieiige Zwillinge erkennt man ohnehin meist nicht, so dass auch sie wenig Gelegenheit haben, unser Bild vom Zusammenleben der Mehrlinge zu prägen.

Geschwisterleben

Das Leben als Zwilling mit seiner gegenseitigen Beeinflussung beginnt im Mutterleib. Welche Spuren dieses frühe Zusammenleben im Gedächtnis hinterlässt, weiß niemand. Aber ab wann ist einem Zwillingskind bewusst, dass es eines ist? Man vermutet, dass neugeborene Zwillinge die Gliedmaßen ihres Geschwisters gar nicht von ihren eigenen unterscheiden können und dass sich ein Gefühl der körperlichen Abgetrenntheit vom anderen erst ganz langsam in der Krabbelphase entwickelt. Das visuelle Selbsterkennen, ein Meilenstein in der Entwicklung der eigenen Identität, gelingt Zwillingen, insbesondere Eineiigen, später als anderen Kindern. Eine Dreijährige erklärt dazu ihrer eineiigen Schwester: »Da ist bei mir eine Sommersprosse. So merke ich mir, dass ich nicht du bin« (Mark 2003).

Die frühe Herausforderung, eine Grenze zwischen Ich und Du zu finden, spiegelt sich auch in der Beobachtung, dass eineiige Kleinkinder weniger ihren eigenen Körper als den ihres Zwillings durch Abtasten erkunden. Auch wenn Kinder noch nicht verstanden haben, was ein Zwilling ist, und darüber nicht reden können, prägt sich ihnen ihre frühe Zweisamkeit vermutlich auf vielen Sinnesebenen ein.

Um besser zu verstehen, was das Aufwachsen mit einem auf den Tag gleich alten Geschwister für das Selbstverständnis, die Identität und die Persönlichkeitsentwicklung eines Menschen bedeutet, sollte man kurz einen Blick darauf werfen, wie in der aktuellen Sozialforschung Geschwisterverhältnisse überhaupt betrachtet werden. Zu Anfang war es bereits angedeutet worden: Man misst neuerdings dem Geschwisterverhältnis als derjenigen Beziehung im Leben, die meist länger besteht als alle anderen, die sowohl unaufkündbar wie annähernd gleichberechtigt ist, eine eigenständige und mit nichts zu vergleichende Bedeutung in der Biografie eines Menschen bei. Bisher hatte man in der Sozialforschung und in der tiefenpsychologischen Literatur die Eltern für den wesentlichen Faktor bei der Identitätsbildung des Kindes gehalten und Geschwister als »unbedeutende Akteure auf der Bühne menschlicher Entwicklung« betrachtet (Bank, Kahn 1994).

Heute geht man jedoch davon aus, dass neben der elterlichen Erziehung auch eine Prägung durch Bruder oder Schwester stattfindet, gewissermaßen eine »Geschwistererziehung«. Das könnte bedeuten, dass der gegenseitige Einfluss von Geschwistern auf die Persönlichkeit stärker ist als angenommen, dass er sogar die Basis bildet für das Erlernen des Umgangs mit Vertrautheit und Konkurrenz, Konflikten und Versöhnung, mit Autonomie und Individualität – also mit allem, was die Beziehungsfähigkeit eines Menschen ausmacht.

Geschwisterbeziehungen werden angesichts der gestiegenen Lebenserwartung auch zunehmend im Längsschnitt betrachtet. Das Leben mit den Geschwistern kann leicht siebzig Jahre und länger dauern, und man beobachtet, dass viele Geschwister im letzten Lebensabschnitt, nach dem Tod ihrer Partner und dem Auszug der Kinder, wieder ein starkes Netzwerk bilden – auch wenn sie nicht zusammenleben. Geschwister haben biografische und historische Ereignisse gemeinsam durchlebt. Im hohen Alter sind Bruder oder Schwester oftmals die einzigen Personen, die den anderen als Kind, als Jugendlichen und als Erwachsenen gekannt haben; sie stellen die letzte Verbindung dar, die es noch zur Ursprungsfamilie gibt.

Geschwisterforscher glauben zudem, dass die Familie in den westlich geprägten Gesellschaften derzeit einige Merkmale aufweist, die die gegenseitige emotionale Abhängigkeit fördert: In der durchschnittlichen Kernfamilie mit zwei, vielleicht drei in relativ engem Altersabstand geborenen Kindern gestaltet sich das Verhältnis zwangsläufig intensiver, hat das einzelne Geschwister potentiell viel mehr Macht, einen ausschließlichen Einfluss auf Bruder oder Schwester auszuüben als in früheren Großfamilien. Wenn ein Geschwister aus dem Haus geht oder stirbt, ist das besonders einschneidend, weil meist dritte oder vierte Kinder fehlen. Die häufigen Scheidungen und nachfolgenden Ehen der Eltern lassen kombinierte Familien mit komplizierten Netzwerken von Verwandten und Loyalitäten entstehen. Familienexperten gehen davon aus, dass diese Störungen des größeren Familiengefüges die Tendenz haben, die Bedeutung der Beziehungen unter den leiblichen Geschwistern zu erhöhen. Weil in vielen Familien auch die Mutter berufstätig ist, rücken Kinder einer Familie, die füreinander zum Teil elterliche Funktionen übernehmen und auch viel Zeit ohne elterliche Kontrolle miteinander verbringen, näher zusammen. Die Mobilität von Familien, deren Ernährer den Jobangeboten hinterherziehen, zwingt viele Kinder dazu, ihre sozialen Bezugssysteme in der Kindheit mehrmals zu wechseln; die einzige Konstante angesichts ständiger Veränderungen sind dann die Geschwister. Kommen noch sonstige familiäre Stressfaktoren und diverse Formen elterlichen Versagens hinzu, können Geschwister füreinander ein bedeutsamer Zufluchtspunkt werden.

Dass Geschwisterbeziehungen in ihrer Bedeutung für den Einzelnen so stark aufgewertet wurden, hat nicht zuletzt auch mit der Entstehung der bürgerlichen Familie zu tun. Wie Eltern und andere Personen sich das Verhältnis von Geschwistern zueinander wünschen und wie sie es sehen, hat sich im Lauf der Geschichte immer wieder gewandelt und hing vom jeweiligen Gemeinwesen ab. Typisch für eine mittelschichtsorientierte Gesellschaft relativen ökonomischen Wohlstands ist es, dass viel Geschwisterzusammenhalt und -harmonie erwartet wird. Untersuchungen über Geschwisterbeziehungen im dörflichen Milieu der Vormoderne ergeben dagegen ein ernüchterndes Bild vom Verhältnis der Geschwister zueinander. Es war überwiegend definiert durch Stellung und Funktion des Einzelnen in Haus und Familie und weniger durch emotional aufgeladene Blutsbande.

Diese grobskizzierten Rahmenbedingungen des heutigen geschwisterlichen Zusammenlebens gelten auch für Zwillingsbeziehungen. Was aber sind die Besonderheiten des Zusammenlebens von Zwillingen? Zunächst muss man sich fragen, ob man überhaupt verallgemeinernd über die Erfahrung von ein- und von zweieiigen, von gegen- und gleichgeschlechtlichen Geschwistern sprechen kann. Psychoanalytiker, die sich mit der Persönlichkeits- und Identitätsentwicklung von Zwillingen beschäftigt haben, meinen, dass die Eiigkeit nicht ausschlaggebend dafür ist, wie Zwillinge ihre Beziehung leben und erleben. Das, was die deutlichsten Spuren in der Zwillingsseele hinterlasse, sei die Erfahrung, alle Entwicklungsphasen gemeinsam mit dem Geschwister durchlaufen zu haben. Der grundlegende Zwillingsprozess, so die

Tiefenpsychologen, sei die Identifikation mit dem anderen, und die könne ebenso gut bei zweieiigen Zwillingen stattfinden. Nicht der Grad der körperlichen Ähnlichkeit, sondern die von den Zwillingen selbst wahrgenommene Ähnlichkeit bestimme, wie sich das Zusammensein dieser Geschwister gestalten und anfühlen würde. Sogar die beiden Mitglieder eines gegengeschlechtlichen Zwillingspaares, so glauben Analytiker, weisen typische psychologische Merkmale von Zwillingen auf; dazu rechnen sie im Fall der Pärchenzwillinge auch Phantasien über die eigene Herkunft, zum Beispiel die, einmal eine Einheit gewesen zu sein, die sich in einen männlichen und einen weiblichen Anteil aufgespalten hat.

Die meisten Studien, die die Beziehung von Ein- und Zweieiigen im Vergleich betrachtet haben, finden aber doch Unterschiede zwischen den beiden Zwillingstypen. Eineiige Menschen berichten eher von einem ausgeprägten Gefühl der Nähe und Zusammengehörigkeit sowie von dem der Selbstlosigkeit gegenüber dem Geschwister, als dies Zweieiige tun – und dies unabhängig von Geschlecht und Geschlechterzusammensetzung der Paare. Auch scheint die Aufgabenverteilung im Alltagsleben innerhalb der Geschwisterbeziehung von Eineiigen oft gleichberechtigter als bei zweieiigen Zwillingen zu sein. Ebenfalls gutdokumentiert ist, dass eineiige Menschen verstärkt Schwierigkeiten haben, mit erzwungenen Trennungen (etwa durch eine Heirat des Geschwisters) zurechtzukommen.

Wie in vorangegangenen Kapiteln zu erfahren war, wachsen Zwillingskinder biologisch und psychologisch gesehen anders auf als Einlinge: Sie müssen öfter schwierige Bedingungen während Schwangerschaft und Geburt in ihrer späteren Entwicklung ausgleichen. Sie stellen mehr Anforderungen an ihre Eltern, die oft älter sind als andere Eltern, und müssen sich die Hauptbindungsfigur und deren Aufmerksamkeit teilen. Sie müssen von Geburt an zwei emotionale Bindungen aufbauen, die zur Mutter und die zu den Geschwistern. Vor allem aber haben sie einen ständigen Begleiter, mit dem sie in einer starken körperlichen Nähe leben.

In der psychologischen Literatur, die sich mit der Zwillingsbeziehung beschäftigt, war man immer misstrauisch im Hinblick darauf, wie gesund so eine Beziehung – vor allem die zwischen Eineiigen – eigentlich sein könne. Man glaubte sie grundsätzlich charakterisiert durch übermäßige Abhängigkeit, durch Dominanz und Unterwerfung, Rivalität und eine verkümmerte Individualentwicklung der beiden Paarmitglieder. Bisher weitgehend übersehen wurde die Möglichkeit, dass das Zwillingsdasein neben möglichen Hemmnissen auch einmalige soziale und emotionale Entwicklungschancen für die beiden als Zwilling geborenen Menschen bietet. Familienforscher sind heute der Meinung, dass Zwillinge »vielfältigere – und in anderen Geschwisterkombinationen seltenere – Formen von Freundschaft, Sicherheit, Nähe, Empathie und Unterstützung« erfahren (Kasten 2001). Indem sie vieles gemeinsam erleben, sich gegenseitig Anregung und Stimulation bieten, könnten sie zu einem von besonderer Solidarität und tiefem gegenseitigen Verständnis geprägten Verhältnis finden.

Zwischen Rivalität und Liebe

Um die Beziehung von Zwillingen untersuchen und verstehen zu können, hat man nach beobachtbaren Merkmalen gesucht, die in unterschiedlicher Ausprägung alle Zwillingsbeziehungen charakterisieren, es vielleicht sogar ermöglichen, Typen von Beziehungen zu identifizieren. Da ist zum einen der Grad von Nähe und Verbundenheit, den ein Zwillingspaar lebt und empfindet. Dazu gehört, wie sehr sie sich zueinander emotional hingezogen fühlen, wie sie gemeinsame Ressourcen aufteilen und wie viel Zeit sie miteinander verbringen. Ein weiterer wichtiger Aspekt einer Zwillingsbeziehung ist das Ausmaß, in dem sich beide miteinander identifizieren und infolgedessen nach Gleichartigkeit, ja, sogar Uniformität oder aber Individualität streben. Des Weiteren könnte man Zwillingspaare anhand ihrer möglichen Rollenverteilung charakterisieren, also danach, ob sie, trotz der Tatsache, dass es bei zwei gleich alten und sich sehr ähnlichen Individuen zunächst keine natürliche Hierarchie gibt, in ihrer Beziehung unterschiedliche Rollen übernehmen oder sich zuweisen (etwa die Rolle desjenigen, der für die Außenkontakte zuständig ist und desjenigen, der sich eher um die Zwillingsbeziehung kümmert).

Miteinander durchs Leben

Schilderungen der Unzertrennlichkeit von Zwillingen finden sich schon in der Antike. Grabinschriften und andere Zeugnisse erzählen von lebenslangen engen Zwillingsbeziehungen, wie sie auch heute genauso vorkommen. Man kann davon ausgehen, dass eine große Gruppe von Zwillingspaaren ein Leben in sehr viel größerer Verbundenheit führt als andere Geschwister und dass diese Zwillinge sowohl ihr privates wie berufliches Leben entweder überwiegend gemeinsam bestreiten oder es in enger Abstimmung mit dem Zwilling führen. Man hat beobachtet, dass Zwillinge, die in verschiedene Familien adoptiert wurden, sich bei einem Wiedersehen trotz jahrelanger Trennung einander näherfühlen als den Adoptivgeschwistern, mit denen sie aufgewachsen sind, und dass adoptierte Zwillinge als Erwachsene intensiver nach dem anderen Zwilling als nach ihren biologischen Eltern suchen. Auch darüber, dass eineiige Zwillinge in ihrer Lebensführung stärker am anderen orientiert sind als zweieiige, gibt es kaum Zweifel.

Manchmal sprechen diese erwachsenen Geschwister von sich selbst wie Eheleute (»Wir urlauben immer zusammen«). Auffallend häufig aber geben sie sich gemeinsam wie Kindergeschwister (»Unsere größte Leidenschaft: Überraschungseier sammeln!«). Mit dem kindlichen Auftreten beispielsweise auf gemeinsamen Homepages, das wage ich zu behaupten, hat es etwas auf sich. Viele Zwillinge scheinen mit dem Bild, das sie von sich erzeugen, ihre Kindheit zu beschwören, eine Zeit, in der ihnen vermutlich selbstverständlich erlaubt war, miteinander durch den Alltag zu gehen, Tage und Nächte miteinander zu verbringen. Wo es die Zumutungen des Erwachsenenlebens, darunter die, womöglich auch ohne geschwisterliche Begleitung bestehen zu müssen, noch nicht gab.

Schilderungen von Zwillingen, die sich in ihrem Erwachsenenleben beruflich in großer Nähe aufhielten oder miteinander arbeiteten, gibt es in der Literatur zuhauf, und jeder kennt Zwillinge, die mit ihrem besonderen Talent ein gemeinsames Künstlerleben gestaltet haben, ja, bei denen das Zwillingsdasein zum Bestandteil des künstlerischen Ausdrucks wurde, wie etwa im Falle der als Tänzerinnen berühmt gewordenen Alice und Ellen Kessler.

Wenn man als Einling samt seinen Erfahrungen mit den eigenen Nicht-Zwillingsgeschwistern von der engen lebenslangen Verbundenheit der Zwillinge hört, mag man das ein wenig zwiespältig finden – vor allem, wenn man sich an die Zeiten erinnert, in denen man nicht besonders viel von seinen Geschwistern wissen wollte, und daran denkt, dass man alles in allem doch lieber mit dem eigenen Partner zusammenwohnt als mit Bruder oder Schwester. Angesichts von Paaren wie Alice and Nellie Clark, zwei Engländerinnen, die vor ein paar Jahren ihren hundertsten Geburtstag miteinander feierten, nie geheiratet und niemals eine Nacht ohneeinander verbracht hatten, fragt man sich vielleicht rundheraus, wie viel Gemeinsamkeit unter Geschwistern noch normal ist.

Identifikation und Verschmelzung

Die meisten Sozialforscher, die sich mit Zwillingsbeziehungen befasst haben, würden die Frage, wie viel Zeit Zwillinge miteinander verbringen, ob sie womöglich den gleichen Beruf haben oder wie sie ihr (gemeinsames) Leben organisieren, gar nicht für den Kern der Sache halten. Das, was eine Zwillingsbeziehung charakterisiert und was letztlich bestimmt, wie gut es beiden Geschwistern mit ihrer Lebensform geht, wird eher mit dem Grad der gegenseitigen Identifikation in Zusammenhang gebracht. Gemeint ist damit, wie ausgeprägt und stabil das Gefühl eines Zwillings ist, ein vom Geschwister unterscheidbarer und auch einzeln existierender wie funktionierender Mensch zu sein, und wie viel Individualität ein Zwilling in der besonderen Zweierbeziehung noch entfalten will und kann. Eine sehr starke Identifikation mit einem anderen Menschen ist kein psychischer Prozess, der nur Zwillingen vorbehalten ist, sondern einer, der auch in anderen Geschwister- oder Liebesbeziehungen stattfinden kann und – zumindest zeitweise – muss: sich identifizieren, das heißt mit dem anderen mitempfinden, sich in ihn einfühlen, bestimmte Aspekte seines Gefühlslebens als Eigenes erkennen – theoretisch bis hin zu dem Punkt, an dem man mit einem anderen verschmilzt wie ein Schauspieler mit seiner Rolle. Es kann auch heißen, sich den anderen als Vorbild zu nehmen und sich Einstellungen, Werte und Eigenschaften des anderen Menschen zu eigen zu machen. Die Besonderheit bei Zwillingen liegt darin, dass ihre Identifikation mit dem Geschwister meist gegenseitig und von gleicher Intensität ist. Wie sehr solche Prozesse eine Beziehung charakterisieren, darin unterscheiden sich auch Zwillingspaare – unabhängig von ihrer Eiigkeit – sehr stark.

Dem Lebensgefühl von Zwillingen, die sich sehr intensiv miteinander identifizieren, scheint etwas zugrunde zu liegen, das in der Psychoanalyse als »We-Self« bezeichnet wurde, als ein Selbst, das sich eher nach »Wir« als nach »Ich« anfühlt. »Wir sind eins« ist ein Satz, mit dem Zwillinge immer wieder zitiert werden, und der eine Verschmelzung der eigenen Identität mit der des Zwillings nahelegt, eine Auflösung oder ein Diffuswerden der Grenzen zwischen dem eigenen Ich und dem anderen. Das mag sich auch in der Überzeugung mancher Zwillinge spiegeln, sie hätten telepathische Kräfte, also die Fähigkeit, ihrem Zwilling über Distanzen hinweg Gefühle oder Gedanken übermitteln zu können, oder in dem Glauben, sie könnten sich besonders gut in den anderen einfühlen. Studien zur Genauigkeit, mit der sie den Zustand ihres Geschwisters wahrnehmen, zeigen jedoch, dass eineiige Zwillinge die Ähnlichkeit ihres Befindens und Erlebens zu dem des Zwillings überschätzen. Wenn man so will, schließen sie zu sehr von sich auf den anderen und sind in Wirklichkeit weniger einfühlsam, als sie es von sich denken.

Das Einswerden von Zwillingen wird in der psychologischen Literatur als »Twinning« oder auch Zwillingsreaktion und Zwillingssymbiose bezeichnet, also mit Begriffen, die bereits eine Wertung beinhalten. Sie bezeichnen eine überstarke Identifikation, ein exzessives Zueinander-Hinorientieren. Sowohl in ihren Fähigkeiten und Interessen wie bei Einstellungen und Geschmacksfragen suchen und finden sie Gleichartigkeit. Wenn diese Zwillinge überhaupt Individualität anstreben, dann indem sie zum Beispiel ihre besonderen Vorlieben beschreiben – aber eben immer nur als Paar im Vergleich zu anderen Paaren, nicht als einzelne Person.

Warum tun sie das? Zum einen bietet diese Art des Zusammenseins Zwillingen (und anderen Menschenpaaren, die eine zwillingshafte Beziehung kreieren) das Gefühl von Sicherheit, Geborgenheit und Unterstützung, zum anderen das Gefühl, sich zu zweit besser gegen eine feindliche Umwelt wehren zu können. Hinzu kommt die bereits erwähnte Bestätigung des Selbst durch ein identisches Gegenüber: Der andere Zwilling fungiert als ein Spiegel, und zwar als einer, der nur das zeigt, was man gerne sehen will. Diese Zwillinge überlassen gewissermaßen ihre eigene Identität einem Bruder oder einer Schwester in der Hoffnung, durch einen Akt der Verschmelzung eine größere oder bessere Identität zu erlangen.

Bei vielen Zwillingspaaren, die man in der Öffentlichkeit erlebt, besteht in dieser Hinsicht kein Zweifel: Sie greifen mit beiden Händen nach der Zwillingsidentität. Berufs- und Partnerwahl, familiäre und Wertorientierungen, die normalerweise für die Individualität eines Menschen große Bedeutung haben, spielen für sie als identitätsstiftende Entscheidungen nur noch eine untergeordnete Rolle. Am Ende bildet das Geschwisterpaar eine untrennbare soziale Einheit. Viele solcher Art miteinander verschmolzene Zwillinge wehren sich vehement dagegen, wenn Außenstehende an ihrem Zustand etwas auszusetzen haben. Wenn überhaupt, können sie nur einen einzigen Nachteil an ihrer Personalunion erkennen, nämlich, dass sie mit der Angst leben, was passieren könnte, wenn einer von ihnen beiden stirbt. Zwillingstherapeuten meinen, dass diese Sicht für einzelne Geschwisterpaare sogar stimmig sein kann. Allerdings müssen beide für ihr inniges Leben mit dem Zwilling einen Preis bezahlen – oft in Form des Verzichts auf intime Beziehungen zu anderen Menschen und auf eine eigene Familie. Aber die Familienforscher sind sich auch sicher, dass es jede Menge Zwillingspaare gibt, für die die übergroße Nähe bis hin zur Einswerdung höchst problematisch ist. Das sind Paare, die vor allem aufgrund ihrer körperlichen Ähnlichkeit und/oder gesellschaftlicher Erwartungen sowie die ihrer Eltern ein so enges Band entwickelt haben. Als Erwachsene stellen sie fest, dass nur einer von beiden eine solche Lebensform wünscht oder dass sie sich eigentlich beide aus der engen Symbiose befreien wollen.

Dabei sind die Gefühle der Zwillinge selten eindeutig: Einerseits wollen sie die große emotionale Nähe und Verbundenheit mit ihrem Geschwister behalten, andererseits verspüren sie Wünsche nach Eigenständigkeit, Freiheit und individueller Aufmerksamkeit. Solche Wünsche zu äußern fällt Zwillingen mitunter besonders schwer. Um der Harmonie willen und um sich als funktionierendes Team nicht zu gefährden, neigen sie vermehrt dazu, potentiellen Konfliktstoff unter den Teppich zu kehren. Durch eine Verletzung des Zwillings würden sie sich selbst verletzen.

Je nachdem, wie ausgeprägt die beschriebene Verschmelzung der beiden ist, kann eine solche symbiotische Zwillingsbeziehung regelrecht krankhafte oder krankmachende Züge tragen und für einen oder beide Zwillinge zumindest zu einem deutlichen Entwicklungshemmnis werden. Im Gefühlsleben der betroffenen Zwillinge macht sich das dann insofern bemerkbar, als sie ein negatives Selbstbild und nur wenig Selbstvertrauen haben, sich unvollständig und vom anderen abhängig fühlen. Ohne ihren Zwilling leiden sie unter Trennungsängsten, fühlen sich weniger leistungsfähig und haben an manchen Tätigkeiten allein keine Freude. Für einen übermäßig auf das Geschwister hin orientierten Zwilling kann der Alltag anstrengend und kompliziert werden, wenn er zum Beispiel bei Abwesenheit des Zwillings nicht einschlafen kann, den Drang fühlt, dem anderen jede Seelenregung oder jedes Alltagserlebnis unbedingt mitteilen zu müssen, und elementare Bedürfnisse wie Hunger oder Müdigkeit vom diesbezüglichen Befinden seines Zwillings ableitet. Bei Schulkindern oder Jugendlichen kann es zum Handicap werden, wenn sie bei schlechten Leistungen des Zwillings selbst das Gefühl haben, versagt zu haben, oder wenn sie nur in Gegenwart des Zwillings lernen und Hausaufgaben machen wollen.

In Studien solcher konkreten Alltagssituationen bei Kindern und Jugendlichen wurde festgestellt, was man erwartet: Eineiige Kinder leben durchschnittlich am wenigsten individuell, gefolgt von den zweieiigen gleichgeschlechtlichen, dann den Pärchenzwillingen und schließlich normalen Geschwistern mit dem höchsten Maß an Eigenständigkeit.

Aber nicht alle Zwillingspaare leben als wenig individualisierte Menschen miteinander. Die Ebenbildlichkeit des Zwillings kann genauso gut das Gegenteil von Identifikation auslösen, nämlich das Auseinanderstreben. Es war ja bereits erwähnt worden, dass zusammenlebende Eineiige sich in ihrem Lebensstil unähnlicher sind als getrennt lebende. Manche gemeinsam aufwachsende Eineiige wollen sich möglicherweise unter dem Eindruck ihres identisch wirkenden Gegenübers verstärkt individuell entwickeln und treffen Entscheidungen, die ihnen helfen, sich in ihren Aktivitäten, Meinungen, Interessen sowie ihrer Erscheinung von ihrem Geschwister abzuheben.

Was entscheidet darüber, welchen Weg ein Zwillingspaar in dieser Hinsicht einschlägt? Da das Bewusstsein, eine eigenständige Person zu sein, sich erst durch aktives Handeln im Kind entwickelt, vermutet man in der Zwillingsforschung, dass die Weichen sehr früh, sprich im Elternhaus gestellt werden. Wie im Kapitel 6 schon herausgestellt, neigen Zwillingskinder, die keine Chance hatten, ihr eigenes Selbst zu entwickeln, weil sie überwiegend gleichartig oder als Ganzes wahrgenommen wurden, später verstärkt dazu, diesen Mangel an eigener Identität durch die Einheitsidentität des Zwillingsseins zu kompensieren. In manchen Familien wird die Zwillingssituation nicht nur stark begrüßt, sondern zusätzlich idealisiert; die Eltern belohnen und bestärken ihre Kinder vor allem dafür, dass sie Zwillinge sind. So erleben natürlich auch die Zwillinge irgendwann selbst diese Tatsache als das Wertvollste in ihrem Leben. Als Erwachsene, so vermutet man, haben sie dann zwar eine enge Bindung, aber bei näherem Hinsehen erstaunlich wenig liebevolle Gefühle oder echtes Interesse füreinander. Im Vordergrund stehen für diese Menschen die einzigartige Tatsache ihrer Zwillingsschaft und der damit verbundene narzisstische Gewinn. Sie schätzen vor allem die Vorteile, die sie für ihr Selbstwertgefühl aus der Existenz ihres Zwillings ziehen können.

In diesem Zusammenhang ist auch beschrieben worden, dass manche dieser Zwillinge gemeinsam eine »Psychologie der Ausnahme« entwickeln, das heißt, dass sie als Duo die für andere Menschen gültigen sozialen Standards nicht mehr vollständig anerkennen. Die frühgemachte Erfahrung, durch körperliche Ähnlichkeit andere beeindrucken und manipulieren zu können, lässt Allmachtsgefühle wachsen und die Überzeugung, dass die normalen Spielregeln für einen selbst nicht mehr gelten. Stattdessen kultivieren sie eine eigene Zwillingsmoral, in der sie nur ihren Zwilling als Gewissensinstanz gelten lassen. In diese Kategorie fallen etwa fröhliche Schilderungen von betrogenen oder geteilten (Sexual-)Partnern, die außer den beiden Zwillingen kaum jemand amüsant finden wird.

Wenn Zwillingskinder aus irgendwelchen Gründen dagegen wenig Aufmerksamkeit und Fürsorge erfahren, zum Beispiel weil deren Eltern sich überfordert fühlen oder oft abwesend sind, wenden sich Zwillinge – wie andere Kinder in solchen Situationen auch – verstärkt einander als Elternersatz zu. Daraus entstehen wahrscheinlich von starker gegenseitiger Abhängigkeit geprägte Zwillingsbeziehungen, deren Mitglieder auch als Erwachsene ein engverzahntes Alltagsleben mit täglichen Kontakten und räumlicher Nähe führen. Diese Zwillinge können auch andere Beziehungen oft nur nach dem Muster der Zwillingsbeziehung gestalten. Sie halten an ihrer von kindlichen Sehnsüchten geprägten Beziehung fest, selbst dann, wenn sie erkennen, »dass sie sich ohne regelmäßige Kontakte zum Zwillingspartner nicht nur unglücklich fühlen, sondern letztlich nicht existieren können« (Kasten 2001).

Besonders schlechte Beziehungen unter erwachsenen Zwillingen vermutet man in den Fällen, in denen seelisch labile Eltern ihre eigenen guten und schlechten Persönlichkeitsanteile in den Kindern wahrzunehmen glaubten und infolgedessen einen ihrer Zwillinge abwerteten, den anderen dagegen idealisierten. Wenn das Paar in einen »guten« und einen »bösen« Zwilling gespalten ist, wird der Idealisierte sich langfristig auch selbst idealisieren, der Abgewertete ein negatives Selbstkonzept entwickeln. So entstehen manchmal enge, aber konfliktreiche Verhältnisse ohne Vertrauen zum Zwilling.

Ein ganz anderer Typ von Zwillingspaar kann sich schließlich entwickeln, wenn Eltern die Unterschiedlichkeit und auch die Konkurrenz ihrer Kinder eher fördern. Beschrieben sind erwachsene Zwillingspaare, die sich zwar mögen, aber lieber in geografischer Entfernung zueinander leben und deren größtes Potential für persönliches Wachstum eher außerhalb der Zwillingsbeziehung liegt. Sie freuen sich über Erfolge des anderen, fördern diese sogar – um sich dann jedoch wieder an den Leistungen des Zwillings zu messen. Die Themen Territorialität und Besitz haben für die erwachsenen Zwillinge in diesen Konstellationen besonders große Bedeutung.

Zwiespalt und Rivalität

Egal, welchen Typ von Zwillingsbeziehung ein Paar am ehesten verkörpert, dem Konflikt zwischen der Sehnsucht nach emotionaler Verbundenheit mit ihrem Zwilling und der nach einem eigenen Leben scheinen die meisten von ihnen nicht ausweichen zu können. Das kann eine Zwillingsbeziehung einerseits intensiver machen, andererseits ambivalenter, als das Verhältnis von Geschwistern zueinander in den Augen der Sozialforschung ohnehin schon ist. Das gleichzeitige Vorhandensein von positiven wie negativen Gefühlen wird als ein wesentliches, universelles Merkmal aller Geschwisterbeziehungen gesehen. Zwillinge, die sich dieser Situation bewusst sind, beschreiben ihr ausgeprägtes Hin-und-Her-gerissen-Sein oft explizit: »Er ist mein bester Freund und größter Feind in einem« (Mark 2003). Dabei sind jedoch, wie erwähnt, negative Gefühle besonders bei Zwillingsbeziehungen eher tabuisiert. Vor allem eineiige Kinder werden oft als ideale Geschwister gesehen, bei denen die Familie Eifersucht und Rivalität nur ungern zur Kenntnis nimmt. Viele Autoren betonen aber, dass das besondere Gemeinschaftsgefühl von Zwillingen untrennbar mit einer besonderen Rivalität einhergeht, weil es ja gerade zur Zwillingssituation gehört, teilen zu müssen und in ungezählten Situationen nicht das Ganze, sondern maximal die Hälfte zu bekommen.

Erwachsene Zwillinge können, wie andere Geschwister auch, im Wesentlichen auf drei Gebieten rivalisieren, nämlich auf dem der individuellen Leistungen, auf dem der Sexualität und auf dem der sozialen Beziehungen. Man vermutet, dass Geschwister sich arrangieren, indem sie die Überlegenheit des anderen in einem oder in zweien dieser Bereiche akzeptieren und dafür Abgrenzung auf dem verbleibenden Feld suchen.

Bei Zwillingspaaren entsteht oft der Eindruck, dass sie versuchen, die beiden entgegengesetzten Kräfte, Intimität und Rivalität, restlos zu versöhnen. Das ist bisweilen als »harmonische Rivalität« beschrieben worden, also als ein Wetteifern, das dann für den Unterlegenen nicht in eine Niederlage mündet, sondern in die Freude über den Erfolg des anderen. Beruflich sehr erfolgreiche Zwillingspaare werden routinemäßig mit der Frage konfrontiert, wie sie derart in Wettbewerb stehend ihre Rivalität meistern, und antworten dann ebenso routinemäßig mit Sätzen wie: »Ich finde es herrlich, zu sehen, wie er gewinnt, Geld verdient und erfolgreich ist« (McLaughlin 1980).

Solche Aussagen über den Erfolg des Geschwisters würde man keinem normalen Menschen abnehmen – bei Zwillingen hören sie sich meist überzeugend an. Von außen betrachtet wirkt es so, als gelänge den Zwillingen der Spagat, ihre Rivalität aufzulösen und sie in einer höheren Eintracht aufgehen zu lassen. Allerdings müssen sie oft die schmerzhafte Erfahrung machen, dass sich ihre Art, mit Konkurrenz umzugehen, nicht gut auf andere Beziehungen übertragen lässt, da die meisten Menschen ihre Erfolgserlebnisse nicht so gerne teilen.

Aber auch Zwillinge sind keine Übermenschen, und Paare, die nicht so stark miteinander identifiziert sind, haben mitunter Angst vor Rivalitätssituationen. Sie versuchen, sie zu vermeiden, indem sie in manchen Lebensbereichen darauf aufpassen, dass keiner von beiden zu stark davonzieht. Oder sie beugen vor und achten darauf, dass jeweils einer in bestimmten Leistungs- und Lebensbereichen dominieren darf, der andere sich unterordnet.

Früher ging man – insbesondere bei Bubenpaaren – sehr selbstverständlich von einer natürlichen Dominanz des erstgeborenen Zwillings aus. Tatsächlich sind die zuerst geborenen Zwillinge im Schnitt die stärkeren und gesünderen Babys. Und es scheint bei Mädchenpaaren im Kleinkindalter die größere beziehungsweise bei Bubenpaaren der schwerere zunächst eine dominante Stellung innerhalb der Geschwisterbeziehung einzunehmen. Allerdings hält man heute die Geburtsreihenfolge nicht für den Faktor, der die Über- oder Unterlegenheit eines Zwillings auf Dauer ausmacht, sondern – wenn überhaupt – andere Merkmale wie Geschlecht, Intelligenz und Entwicklungsvorsprung. Besonders Schulerfolge und soziale Fähigkeiten können einen der Zwillinge gegenüber dem anderen bestimmend auftreten lassen. Dies lässt sich besonders bei Pärchenzwillingen beobachten, bei denen das Mädchen oft seinen Entwicklungsvorsprung in der Schulzeit ausbaut und bis zur Pubertät aufrechterhält. Ansonsten spricht mehr dafür, dass sich frühe Polarisierungen bei Zwillingen im Sinne von Dominanz und Unterordnung nicht erhalten, sondern sich bei vielen Paaren irgendwann ausgleichen oder umkehren.

Ein eigenes Leben

Eine frühe Zwillingsforscherin und Psychoanalytikerin, Dorothy Burlingham, verglich Zwillinge mit einer »Gang« in Miniaturausgabe: Und eine Gang sei definiert durch das Fehlen jeglichen Interesses an etwas anderem außer an sich selbst. Sie sei von Natur aus selbstgenügsam und damit unsozial. Die meisten Zwillinge dürften von Kindheit an versucht sein, sich sozial eher passiv zu verhalten: Ihr primäres Kontaktbedürfnis wird durch das Geschwister befriedigt, und als Paar sind sie daran gewöhnt, dass andere interessiert auf sie zugehen und dass sie am Freundeskreis des Geschwisters teilhaben können. Im Hinblick auf die grundsätzliche Fähigkeit, Beziehungen außerhalb der Zwillingszweisamkeit herzustellen, müssen die Eltern ihre Kinder von Anfang an dabei unterstützen, »einen Teil ihrer gemeinsamen Intimität nach und nach auf die Außenwelt zu übertragen: in der Kindheit auf die Freunde beziehungsweise Freundinnen, später auch auf LiebespartnerInnen« (Frick 2004).

In ihrer Jugend und im frühen Erwachsenenalter haben Zwillinge eine doppelte Emanzipationsaufgabe zu meistern: Sie sollen nicht nur die Ablösung von Vater und Mutter schaffen, sondern auch noch die vom besonders nahestehenden Geschwister. Eigenständigkeit gegenüber den Eltern zu entwickeln ist für sie womöglich leichter als für normale Geschwister, weil der mit der Ablösung verbundene Schmerz durch die fortbestehende Intimität mit ihrem Zwilling abgefedert werden kann. Aber während die Abnabelung von Eltern in unserem Kulturkreis als natürlicher und durch viele Faktoren geförderter Entwicklungsprozess betrachtet wird, ist es die vom Geschwister nicht unbedingt. Psychoanalytiker glauben, dass die Loslösung vom Zwillingsgeschwister mindestens so intensiv und kompliziert sein kann, wie die des einzelnen Kindes von der Mutter. Wie eng die Bindung an das Zwillingsgeschwister geraten kann, war bereits zu lesen. Vor allem dann, wenn der Versuch, ein wenig Abstand voneinander zu gewinnen, sehr spät kommt, wird es mühsam. Psychologen halten es für eine unvermeidbare Entwicklungsaufgabe von Zwillingen, sich ein Stück Individualität und Unabhängigkeit vom Geschwister zu erarbeiten. Diese Folgerung ist abgeleitet aus Beobachtungen, dass der Schwächere in einer Zwillingsbeziehung buchstäblich daran zerbrechen kann, wenn er ein Leben lang nur Abbild seines Geschwisters bleibt.

Auch wenn das Eingehen einer Liebesbeziehung oder eine Heirat nicht der einzige Grund für Zwillinge ist, sich stärker voneinander zu lösen, wird diese Situation als Prüfstein für die Zwillingsbeziehung empfunden, für ihre Persönlichkeitsentwicklung und Autonomie. »Ich habe immer ›wir‹ gedacht, nie ›ich‹. Eigentlich musste ich mich von meinem Bruder scheiden lassen, um meine Frau heiraten zu können«, so bringt es ein eineiiger Zwilling auf den Punkt (Bryan 1996). Zwillinge, die bis ins Erwachsenenalter in enger Gemeinschaft leben, haben vielfach beschrieben, dass es für sie bereits eine Herausforderung darstellt, einfach nur allein zu sein. Das Gefühl, sich dann, wenn der andere nicht da ist, selbst zu verlieren und nicht mehr zu wissen, wer man ist und wie man eigentlich fühlt, ist beängstigend: »Wenn ich jetzt allein bin, weiß ich manchmal nicht, was ich denken soll. Ich bin nicht gewöhnt, allein zu sein und nur zu denken«, beschreibt ein erwachsener Zwilling die ersten Schritte ohne den anderen (Bryan 1996).

Auch wenn beide die Notwendigkeit einer Abnabelung erkennen und sie gemeinschaftlich in Gang gebracht haben, bringt dieser Schritt schmerzliche Verluste für die Zwillinge mit sich. Die Trauer bezieht sich zum einen auf das verlorene Liebesobjekt Bruder oder Schwester, aber auch auf den Verlust der beschriebenen narzisstischen Vorteile des Zwillingsdaseins. Und es ist nicht gesagt, dass es ein Happyend gibt. Manche Zwillinge finden, dass der Gewinn der neuen Freiheit viel weniger Befriedigendes mit sich bringt, als es ihnen die verlorene Einheit mit dem Zwilling geboten hatte.

Neben Angst und Trauer entstehen im Gefolge der Bemühungen um Eigenständigkeit durchaus auch aggressive Gefühle. Gerade dann, wenn die stärkere Getrenntheit nicht von beiden gewünscht wurde, fühlt sich der Zurückgebliebene oft verraten, verlassen und ausgetauscht.

Zwillinge, die diese schwierigen Gefühle nicht aushalten können, versuchen bisweilen, die Trennung und ihre Folgen in ihrer Bedeutung herunterzuspielen oder einen Ersatz für die Zweisamkeit zu finden – zum Beispiel sich sofort einen Partner zu suchen, wenn sie noch keinen haben. Es ist nicht verwunderlich, dass Zwillinge ihre intimen Beziehungen oft nach dem Muster der Zwillingsbeziehung gestalten wollen. Sie suchen den ihnen bekannten Zustand der Verschmelzung mit einem Menschen, in der Hoffnung, sich dann wieder als Ganzes fühlen zu können. Beschrieben ist, dass partnersuchende Zwillinge oft unrealistische Erwartungen haben, indem sie sich vor allem jemanden wünschen, der sie wortlos versteht, sie ergänzt, ihnen Entscheidungen abnimmt und ihnen ständig Rückmeldungen gibt. Das führt natürlich zu Enttäuschungen, wenn sie feststellen müssen, dass andere die gewünschten Fähigkeiten nicht haben und sich zu einer solchen Beziehung auch nicht hergeben mögen, weil sie selber gerne autonom denken und handeln.

Dem Zwilling, der als Erster (oder Einziger) einen Partner gefunden hat, kann es vor lauter Schuldgefühlen schwerfallen, sein Glück zu genießen. Einen Partner gewählt zu haben kann von ihm als gleichbedeutend damit erlebt werden, seinen Zwilling im Stich gelassen zu haben. Auch wenn Zwillinge insgesamt etwas später und seltener heiraten als Einlinge, meinen Familienforscher dennoch, dass das Aufwachsen mit einem Zwilling grundsätzlich keine schlechte Voraussetzung für Liebesbeziehungen ist: »Es bedeutet eine besondere Zweiergruppen-Erfahrung und kann durchaus auch als eine gute Vorbereitung auf eine spätere Partnerschaftsbeziehung angesehen werden, da die Zwillingsbeziehung in der Regel auf einer stark … gleichberechtigten Ebene abläuft« (Frick 2006).

Womit Partner von Zwillingen oft Schwierigkeiten haben, ist die fortbestehende Nähe zwischen den Zwillingsgeschwistern und eine womöglich mangelnde Abgrenzung des Paares gegenüber dem Zwilling. Partner eines Zwillings fühlen sich oft dem anderen Zwilling gegenüber zurückgesetzt und empfinden die Bindung zu ihrem Lebensgefährten nicht als gleich intensiv wie die Bindung zwischen den Zwillingen. Das kann im Alltag heißen, dass die Geschwister weiterhin sehr viel Zeit am Telefon miteinander verbringen oder dass es dem nicht verheirateten Zwillingsgeschwister schwerfällt, zu akzeptieren, dass es in die Wohnung des Paares nicht unangemeldet kommen und gehen kann, also keinen uneingeschränkten Zugang zu seinem Zwilling mehr hat. Den Geschwistern eines gegengeschlechtlichen Zwillingspaares kann es besondere Schwierigkeiten bereiten, die heterosexuellen Kontakte und Beziehungen ihres Zwillings zu akzeptieren: Beschrieben sind enge eheähnliche – dabei nicht im engeren Sinne inzestuöse – Verhältnisse zwischen Zwillingsbruder und -schwester, bei denen keiner der beiden seelisch in der Lage war, eine andere Beziehung einzugehen. Eine gar nicht so seltene Lösung des Konflikts zwischen der Liebe zum Zwilling und der zu einem neuen Partner sind die erwähnten Ehen und engen Lebensgemeinschaften von zwei meist eineiigen Zwillingspaaren.

Aber nicht nur Ehepartner leiden unter der Konkurrenz durch den Zwilling ihres geliebten Menschen, manchmal sind es auch andere Familienmitglieder: Der erwachsene Sohn eines eineiigen Zwillings ging so weit, sich zu wünschen, dass sein Onkel doch möglichst als Erster der beiden Zwillinge sterben solle, »damit ich noch Zeit mit meinem eigenen Vater allein habe« (Bryan 1997).

Zwillinge lebenslang

Alternde Geschwister – das ist immer noch ein weißer Fleck auf der Landkarte der Sozialforschung. Neuerdings interessiert man sich, wie gesagt, für die Tatsache, dass Geschwister im Alter wieder näher zusammenrücken. Diese Beobachtung gilt auch – vielleicht sogar besonders – für Zwillinge. Während sich ihre enge Bindung in der Lebensmitte zugunsten eines Beziehungspartners oft lockert, findet sich im Alter wieder eine größere Nähe zwischen den Zwillingen. Sie sehen sich häufiger, unterstützen sich gegenseitig wieder mehr und die Zufriedenheit mit der Zwillingsbeziehung wird größer.

Zweieiige Zwillinge werden als Erwachsene kaum mehr als solche bemerkt. Ihr Zwillingsdasein verliert für die soziale Umwelt und damit auch ein wenig für sie selbst an Bedeutung. Eineiige dagegen fallen auch im Erwachsenenalter noch durch ihre starke Ähnlichkeit auf, obwohl sich bei ihnen Unterschiede im körperlichen Erscheinungsbild zunehmend stärker ausprägen, vor allem aufgrund von Krankheiten, von Ernährungsgewohnheiten und anderen Einflüssen.

Vielleicht gibt es dann auch ein Déjà-vu mit dem Lebensgefühl der Kindheit. Die Zwillinge treten alternd erneut in eine Phase starker körperlicher und sozialer Veränderungen ein, die sie gemeinsam mit dem Geschwister durchschreiten. Im Anderen sieht sich der Zwilling selbst beim Altwerden zu. Die grundlegenden biologischen Alterungsprozesse verlaufen bei eineiigen Zwillingen ähnlicher als bei zweieiigen oder normalen Geschwistern. Trotzdem findet man viele alte eineiige Zwillingspaare in sehr unterschiedlichem Gesundheitszustand. Früher wurde vermutet, eineiige Zwillinge würden häufig an den gleichen Krankheiten sterben. Das hat sich nicht bestätigt, und auch ihre Lebenserwartung gleicht sich nur geringfügig mehr als die zweieiiger Paare: Der Großteil der Eineiigen stirbt im Abstand von etlichen Jahren.

Ein Geschwisterforscher hat einmal im Hinblick auf Brüder und Schwestern gesagt, dass der Tod ein Leben beendet, nicht eine Beziehung. Wenn das zutrifft, dann weiß man, dass Zwillinge sich erst recht lebenslang als Zwilling fühlen, auch wenn der andere nicht mehr lebt. Trotzdem ist es nicht etwa so, dass Zwillinge ihrem Geschwister gehäuft absichtlich in den Tod nachfolgen würden. Dass sie insgesamt seltener Selbstmord begehen als Einlinge, war bereits erwähnt worden. Und es gibt auch keine erhöhte Suizidrate als Reaktion auf den natürlichen Tod des Zwillings. Anekdotisch sind Berichte über das gemeinsame Aus-dem-Leben-Scheiden von

Zwillingen überliefert. Besonders verletzlich nach dem Tod des Zwillingsgeschwisters sind diejenigen, die Beziehungen geführt hatten, in denen der Bruder oder die Schwester die Verlängerung des eigenen Selbst bildete. Wenn der Verlust des Zwillings als Verlust des Selbst wahrgenommen wird, kann das überlebende Geschwister zum psychischen Krüppel werden. Eine überstarke Identifikation mit dem toten Bruder oder der Schwester kann dann auch irrationale Ängste mobilisieren, bald auf ähnliche Art zu Tode zu kommen wie der Zwilling.

Die sozialwissenschaftliche Beschäftigung mit dem Leben von Zwillingskindern und dem von erwachsenen Zwillingen hat viel Befreiendes gebracht. Zwillingskinder, insbesondere eineiige oder sehr ähnliche Kinder, sind heute weniger als früher der Qual ausgesetzt, sich zur Freude der Eltern und der Belustigung der Umwelt gleich anziehen und Verwechslungskomödien aufführen zu müssen. Sie werden nicht mehr wie früher selbstverständlich in die Einheitsexistenz gedrängt.

Auch das früher tabuisierte Unglück, das in gestörten Zwillingsbeziehungen entstehen kann, darf deutlicher angesprochen werden und ist neuerdings auch öfter einmal Gegenstand psychotherapeutischer Arbeit. Aber vielleicht wird auch manchmal zu sehr mit dem Einlingsmaßstab gemessen, wenn es um die Frage geht, wie getrennt und individualisiert ein Zwillingspaar idealerweise leben sollte, wie sehr beide eigenständige Persönlichkeiten werden sollten. Selbst Zwillingsforscher, die sehr entschiedene Fürsprecher einer individualisierten Erziehung von Zwillingskindern sind, erinnern gleichzeitig daran, dass die Tatsache, als Zwilling geboren zu sein, ein Privileg darstellt, das andere Menschen respektieren sollten. Die Zwillingsliebe ist eine große Kraft, die das Leben von Zwillingen durchströmt und ihr Schicksal ausmacht.

Dank

Dieses Buch entstand mit der Hilfe von Ärzten, Psychologen und Sozialpädagogen, die ihr Wissen über und ihre Erfahrungen mit Zwillingen beigesteuert haben: Dr. Christoph Anthuber (Klinikum Starnberg), Dr. Dr. Clemens Becker (München), Christine Büchl (Augsburg), Dr. Isabelle Ehmann (München), Dr. Stephanie Pildner von Steinburg (Frauenklinik der TU München), Dr. Christina Sattler (Frauenklinik der LMU München), Claudia Schreiber (Freiburg), Kathrin Götze (Mehrlingsberatung der *pro familia*, München) und Lieselotte Winkler (Vilshofen). Ihnen allen danke ich herzlich für ihre Unterstützung.

Ein besonderer Dank geht ferner an all die Zwillinge und Zwillingseltern, die mich in unseren Gesprächen großzügig an ihrem Leben als Zwilling und mit Zwillingen teilhaben ließen. Hanna Leitgeb schließlich danke ich für ihren beherzten und klugen Umgang mit meinem Manuskript.

A. G.

Literatur

Kapitel 1
Zwillingsglück und Zwillingsfluch

Bryan, Elizabeth: The nature and nurture of twins, Eastbourne 1983

DeMarneffe, Daphne: Die Lust, Mutter zu sein, München 2005

Franzen, Günter, Boris Penth: Hüten und Hassen. Geschwister-Geschichten, München 1992

Funcke, Friedrich W.: Über die Zwillinge. Diss. Med., Halle 1874

Haukioja, Erkki, Risto Lemmetyinen, Mirja Pikkola: Why are twins so rare in Homo sapiens?, in: *The American Naturalist* 133 (4)/1989, S. 572–577

Hausfater, Glenn, Sarah Blaffer Hrdy (Hg.): Infanticide: comparative and evolutionary perspectives, New York 1984

Kästner, Erich: Das doppelte Lottchen. Ein Roman für Kinder, Berlin 1949

MacGillivray, Ian: Epidemiology of Twin Pregnancy, in: *Seminars in Perinatology* 10 (1)/1986, S. 4–8

Mayer, Susanne: Im Land der Muttis, in: *Die Zeit*, 13.07.2006

Prainsack, Barbara, Tim D. Spector, Lynn F. Cherkas: The cloning experience: twins and human reproductive cloning, in: *Social Science and Medicine* 63/2006, S. 2739–2752

Rathmayr, Reinhard: Zwillinge in der griechisch-römischen Antike, Wien 2000

Rühle, Axel: Cappuccino-Luder. Jetzt entdeckt: Deutsche Mütter haben zu viel Zeit, in: *Süddeutsche Zeitung*, 27.4.2006

Stewart, Elizabeth A.: Exploring Twins, London 2000

Storey, Dee: Twins in Children's and Adolescent Literature, Metuchen 1993

Wright, Lawrence: Zwillinge. Gene, Umwelt und das Geheimnis der Identität, Bergisch Gladbach 2000

Kapitel 2
Zufall, High-Tech und Hormone

Alper, Michael A.: In vitro fertilization outcomes: Why doesn't anyone get it?, in: *Fertility and Sterility* 81 (3)/2004, S. 514–516

Beemsterboer, Sjanneke N., u.a.: The Paradox of declining fertility but increasing twinning rates with advancing maternal age, in: *Human Reproduction* 21 (6)/2006, S. 1531–1532

Bindt, Carola: Das Wunschkind als Sorgenkind?, in: *Reproduktionsmedizin* 17/2001, S. 20–29

Blickstein, Isaac, Louis G. Keith: Multiple pregnancies: Epidemiology, Gestation and Perinatal Outcome, Lancaster 2005

Bulmer, Michael G.: Is Weinberg's method valid?, in: *Acta geneticae medicae et gemellologiae* 25/1976, S. 25–28

D'Alton, Mary: Infertility and the desire for multiple births, in: *Fertility and Sterility* 81 (3)/2004, S. 523–525

Evans, Mark I., u.a.: Improvement in outcomes of multifetal pregancy reduction with increased experience, in: *American Journal of Obstetrics and Gynecology* 184 (2)/2001, S. 97–103

Evans, Mark I., David W. Britt: Fetal Reduction, in: *Seminars in Perinatology* 29/2005, S. 321–329

Fraga, Mario, u.a.: Epigenetic differences arise during the lifetime of monozygotic twins, in: *Proceedings of the National Academy of Science* 102 (30)/2005, S. 10604–10609

Golubovsky, Michael: Paternal Familial Twinning. Hypothesis and Genetic/Medical Implications, in: *Twin Research* 5 (2)/2002, S. 75–86

Hall, Judith G.: Twinning, in: *The Lancet* 362/2003, S. 735–743

Harrison, Adele, u.a.: Superfetation as a cause of growth discordance in a multiple pregnancy, in: *The Journal of Pediatrics* 147 (2), 2005, S. 254–255

Hepp, Hermann: Höhergradige Mehrlingsgravidität – auch ein ethisches Problem medizinischen Fortschritts, in: *Der Gynäkologe* 31 (3)/1998, S. 261–266

James, William H.: The incidence of superfecundation and of double paternity in the general population, in: *Acta geneticae medicae et gemellologiae* 42/1993, S. 257–262

Lukassen, H. G. Marieke, u.a.: Cost analysis of singleton versus twin pregnancies after in vitro fertilization, in: *Fertility and Sterility* 81 (5)/2004, S. 1240–1246

Montag, Markus, u.a.: Qualitätskontrolle für Eizellen. Präimplantationsdiagnostik in Deutschland, in: *Gynäkologie und Geburtshilfe* 6/2005, S. 30–33

Ombelet, Willem, u.a.: Perinatal outcome of 12021 singleton and 3108 twin births after non-IVF-assisted reproduction: A cohort study, in: *Human Reproduction* 21 (4)/2006, S. 1025–1032

Penzias, Alan: Multiple pregnancy, Philadelphia 2006

Pinborg, Anja: IVF/ICSI twin pregnancies: risks and prevention, in: *Human Reproduction Update* 11 (6)/2005, S. 575–593

Pison, Gilles, Agata V. D'Addato: Frequency of Twin Births in Developed Countries, in: *Twin Research and Human Genetics* 9 (2)/2005, S. 250–259
Propping, Peter, Jens Krüger: Über die Häufigkeit von Zwillingsgeburten, in: *Deutsche Medizinische Wochenschrift* 101 (13)/1976, S. 506–512
Rathmayr, Reinhard: Zwillinge in der griechisch-römischen Antike, Wien 2000
Robinson, Wendy P., u. a.: Origin and Outcome of Pregnancies Affected by androgenetic/biparental Chimerism, *Human Reproduction* (online) 2006
Ryan, Ginny L., u. a.: The desire of infertile patients for multiple births, in: *Fertility and Sterility* 81 (3)/1993, S. 500–504
Verstraelen, Hans, u. a.: Preterm birth in twins after subfertility treatment: population based cohort study, in: *British Medical Journal* 331/2005, S. 1173–1177
Watters, Ethan: Der Über-Code, in: *Geo* 4/2007, S. 154–164

Kapitel 3
Zu zweit im Bauch, zu dritt im Körper

Agnew, Connie L., Alan H. Klein, Jill A. Ganon: Twins! Pregnancy, Birth, and the First Year of Life, New York 2005
Abimbola, J. Aina-Mummeney, u. a.: Nulliparity and Duration of Pregnancy in Multiple Gestation, in: *Obstetrics and Gynecology* 104 (1)/2004, S. 110–113
Benirschke, Kurt: Klassifikation und Plazentationsverhältnisse bei der Mehrlingsgravidität, in: *Der Gynäkologe* 31/1998, S. 198–202
Beutel, Manfred E.: Der frühe Verlust eines Kindes, Göttingen 2002
Bhide, Amaranth, Baskaran Thilaganathan: What prenatal diagnosis should be offered in multiple pregnancy?, in: *Best Practice & Research. Clinical Obstetrics and Gynaecology* 18 (4)/2004, S. 531–542
Bianco, Angela, u. a.: Pregnancy Outcome at Age 40 and Older, in: *Obstetrics and Gynecology* 87 (6)/1996, S. 917–922
Biermann, Christine, Raben Ralph: Ein Kind mit 40? Vor- und Nachteile später Schwangerschaft, Stuttgart 2004
Blickstein, Isaac: Is it normal for multiples to be smaller than singletons?, in: *Best Practice & Research. Clinical Obstetrics and Gynaecology* 18 (4)/2004, S. 613–623
Blickstein, Isaac, Louis G. Keith: Multiple pregnancies: Epidemiology, Gestation and Perinatal Outcome, Lancaster 2005
Campbell, Doris, Edwin R. van Teijlingen, Livia Yip: Economic and social implications of multiple birth, in: *Best Practice & Research. Clinical Obstetrics and Gynaecology* 18 (4)/2004, S. 657–668

Crombach, Gerd, u. a.: Spezielle Aspekte der nicht-invasiven und invasiven Pränataldiagnostik bei Mehrlingen, in: *Der Gynäkologe* 3/1998, S. 218–227

Daniel, Yair, u. a.: Analysis of 104 twin pregnancies conceived with assisted reproductive technologies and 193 spontaneously conceived twin pregnancies, in: *Fertility and Sterility* 74 (4)/2000, S. 683–689

Dickinson, Jan E.: Monoamniotic twin pregnancy. A review of contemporary practice, in: *Australian and New Zealand Journal of Obstetrics and Gynaecology* 45/2005, S. 474–478

Dodd, Jodie M., Caroline A. Crowther: Should we deliver twins electively at 37 weeks' gestation?, in: *Current Opinion in Obstetrics and Gynecology* 17/2005, S. 579–583

Gaist, David, u. a.: Strength and anthropometric measures in identical and fraternal twins: No evidence of masculinization of females with male co-twins, in: *Epidemiology* 11 (3)/2000, S. 340–343

Geuter, Ulfried: Im Mutterleib lernen wir die Melodie unseres Lebens, in: *Psychologie Heute* 1/2003, S. 20–26

Graham, George M., Sreedhar Gaddipati: Diagnosis and Management of Obstetrical Complications Unique to Multiple Gestations, in: *Seminars in Perinatology*, 29, 2005, S. 282–295

Hösli, Irène: Ernährung bei Schwangeren, in: *Gynäkologie* 3/2005, S. 5–10

Keller, Heidi (Hg.): Handbuch der Kleinkindforschung, Göttingen 2003

Laffey-Ardley, Sioban, Karen Thorpe: Being opposite: Is there advantage for social competence and friendships in being an opposite-sex twin?, in: *Twins Research and Human Genetics* 9 (1)/2005, S. 131–140

Luke, Barbara: Nutrition and Multiple Gestation, in: *Seminars in Perinatology* 29/2005, S. 349–354

Machin, Geoffrey A.: Why is it important to diagnose chorionicity and how do we do it?, in: *Best Practice & Research. Clinical Obstetrics and Gynaecology* 18 (4)/2004, S. 515–530

McFadden, Dennis: Masculinization Effects in the Auditory System, in: *Archives of Sexual Behavior* 2002, 31(1), S. 99–111

Nilsson, Lennart: Ein Kind entsteht, München 2003

Norwitz, Errol R., Valentine Edusa, Joong S. Park: Maternal Physiology and Complications of Multiple Pregnancy, in: *Seminars in Perinatology* 29/2005, S. 338–348

Nys, Kristien, u. a.: Feelings and the need for information and counselling of expectant parents of twins, in: *Twins Research* 1/1998, S. 142–149

Obermayer, Bastian: Spiel mir das Lied vom Tod, in: *Süddeutsche Zeitung Magazin* 44/2007, S. 10–14

Penzias, Alan: Multiple pregnancy, Philadelphia 2006

Pharoah, Peter O., Yaser Adi: Consequences of in-utero-death in a twin pregnancy, in: *Lancet* 355/2000, S. 1597–1602
Pinborg, Anja, u. a.: Consequences of vanishing twins in IVF/ICSI pregnancies, in: *Human Reproduction* 20 (10)/2005, S. 2821–2829
Piontelli, Alessandra: Vom Fetus zum Kind. Die Ursprünge des psychischen Lebens, Stuttgart 1996
Dies., u. a.: Differences and similarities in the intra-uterine behaviour of monozygotic and dizygotic twins, in: *Twin Research* 2/1999, S. 264–273
Rydhström, Håkan, Ingemar Ingemarsson: Prognosis and Long-term Follow-up of a Twin after Antenatal Death of the Co-Twin, in: *The Journal of Reproductive Medicine* 38 (2)/1993, S. 142–146
Ritzinger, Petra, Ernst R. Weissenbacher: Später Kinderwunsch. Chancen und Risiken, München 2006
Robinson, Hugh P., Caines, Judy: Sonar evidence of early pregnancy failure in patients with twin conceptions, in: *International Journal of Obstetrics and Gynaecology* 84 (1)/1977, S.22–25
Schlieben-Troschke, Karin von: Psychologie der Zwillingspersönlichkeit, Bonn 1981
Schücking, Beate: Schwangerschaft, Geburt und Wochenbett als Grundlagen der Mutter-Kind-Beziehung, in: Keller, Heidi (Hg.): Handbuch der Kleinkindforschung, Göttingen 2003, S. 1023–1046
Steinemann, Evelyne: Der verlorene Zwilling, München 2006
Thomése, Pieter Frans: Schattenkind, Berlin 2005
Tutschek, Boris, Tatjana Reihs, Gerd Crombach: Diagnostik und Prognose von Mehrlingsgraviditäten im I. Trimenon, in: *Der Gynäkologe* 31/1998, S. 209–217
Usta, Ihab M., u. a.: The Small-for-Gestational-Age Twin. Blessing or Curse?, in: *The Journal of Reproductive Medicine* 50 (7)/2005, S. 491–495
Verstraelen, Hans, u. a.: Preterm birth in twins after subfertility treatment: population based cohort study, in: *British Medical Journal* 331/2005, S. 1173–1177
Voigt, Manfred, u. a.: Analyse des Geburtengutes der Bundesrepublik Deutschland. 5. Mitteilung: Vergleich der Perzentilkurven der Körpermaße neugeborener Einlinge und Zwillinge, in: *Geburtshilfe und Frauenheilkunde* 61/ 2001, S. 147–152

Kapitel 4
Endlich da

Bianco, Angela, u. a.: Pregnancy Outcome at Age 40 and older, in: *Obstetrics and Gynecology* 87 (6)/1996, S. 917–922
Biolik, Hans-Berndt, Gerd Koinzer: Sectio caesarea abdominalis beim 2. Zwilling, in: *Gynäkologische Praxis* 17/1993, S. 443–447
Blickstein, Isaac, u. a.: Vaginal Delivery of Breech-Vertex Twins, in: *The Journal of Reproductive Medicine* 38 (11)/1993, S. 879–882
Dess.: Cesarean section for all twins?, in: *Journal of Perinatal Medicine* 28/2000, S. 169–174
Dudenhausen, Joachim W.: Operatives Vorgehen bei Mehrlingsschwangerschaften, in: *Der Gynäkologe* 31/1998, S. 782–785
Bower, Carol, Michèle Hansen: Assisted reproductive technologies and birth outcomes: overview of recent systematic reviews, in: *Reproduction, Fertility and Development* 17/2005, S. 329–333
Dhont, Marc, u. a.: Perinatal outcome of pregnancies after assisted reproduction. A case-control study, in: *American Journal of Obstetrics and Gynecology* 181/1999, S.688–695
Dudenhausen, Joachim W., Pia Rumler-Detzel: Die Schnittentbindung auf Wunsch der Schwangeren – permissive Geburtshilfe oder akzeptabel als selbstbestimmte Geburt?, in: *Zeitschrift für Geburtshilfe und Neonatologie* 204/2000, S. 125–127
Graham, George M., Sreedhar Gaddipati: Diagnosis and Management of Obstetrical Complications Unique to Multiple Gestations, in: *Seminars in Perinatology*, 29, 2005, S. 282–295
Hannah, Mary E., u. a.: Planned caesarean section versus planned vaginal birth for breech presentation at term: a randomised multicentre trial, in: *The Lancet* 356/2000, S. 1375–1383
Hay, David A., u. a.: What Information Should the Multiple Birth Family Receive Before, During and After the Birth?, in: *Acta geneticae medicae et gemellologiae* 39 (2)/1990, S. 259–269
Helle, Samuli, Virpi Lummaa, Jukka Jokela: Accelerated immunosenescence in preindustrial twin mothers, in: *Proceedings of the National Academy of Sciences of the USA* 101 (33)/2004, S. 12391–12396
Johnson, Kenneth C., Betty-Anne Davis: Outcomes of planned home births with certified professional midwives. Large prospective study in North America, in: *British Medical Journal* 330/2005, S. 1416
Kurzel, Richard B.: Twin entanglement revisited, in: *Twin Research* 3/1996, S. 138–141
Nimtz-Köster, Renate: Schnittig ins Leben, in: *Der Spiegel*, 6/2003

Odent, Michel: Geburt und Stillen. Über die Natur elementarer Erfahrungen, München 2000
Olsen, Ole: Meta-Analysis of the Safety of Home Birth, in: *Birth* 24 (1)/1997, S. 4–13
Orlebeke, Jacob F., u. a.: Birth weight in opposite-sex twins as compares to same sex dizygotic twins, in: *European Journal of Obstetrics & Gynecology and Reproductive Biology* 50/1993, S. 95–98
Peipert, Jeffrey F., Bracken Michael B.: Maternal age: an independent risk factor for cesarean delivery, in: *Obstetrics & Gynecology* 81/1993, S. 200–205
Queck, Martin, Peter Berle: Einfluß des Geburtsintervalls auf die Sectiorate am zweiten Zwilling nach vaginaler Geburt des führenden Zwillings, in: *Zentralblatt für Gynäkologie* 115/1993, S. 366–369
Rao, Anita, Shanthi Sairam, Hassan Shehata: Obstetric Complications of Twin Pregnancies, in: *Best Practice & Research. Clinical Obstetrics and Gynaecology* 18 (4)/2004, S. 557–576
Schröder, Willibald: Leitung der Mehrlingsgeburt, in: *Der Gynäkologe* 31/1998, S. 267–274
Singer, Dominique: Die Langzeitprognose von Frühgeborenen: Was sich hinter den Statistiken verbirgt, in: *Zeitschrift für Neonatologie* 210/2006, S. 50–59
Wulf, Karl-Heinrich, Heinrich Schmidt-Matthiesen, Wolfgang Künzel: Klinik der Frauenheilkunde und Geburtshilfe Bd. 6, München 2002

Kapitel 5
Zu Hause ankommen

Berger, Margarete, Cordula Bindt, Karin Ohlsen: Elternschaft und Kindesentwicklung nach durch IVF erfülltem Kinderwunsch. Abschlussbericht für das Bundesministerium für Bildung, Forschung, Wissenschaft und Technologie, Bonn 1997
Biancuzzo, Maria: Stillberatung, München 2005
Burger, Kathrin: Die Milch-Falle, in: *Die Zeit*, 30.3.2006
Ellison, Marcia A., u. a.: Psychosocial risks associated with multiple births resulting from assisted reproduction, in: *Fertility and Sterility* 83 (5)/2005, S. 1422–1429
Glazebrook, Cris, u. a.: Parenting stress in first-time mothers of twins and triplets conceived after in vitro fertilization, in: *Fertility and Sterility* 81 (3)/2004, S. 505–511
Gopnik, Alison, Patricia Kuhl, Andrew Meltzoff: Forschergeist in Windeln. Wie Ihr Kind die Welt begreift, München 2000

Hay, David A., u.a.: What Information Should the Multiple Births Family Receive Before, During and After the Birth?, in: *Acta geneticae medicae et gemellologiae* 39 (2)/1990, S. 259–269
Lothrop, Hannah: Das Stillbuch, München 2000
Newman, Judith: Sind sie nicht süß? München 2006
Riedesser, Peter, im Interview mit Elisabeth von Thadden: Zärtlich aber stark, in: *Die Zeit*, 6.7.2006
Rinnhofer, Heidi: Hoffnung für eine Handvoll Leben, Erlangen 1995
Russell Hochschild, Arlie: Keine Zeit, Opladen 2002
Sichtermann, Barbara: Leben mit dem Neugeborenen, Frankfurt a. M. 1981
Dies.: Vorsicht Kind. Eine Arbeitsplatzbeschreibung für Mütter, Väter und andere, Berlin 2002
Smilansky, Sara: Twins and their development, Rockville 1992
Stauber, Birgitta: Elternglück im Doppelpack, München 2005
Thorpe, Karen, u.a.: Comparison of prevalence of depression in mothers of twins and mothers of singletons, in: *British Medical Journal* 320/1991, S. 875–878

Kapitel 6
Mit Zwillingskindern leben

Agnew, Connie L., Alan H. Klein, Jill A. Ganon: Twins! Pregnancy, Birth, and the First Year of Life, New York 2005
Alin-Akerman, Britta: Eight-year follow-up of cognitive development in 33 twin pairs, in: *Acta geneticae medicae et gemellologiae* 44/1995, S. 179– 188
Bakker, Peter: Autonomous languages of twins, in: *Acta geneticae medicae et gemellologiae* 36 (2)/1987, S. 233–238
Bank, Stephen P., Michael D. Kahn: Geschwisterbindung, München 1994
Bindt, Carola: Das Wunschkind als Sorgenkind?, in: *Reproduktionsmedizin* 17/2001, S. 20–29
Bishop, Dorothy V. M., Sonia J. Bishop: »Twin Language«: A Risk Factor for Language Impairment?, in: *Journal of Speech, Language, and Hearing Research* 41/1998, S. 150–160
Bryan, Elizabeth: Individuality in Twins: A painful Quest? Vortragsmanuskript. The Multiple Births Foundation, London 1996
Dies.: Relating to Twins: as Parents, Partners, Siblings, Friends or Teachers. Vortragsmanuskript. The Multiple Births Foundation, London 1997
Dies.: Adolescent Twins. Vortragsmanuskript. The Multiple Births Foundation, London 1998

Dies., Hallett Faith: Twins and triplet: The First Five Years and Beyond. Guidelines for Professionals. The Multiple Births Foundation, London 2001
Burlingham, Dorothy: The Relation of Twins to each other, in: *The Psychoanalytic Study of the Child* 3 (4)/1949, S. 57–72
Christensen, Kaare, u. a.: Comparison of academic performance of twins and singletons in adolescence: follow-up study, in: *British Medical Journal* 333/2006, S. 1095
Davis, Chayna J., u. a.: Self-reported reading problems in parents of twins with reading difficulties, in: *Twin Research* 3 (2)/2000, S. 88–91
Deary, Ian J., u. a.: The cognitive cost of being a twin: two whole-population surveys, in: *Twin Research and Human Genetics* 8 (4)/2005, S. 376–383
Derom, Catherine, u. a.: Handedness in twins according to zygosity and chorion type: A preliminary report, in: *Behavior Genetics* 26 (4)/1996, S. 407–408
DiLalla, Lisabeth F., E. G. Bishop: Differential maternal treatment of infant twins: effects of infant behaviour, in: *Behavior Genetics* 26/1996, S. 535–545
Enzlberger, Marianne: Selbstbilder von Zwillingen, Linz 2000
Fischbein, Siv, Ingrid Hallencreutz, Ingrid Wiklund: What is it like to be a parent of Twins?, in: *Acta geneticae medicae et gemellologiae* 39/1990, S. 271–276
Fisher DiLalla, Lisabeth: Social Development of Twins, in: *Twin Research and Human Genetics* 9 (1)/2006, S. 95–102
Friedrich, Walter, Otmar Kabat vel Job (Hg.): Zwillingsforschung international, Berlin 1986
Garitte, Catherine, u. a.: Speech in same- and different-sex twins 4 and 5 years old, in: *Twin Research* 5 (6)/2002, S. 538–543
Goldberg, Susan u. a.: Maternal behavior and attachment in low-birth-weight twins and singletons, in: *Child Development* 57/1986, S. 34–46
Golombok, Susan, Fiona MacCallum, Emma Goodman: The »Test-Tube« Generation: Parent-Child Relationships and the Psychological Well-being of In Vitro Fertilization Children at Adolescence, in: *Child Development* 72 (2)/2001, S. 599–608
Goshen-Gottstein, Esther R.: The mothering of Twins, Triplets and Quadruplets, in: *Psychiatry* 43/1980, S. 189–204
Hay, David. A., u. a.: The high incidence of reading disability in twin boys and its implications for genetic analyses, in: *Acta geneticae medicae et gemellologiae* 33 (2)/1984, S. 223–36
Hay, David A., Richard McIndoe, P. J. O'Brian: The older sibling of twins, in: *Australian Journal of Early Childhood* 13/1987, S. 25–28

Hay, David A., u.a.: What Information Should the Multiple Births Family Receive Before, During and After the Birth?, in: *Acta geneticae medicae et gemellologiae* 39 (2)/1990, S. 259–269

Hayashi, Chisato, u.a.: Relationship Between Parents' Report Rate of Twin Language and Factors Related to Linguistic Development: Older Sibling, Nonverbal Play and Preschool Attendance, in: *Twin Research and Human Genetics* 1/2006

Kasten, Hartmut: Geschwister – Vorbilder, Rivalen, Vertraute, München 2001

Kim, Chungsoon Chung, u.a.: Social interactions of like-sex twins and singletons, in: *Journal of Genetic Psychology* 114/1969, S. 203–214

Klaus, Marshall, John Kennell: Parent-Infant Bonding, St. Louis 1982

Klock, Susan C.: Psychological adjustment to twins after infertility, in: *Best Practice & Research. Clinincal Obstetrics and Gynaecology* 18 (4)/2004, S. 645–656

Kok, Johanna H., u.a.: Outcome of very preterm small for gestational age infants; the first nine years of life, in: *British Journal of Obstetrics and Gynaecology* 105/1998, S. 162–169

Krauß, Bernd: Zwillinge – Erleichterungen und Erschwernisse von persönlicher Entwicklung und Psychotherapie, in: Damm, Sigrid (Hg.): Geschwister- und Einzelkinderfahrungen, Pfaffenweiler 1994, S. 109–134

Kriebel, Sabine: Wer sind wir, und wer bin ich? Die Identität von Zwillingspaaren in der mittleren Kindheit. Unveröffentlichte Diplomarbeit, Technische Universität Braunschweig 2000

Levy, Florence, u.a.: Twin sibling differences in parental reports of ADHD, speech, reading and behavior problems, in: *Journal of Child Psychology & Psychiatry* 37 (5)/1996, S. 569–578

Lienau, Petra: Wie wurde und wie wird die Zygosität von Zwillingen erkannt? Unveröffentlichte Diplomarbeit, Technische Universität Braunschweig 1997

Lytton, Hugh: Parent-Child Interaction. The Socialization Process observed in Twin and Singleton Families, New York 1980

Mark, Mary E.: Twins. Aperture Foundation, New York 2003

McLaughlin Abbe, Kathryn, Francis McLaughlin Gill: Twins on Twins, New York 1980

Medland, Sarah E., u.a.: Special Twin Environments, genetic Influences and their Effects on the Handedness of Twins and their Siblings, in: *Twin Research* 6 (2)/2003, S. 119–130

Minde, Klaus K.: The impact of prematurity on the later behavior of children and their families, in: *Clinical Perinatology* 11 (1)/1984, S. 227–244

Moilanen, Irene, u.a.: Are twins' behavioral/emotional problems different from singletons'?, in: *European Child and Adolescent Psychiatry* 8 (8)/1999, S. 62–67

Mowrer, Ernest R.: Some factors in the affectional adjustment of twins, in: *American Sociological Review* 4/1954, S. 468–471
Newman, Judith: Sind sie nicht süß?, München 2006
Pearlman, Eileen M., Jill A. Ganon: Raising Twins, New York 2000
Posthuma, Danielle, u. a.: Twin-singleton differences in intelligence?, in: *Twin Research* 3/2000, S. 83–872
Preedy, Pat: Meeting the educational needs of pre-school and primary aged twins and higher multiples, in: Sandbank, Audrey C. (Hg.): Twin and Triplet Psychology, London 1999, S. 70–99
Pulkkinen, Lea, u. a.: Peer reports of Adaptive behavior in Twins and Singletons: Is Twinship a Risk or an Advantage?, in: *Twin Research* 6 (2)/2003, S. 106–118
Record, R. G., Thomas Mc Keown, James H. Edwards: An Investigation of the Differences in Measured Intelligence Between Twins and Single Births, in: *Annals of Human Genetics* 34/1970, S. 11–20
Robin, Monique, Irene Casati: Are Twins Different from Singletons During Early Childhood?, in: *Early Development and Parenting* 3/1994, S. 211–221
Robin, Monique, Denis Corroyer, Irene Casati: Childcare Patterns of Mothers of Twins During the First Year, in: *Journal of Child Psychology and Psychiatry* 37 (4)/1996, S. 453–460
Rödder, Daniela, u. a.: Mutter-Kind-Interaktion bei sehr leichtgewichtigen frühgeborenen Mehrlingen, in: *Zeitschrift für Geburtshilfe und Neonatologie* 208/2004, S. 174–183
Roudsari, Bahman S., u. a.: Risk of Early Childhood Injuries in Twins and Singletons, in: *Journal of Early Childhood Research Quarterly* 4 (2)/2006, S. 121–131
Rufo, Marcel: Geschwisterliebe, Geschwisterhass, München 2004
Rutter, Michael, u. a.: Twins as a natural experiment to study the causes of mild language delay, in: *Journal of Child Psychology and Psychiatry* 3/2003, S. 326–341
Schave Klein, Barbara: Not all twins are alike, Westport 2003
Singer, Dominique: Die Langzeitprognose von Frühgeborenen: Was sich hinter den Statistiken verbirgt, in: *Zeitschrift für Neonatologie* 210/2006, S. 50–59
Sohni, Hans: Geschwisterbeziehungen in Familien, Gruppen und in der Familientherapie, Göttingen 2004
Spillmann, J. R.: The role of Birthweight in Mother-twin-relationships, unveröffentlichtes Manuskript, Cranfield Institute of Technology 1984
Stewart, Elizabeth A.: Exploring Twins, London 2000
Thorkelsson-Lindahl, Anja: Twins, Stockholm 1985
Thorpe, Karen, Susan Danby: Comprised or Competent? Analyzing Twin Children's Social Worlds, in: *Twin Research* 9 (1)/2006, S. 90–94

Thorpe, Karen, Karen Gardner: Twins and Their Friendships: Differences Between Monozygotic, Dizygotic Same-Sex and Dizygotic Mixed-Sex Pairs, in: *Twin Research and Human Genetics* 9 (1)/2006, S. 155–164

Tully, Lucy A., u. a.: What effect does classroom separation have on twins‘ behavior, progress at school, and reading abilities?, in: *Twin Research* 7 (2)/2004, S. 115–124

Van den Oord, Edwin J. C. G., u. a.: A Twin-Singleton Comparison of Problem Behavior in 2-3-Year-Olds, in: *Journal of Child Psychology and Psychiatry* 36 (3)/1995, S. 449–458

Van Leeuwen, Marieke, u. a.: Effects of Twin Separation in Primary School, in: *Twin Research and Human Genetics* 8 (4)/2005, S. 384–391

Vandell, Deborah Lowe, u. a.: Social development in Infant Twins: Peer and Mother-Child Relationships, in: *Child Development* 59/1988, S. 168–177

Wilson, Ronald S.: Twins. Patterns of cognitive development as measured on the Wechsler preschool and Primary Scale of Intelligence, in: *Developmental Psychology* 11/1975, S. 126–134

Wilson, Ronald S.: Twin Growth. Initial deficit, recovery, and trends in concordance from birth to nine year, in: *Annals of Human Biology* 6/1979, S. 205–220

Wilson, Ronald S.: The Louisville Twin Study – Developmental Synchronies in Behavior, in: *Child Development* 54 (2)/1983, S. 298–316

Winnicott, Donald W.: The child, the Family and the Outside-World, London 1991

Kapitel 7
Exkurs: Zwilling gesucht

Boomsma, Dorret, Andreas Busjahn, Leena Peltonen: Classical Twin Studies and Beyond, in: *Nature Reviews Genetics* 3 (11)/2002, S. 872–882

Bouchard, Thomas J. Jr., u. a.: Sources of human psychological differences: the Minnesota Study of Twins Reared Apart, in: *Science* 250/1990, S. 223–228

Busjahn, Andreas: HealthTwiSt: The Berlin Twin Registry, in: *Twin Studies* 9 (6)/2006, S. 778–782

Friedrich, Walter, Otmar Kabat vel Job (Hg.): Zwillingsforschung international, Berlin 1986

Horwitz, Allan V., u. a.: Rethinking Twins and Environments: Possible Social Sources for Assumed Genetic Influences in Twin Research, in: *Journal of Health and Social Behavior* 44/2003, S. 111–129

Johnson, Wendy, u. a.: The Personalities of Twins: Just Ordinary Folks, in: *Twin Research* 5 (2)/2002, S. 125–131
Joseph, Jay: The Gene Illusion: Genetic Research in Psychiatry and Psychology Under the Microscope, New York 2004
Kamin, Leon, Arthur Goldberger: Twin Studies in Behavioural Research, in: *Theoretical Population Biology* 61 (1)/2002
Keller, Sven: Günzburg und der Fall Josef Mengele. Die Heimatstadt und die Jagd nach dem NS-Verbrecher. *Schriftenreihe der Vierteljahrshefte für Zeitgeschichte* (87), München 2003
Kendler, Kenneth S., u. a.: Self-Report Psychiatric Symptoms in Twins and Their Nontwin relatives. Are Twins different?, in: *American Journal of Medical Genetics* 60/1995, S. 588–591
Koeppen-Schomerus, Gesina, Frank M. Spinath, Robert Plomin: Twins and Non-twin Siblings: Different Estimates of Shared Environmental Influence in Early Childhood, in: *Twin Research* 2/2003, S. 97–105
Lichtenstein, Paul, u. a.: Environmental and Heritable Factors in the Causation of Cancer, in: *The New England Journal of Medicine* 343 (2)/2000, S. 78–85
Peltonen, Leena: GenomEUtwin: A Strategy to Identify Genetic Influences on Health and Disease, in: *Twin Research* 6 (5)/2003, S. 354–360
Segal, Nancy L.: Twin, Sibling, and Adoption Methods, in: *American Psychologist* 48 (9)/1993, S. 943–956
Spinath, Frank, u. a.: German Observational Study of Adult Twins: A multimodal Investigation of Personality, Temperament and Cognitive Ability, in: *Twin Research* 5/2002, S. 372–375
Wright, Lawrence: Zwillinge. Gene, Umwelt und das Geheimnis der Identität, Bergisch Gladbach 2000
Zimmer, Dieter E.: Experimente des Lebens, Zürich 1989

Kapitel 8
»Twinning«

Bank, Stephen P., Michael D. Kahn: Geschwisterbindung, München 1994
Bryan, Elizabeth: Individuality in Twins: A painful Quest? Vortragsmanuskript. The Multiple Births Foundation, London 1996
Dies.: Relating to Twins: as parents, partners, siblings, friends or teachers. Vortragsmanuskript. The Multiple Births Foundation, London 1997
Burlingham, Dorothy: The Relation of Twins to each other, in: *The Psychoanalytic Study of the Child* 3 (4)/1949, S. 57–72
Deutsch, Werner, Petra Sandhagen, Angela Wagner: Identitätsentwicklung von Zwillingen: Warum das Selbst nicht geklont werden kann, in: Greve, Werner (Hg.): Psychologie des Selbst, Weinheim 2000

Deutsch, Werner: Aufbau und Wandel der Personreferenz – Eine experimentelle Längsschnittuntersuchung mit deutschsprachigen Einzel- und Geschwisterkindern sowie ein- und zweieiigen Zwillingen im zweiten und dritten Lebensjahr. Unveröffentlichter Bericht über ein Projekt der Deutschen Forschungsgemeinschaft. Technische Universität Braunschweig 1997

Dunn, Judy, Robert Plomin: Warum Geschwister so verschieden sind, Stuttgart 1996

Enzlberger, Marianne: Selbstbilder von Zwillingen, Linz 2000

Erikson, Erik H.: Identität und Lebenszyklus, Frankfurt a. M. 1973

Farber, Susan L.: Identical Twins Reared Apart. A Reanalysis, New York 1981

Frick, Jürg: Ich mag dich – du nervst mich! Geschwister und ihre Bedeutung für das Leben, Bern 2006

Fuhrer, Urs, Ingrid Josephs (Hg): Persönliche Objekte, Identität und Entwicklung, Göttingen 1999

Haenel, Thomas: Suizid und Zweierbeziehung, Göttingen 2001

Kasten, Hartmut: Geschwister – Vorbilder, Rivalen, Vertraute, München 2001

Klaning, Ulla, Preben Bo Mortensen, Kirsten Kyvik: Increased occurrence of schizophrenia and other psychiatric illnesses among twins, in: *The British Journal of Psychiatry* 168/1996, S. 688–692

Klosinski, Gunther (Hg.): Verschwistert mit Leib und Seele. Geschwisterbeziehungen gestern – heute – morgen, Tübingen 2000

Mark, Mary E.: Twins. Aperture Foundation, New York 2003

McLaughlin Abbe, Kathryn, Francis McLaughlin Gill: Twins on Twins, New York 1980

Neyer, Franz J., Rainer Banse, Jens B. Asendorp: The role of projection and empathic accuracy in dyadic perception between older twins. In: *Journal of Social and Personal Relationships* 16/1999, S. 419–442

Ortmeyer, Dale H.: The We-Self of Identical Twins, in: *Contemporary Psychoanalysis* 6/1970, S. 125–142

Pedersen, Nancy, u. a.: Neuroticism, extraversion, and related traits in adult twins reared apart and reared together, in: *Journal of Personality and Social Psychology* 55 (6)/1988, S. 950–957

Rufo, Marcel: Geschwisterliebe, Geschwisterhass, München 2004

Schave, Barbara, Janet Ciriello: Identity and Intimacy in Twins, New York 1983

Schave Klein, Barbara: Not all twins are alike, Westport 2003

Schepank, Heinz: Zwillingsschicksale: Gesundheit und psychische Erkrankungen bei 100 Zwillingen im Verlauf von drei Jahrzehnten, Stuttgart 1996

Schlieben-Troschke, Karin von: Psychologie der Zwillingspersönlichkeit, Bonn 1981
Schulz, Nina: Der erste Besitz bei Zwillingen: eine Längsschnittuntersuchung mit 23 Zwillingspaaren vom dritten bis fünften Lebensjahr. Unveröffentlichte Diplomarbeit, Technische Universität Braunschweig 1998
Segal, Nancy L.: Twin, Sibling, and Adoption Methods, in: *American Psychologist* 48 (9)/1993, S. 943–956
Siemon, Mari: The Separation-Individuation Process in Adult Twins, in: *American Journal of Psychotherapy* 34 (3)/1980, S. 387–400
Smilansky, Sara: Twins and their development, Rockville 1992
Sohni, Hans: Geschwisterbeziehungen in Familien, Gruppen und in der Familientherapie, Göttingen 2004
Stewart, Elizabeth A.: Exploring Twins, London 2000
Tomassini, Cecilia, u.a.: Risk of suicide in twins: 51 year follow up study, in: *British Medical Journal* 327/2003, S. 373–374
Weinert, Franz E., Ulrich Geppert (Hg.): Genetisch orientierte Lebensspannenstudie zur differentiellen Entwicklung (GOLD). Erste Ergebnisse der Studie. Max-Planck-Institut für Psychologische Forschung, Report Nr. 2, München 1998
Wright, Lawrence: Zwillinge. Gene, Umwelt und das Geheimnis der Identität, Bergisch Gladbach 2000

Web-Links

Zwillinge und höhergradige Mehrlinge

www.mehr-als-eins.de
www.doppeltes-lottchen.de
www.abc-club.de
www.drillis.de (Internet-Seite mit öffentlichen Foren speziell für Drillinge und höhergradige Mehrlinge)
www.multiplebirths.org.uk (Internet-Seite der größten englischen Mehrlingsorganisation »Multiple Births Foundation«)
www.twinsworld.com (Internet-Seite der bekanntesten amerikanischen Zwillingsvereinigung im Netz)
www.twins.de (Internet-Seite der Zeitschrift »Zwillinge«)

Kinderwunsch

www.wunschkinder.net
www.familienplanung.de (Internet-Seite der »Bundeszentrale für gesundheitliche Aufklärung« mit Informationen zum Thema unerfüllter Kinderwunsch)

Schwangerschaft & Geburt

www.geburtskanal.de
www.geburtshaus.de (Internet-Seite des »Netzwerks der Geburtshäuser e.V.«)
www.bfhd.de (Internet-Seite des »Bundes freiberuflicher Hebammen Deutschlands e.V.«)
www.ernaehrung.de (Internet-Seite des »Deutschen Ernährungsberatungs- und Informationsnetzes« mit Informationen zur Ernährung in der Schwangerschaft)

Schwierige Schwangerschaft

www.monoamniotic.org (Englischsprachige Internet-Seite mit Informationen zu monoamniotischen Zwillingsschwangerschaften)
www.tttsfoundation.org (Englischsprachige Internet-Seite zum Fetofetalen Transfusionssyndrom)

Glücklose Schwangerschaft

www.muschel.net
www.initiative-regenbogen.de
www.veid.de (Internet-Seite des »Bundesverbandes verwaister Eltern e.V.«)

Wochenbettdepression

www.schatten-und-licht.de

Stillen

www.lalecheliga.de (Internet-Seite der »La Leche Liga«, einer gemeinnützigen Organisation, die weltweit Stillberatung anbietet)
www.afs-stillen.de (Internet-Seite der »Arbeitsgemeinschaft freier Stillgruppen Bundesverband e.V.«)

Elternsein & Erziehen

www.elternimnetz.de
www.eltern.de (Internet-Angebot der Zeitschrift »Eltern« mit Forum und Informationen für Mehrlingseltern)
www.bke.de (Internet-Seite der »Bundeskonferenz für Erziehungsberatung e.V.« mit Listen aller Erziehungsberatungsstellen in Deutschland)

Verlust eines Zwillings

www.twinlesstwins.org (Englischsprachige Internet-Seite für Zwillinge, die ihr Zwillingsgeschwister verloren haben)

Zwillingsstudien

www.zwillingsstudie.de